浙江工商大学
思政课社会实践报告·第五辑

詹真荣 主编

浙江工商大学出版社
ZHEJIANG GONGSHANG UNIVERSITY PRESS
·杭州·

图书在版编目(CIP)数据

浙江工商大学思政课社会实践报告. 第五辑 / 詹真荣主编. — 杭州:浙江工商大学出版社,2021.8
　　ISBN 978-7-5178-4582-9

　　Ⅰ. ①浙… Ⅱ. ①詹… Ⅲ. ①高等学校-思想政治教育-中国-文集 Ⅳ. ①G641-53

中国版本图书馆 CIP 数据核字(2021)第 135154 号

浙江工商大学思政课社会实践报告·第五辑

ZHEJIANG GONGSHANG DAXUE SIZHENGKE SHEHUI SHIJIAN BAOGAO·DIWUJI

詹真荣　主编

责任编辑	沈明珠
封面设计	林朦朦
责任印制	包建辉
出版发行	浙江工商大学出版社
	(杭州市教工路 198 号　邮政编码 310012)
	(E-mail:zjgsupress@163.com)
	(网址:http://www.zjgsupress.com)
	电话:0571-88904980,88831806(传真)
排　　版	杭州朝曦图文设计有限公司
印　　刷	杭州高腾印务有限公司
开　　本	710mm×1000mm　1/16
印　　张	20.25
字　　数	361 千
版 印 次	2021 年 8 月第 1 版　2021 年 8 月第 1 次印刷
书　　号	ISBN 978-7-5178-4582-9
定　　价	78.00 元

本书是持续探索思政课实践教学规律的
又一阶段成果

1. 浙江省高校"百校联百镇"思想政治理论课实践基地(浙宣办〔2014〕8号)阶段成果。

2. 浙江工商大学示范实践基地——思想政治理论课社会实践基地(浙商大教〔2016〕332号)阶段成果。

3. 教育部2017年高校示范马克思主义学院建设工程项目"增强大学生对思想政治理论课的获得感研究"(17JDSZK049)阶段成果。

4. 浙江省高校思想政治工作质量提升工程实施载体:创新高校实践方式,探索思政教育模式——浙江工商大学"顶天立地"实践育人(浙教办宣〔2018〕94号)阶段成果。

5. 中共浙江省委宣传部"部校共建·重点项目"基于思想政治理论课视域下的调查研究最终成果。

6. 浙江省高校2019年度省级一流课程(社会实践类)——浙江工商大学"思想政治理论课社会实践教学"(浙教办函〔2020〕77号)阶段成果。

7. 浙江工商大学思政课乔司街道朝阳村实践基地——2020年度校级大学生实践教育示范基地建设项目(浙商大校办函〔2020〕64号)阶段成果。

8. 首批国家级一流本科课程(社会实践类)——浙江工商大学"思想政治理论课实践教学"(高教函〔2020〕8号)阶段成果。

前　言

　　我国高等学校为什么要开设思想政治理论课实践教学（简称"思政课实践教学"）课程？思政课实践教学课程是高校思想政治理论课教育教学体系的重要组成部分，是解决思想政治理论课教学过程中理论联系实际的重要环节，是提高思想政治理论课教学实效性的迫切需要，是思想政治理论课的一项重要的任务。

　　高等学校开设"思政课实践教学"课程既是贯彻中共中央国务院有关文件精神，也是落实中宣部、教育部和省教工委关于思政课建设的具体要求。其依据大体有六点。依据之一——《中共中央国务院关于进一步加强和改进大学生思想政治教育的意见》（中发〔2004〕16 号）——要求大学生"深入开展社会实践。社会实践是大学生思想政治教育的重要环节，对于促进大学生了解社会、了解国情、增长才干、奉献社会、锻炼毅力、培养品格、增强社会责任感具有不可替代的作用"。要"引导大学生走出校门，到基层去，到工农群众中去。高等学校要把社会实践纳入学校教育教学总体规划和教学大纲，规定学时和学分，提供必要经费"。要"利用好寒暑假，开展形式多样的社会实践活动。积极组织大学生参加社会调查、生产劳动、志愿服务、公益活动、科技发明和勤工助学等社会实践的内容和形式，提高社会实践的质量和效果，使大学生在社会实践活动中受教育、长才干、做贡献，增强社会责任感"。这份文件对高校思政课实践教学有重要的指导意义。

　　依据之二——教育部于 2011 年 1 月出台的《高等学校思想政治理论课建设标准（暂行）》和 2015 年 9 月正式颁布的《高等学校思想政治理论课建设标准》明确要求："实践教学纳入教学计划，统筹思想政治理论课各门课的实践教学，落实学分（本科 2 学分，专科 1 学分）、教学内容、指导教师和专项经费。实践教学覆盖全体学生，建立相对稳定的校外实践教学基地。"

　　依据之三——习近平总书记在学校思想政治理论课教师座谈会上的讲话（简称"3·18 讲话"）强调：扎根中国大地办教育，同生产劳动和社会实践相结合，加快推进教育现代化、建设教育强国、办好人民满意的教育，努力培养担当民族复兴大任的时代新人,培养德智体美劳全面发展的社会主义建设者和接班人。

依据之四——《教育部关于印发〈新时代高校思想政治理论课教学工作基本要求〉的通知》(教社科〔2018〕2 号)第 3 条:"从本科思想政治理论课现有学分中划出 2 个学分、从专科思想政治理论课现有学分中划出 1 个学分,开展本专科思想政治理论课实践教学。学生既可通过参加教师统一组织的实践教学获得相应学分,也可通过提交与思想政治理论课学习相关的实践成果申请获得相应学分。"第 9 条又说:"实践教学作为课堂教学的延伸拓展,重在帮助学生巩固课堂学习效果,深化对教学重点难点问题的理解和掌握。要制定实践教学大纲,整合实践教学资源,拓展实践教学形式,注重实践教学效果。"

依据之五——《中共教育部党组关于印发〈"新时代高校思想政治理论课创优行动"工作方案〉的通知》(教党函〔2019〕90 号)第 24 条:"推动思政课教学与日常思想政治教育结合起来,思政课实践教学与学生社会实践活动统筹起来。"

依据之六——中共浙江省教工委 2015 年第 16 号文件提出:"将实践教学有机纳入教学计划。从本科院校、高职高专院校"毛泽东思想和中国特色社会主义理论体系概论"课中各拿出 2 个、1 个学分作为思想政治理论课教学的实践学分,制定专门的实践教学大纲与规范,明确实施要求与考核规定,落实指导教师与保障措施,强化实践教学,逐步形成分层实施、分类管理、逐年递进的实践育人体系。"

根据中宣部、教育部和浙江省教工委有关大学生思政课实践要求精神,我校"基于'全员参与、人人受益、服务社会'目标的思政课社会实践探索"起始于 2013 年,经过多年探索,初步达到当初设计目标。

浙江工商大学马克思主义学院思政课教师(开始主要是"毛泽东思想和中国特色社会主义理论体系概论"课全体任课教师)积极探索思想政治理论课实践教学形式,带领学生走出校园,进行了主题为"中国特色社会主义理论在浙江的实践"的系列调查研究活动,并指导学生形成了"观察'两富''两美'浙江"的系列调查报告。从 2012 年开始,我们尝试编辑大学生思想政治理论课优秀社会实践报告集,连续出版,当年出版第 1 辑,这是第 5 辑。

从 2013 年初开始,我校"概论"课程实行"4+2"模式教学改革,对原有 6 个学分、每周 6 课时的"概论"课程进行新的教学安排,其中理论教学占 2/3 学时,实践教学占 1/3 学时。每周 2 课时用于实践教学,实践教学环节放在开课学期的课余时间进行。学生实践采用的是社会实践(即社会调查)形式,同学们坚持实地调研,主要是实地走访调研(访谈)、问卷调研。实践证明,"概论"课程"4+2"模式教学改革对于提高学生学习"概论"课程的积极性和实效性具有一定的现实意义。通过社会实践,大学生走进社会、走近百姓,亲身感受改革开放以来我国经济社会快速发展、人民生活明显改善的巨大变化,坚定了理论自信、道路自信、制度自信和文化自信;在社会实践中,大学生勇于直面改革开放和现代化建设中的种种问题,加深了对国情、省情、民情的了解,增强了大学生的责任感和使命感;通过社会实践,大学生锻炼和提升了面对社会问题、分析问题和解决问题的能力。

2014年以来,在"概论"课程"4+2"模式教学改革探索中,我们"当代中国马克思主义教学与研究"团队全体教师指导学生完成了数百篇社会实践报告。2015年我校独立设置了2学分的"思政课实践教学"课程。多年来,我们马克思主义学院思政课多数教师坚守社会实践教学一线,指导学生进行思政课社会实践活动,初步实现了"全员参与、人人受益、服务社会"的教学目标,走出了一条"顶天立地"的思想政治教育创新之路。目前,我们经过层层筛选,共推出45篇优秀社会实践报告。现在摆在读者面前的是浙江工商大学思想政治理论课社会实践优秀成果第5辑,感谢研究生严信博同学(詹真荣的助教)协助主编工作所付出的辛劳。

本辑社会实践报告以"习近平新时代中国特色社会主义思想在浙江的实践"为主题,从经济、政治、文化、社会、生态文明等各个领域考察浙江道路和浙江经验。

一、关于浙江省经济建设方面的调查

各行各业的发展是国民经济和社会发展的重要基础。物流1701班葛成杰、林豪玮、杨露、黄金、罗金凤、王怡雯的《柯桥轻纺城的改造升级之路》,调查柯桥轻纺城目前的经营发展情况以及2019年以来的改造变化。信息1702班李雅玲、郑佳欣、张锐、王茜的《关于桐庐快递行业发展对当地经济社会影响的调查》,发现快递行业不仅对桐庐当地经济影响巨大,而且"三通一达"的创始人纷纷投资建设家乡,积极建设快递配套产业,此次调查也为如何通过一个产业带动其他相关产业及当地经济发展的问题提供了借鉴意义。

在新零售的浪潮下,无人值守的新业态层出不穷,而无人售货机以自助购物、即时享用、移动支付等特征俘获了无数消费者。商务1702班董梦菲、夏嘉南、胡莞忻、郑雅涵、林星吟的《关于杭州无人零售行业现状调查》,认为在互联网时代,无人零售行业的发展有很大空间,具有其独特的意义。线上线下相结合的新零售无人便利店凭借其节约土地和人力成本等特点开始逐渐成为一种流行趋势。杭州是移动支付发展最为快速的城市。新闻1701班李雪、潘俊泓、赵欣媛、陈沁璐、张欣怡的《关于移动支付对杭州市民生活影响的调查》运用电子商务、网络消费者行为学、经济学等多种分析方法对此次调查结果进行系统性梳理和论述分析,对移动支付对杭州市民生活的影响提出可行性针对性建议。

二、关于浙江省政治建设方面的调查

文明城市建设作为一项系统工程,对于推动治理体系和治理能力现代化、促进公民文明素养和社会文明程度提高,具有十分重要的意义。汉语言文学1701班林若瑄、王诗怡、刘有原的《城乡体背景下的乡镇文明建设与成效——以桐庐县为例》,对桐庐县文明城市创建开展调研,包括生态文明建设、文明行为推广、精神文化宣传等方面,具体分析桐庐文明城市的建设情况,以期对其他文明城市建设提供建议。

国家的各项政策一向是时政的热点话题。目前我国多项民生政策落地,体现了党和政府把好事办好、实事办牢的决心,对改革发展稳定产生促进作用,给人民群众带来更多的获得感。金融1701班神英明、金宇轩、陈智品、李秋雨、周嘉伟、蔡欣蕾的《公租房政策提高人民幸福感的杭州经验——基于杭州公租房政策的实证研究》以杭州为例,通过分析杭州公租房政策的背景,调研人民感受,总结政策得失,为其他地区的公租房政策和城镇化问题的解决提供借鉴。

三、关于浙江省文化建设方面的调查

优秀传统文化凝聚着中华民族自强不息的精神追求和历久弥新的精神财富。法语1701班陈雨荷、朱乐宁、缪佳希、张天颖、刘雨溪撰写了《杭州茶文化现状的调查——以茶叶博物馆及下沙高教园区为例》,课题组在下沙高教园区以及中国(杭州)茶叶博物馆两地进行社会实践调查,研究茶文化发展现状以及中国茶叶博物馆对大众的影响力。电子商务1701班王慧卉、冯怡、何瑶、朱乐怡、李凡的《"非遗保护":文化多元下余杭滚灯的传承与创新》带我们了解余杭滚灯文化、传承方式,并以此呼吁大家保护非遗、重视中国文化软实力的建设。财务与会计学院会计1801班钱楚、吴倩琳、丁静娴、于佳煜走入临安,采用面对面采访工艺大师、实地观摩和学习与问卷调查等多种方式相结合进行本次调研,向读者呈现了《关于临安鸡血石雕工艺及其发展现状调查》。

四、关于浙江省社会建设方面的调查

城镇街道社区建设状况一直广受人们关注。哲学1701班赵嘉宁、王惠燕、张孝发、王硕、孙膺贺、褚钇彤、钟洺乐、刘丹、杨虹贝、娄嘉萱的《中华人民共和国成立70周年背景下新农村变迁情况与居民满意度调查——以杭州市钱塘新区河庄街道蜀南村为例》着眼于 70 周年社会变迁的历史大背景,以杭州市钱塘新区河庄街道蜀南村村民为调查对象,基于深度社会调查访谈和真实取证,从多维度、多层面系统地分析"新型城镇化"战略进程中新城镇居民的生活满意度。环境 1702 班彭婷、周鑫、王海燕、任俞娇调查了湖州市罗师庄"阳光假日小屋"公益活动以农民工子女集中居住的社区为依托的相关情况,撰写了《关于湖州罗师庄新居民子女社会教育状况调查——基于"阳光假日小屋"活动》。金融工程 1701 班吴春波的《杭州的社区养老及医养结合智慧养老的调研》以采荷街道为出发点对杭州社区养老提出相关建议:完善社区主导、多元主体协同参与的多层次养老体系;推动医养结合、智慧养老服务。

公共交通建设为文明社会建设添砖加瓦。法语 1701 班杨培萱、钱丽灵、黄亚的《绍兴嵊州地区城乡公交一体化状况调查》调查了城乡公交一体化在嵊州市的落实与嵊州居民与乘客对改革后的城乡公交的体验。食品卓越人才(食工＋食安)1701 班王花香、马佳宇、卢雨洁、何文清、刘诗语的《关于共享出行溃败与新生的调查》通过与市民访谈、问卷等方式进行了调查,整理了共享出行存在的问题,分析了产生的原因,并提出了改进的策略。新闻 1701 班詹莉琦的《杭州公交站台的区域特色设计研究——基于公交站台文化传播与服务功能的融合》在对杭州公交站台进行实地调查后选取下沙高教园区域进行更细致的调研,想从内在服务和外在服务两个方面考虑来全面提高乘客的使用体验。英语 1702 班谢星雨、张晴晴、许文静、刘俊婷、冯婧婧的《杭州地铁建设对周边居民的影响及改进建议》,通过对学校门口地铁 8 号线的实地调查和分析,提出一些可行的建议,旨在减少地铁项目对周边居民的影响,并希望这一项目能使未来其他面临此类问题的城市受益。

调查居民生活的满意度和幸福感。外来务工人员是一个特殊的群体,疫情期间更是被着重关注的对象。物联网 1802 班李成组撰写了《关于新冠疫情背景下江西省农民工务工现状调查——以江西省涌盛纺织为例实践报告》,了解新冠疫情背景下农民工务工现状,并利用科学方法和有效工具进行全面分析,针对农民工务工目前存在的问题提出有效的对策。

关注信息安全问题。在信息化对人们生活的影响力日益彰显的同时,个人信息的严重泄漏问题也随之而来。英语 1701 班邱轶彬、苏婷、龚一鸣围绕着根据社会实践调查出的下沙街道居民信息泄露情况、个人信息安全意识,分析该情况出现的原因,了解群众对街道宣传个人信息安全保护情况的评价程度,以及搜集人们对提高个人信息安全意识的建设意见展开的分析总结与思考,撰写出了《关于下沙街道居民个人信息安全意识调查》。

五、关于浙江省生态文明建设方面的调查

关于垃圾分类问题。哲学 1701 班周洁、苏琳琳、李佳新、刘展瑜、朱蔓榕、张滨艳、张家盈、孙盈、张唯、王曙晟、郭华钰、彭超的《关于钱塘新区河庄街道蜀南村垃圾分类的情况调查》。环境 1705 班吴圣凯、朱奕挺、郑贤武、卢哲颢的《宝龙广场周边居民垃圾分类意识及行动的调查》。英语 1702 班王双林、方呈杰、刘鸿、余晨旭、张一帆、许超凡的《关于杭州下沙江潮社区垃圾分类的现状调查》。软件工程 1702 班郭佳宇、陈荣锵、吴灵伟和计算机科学与技术 1702 班徐斌、梁敏超的《关于乔司街道朝阳村可腐垃圾处理终端民意调查》，分别对不同地区的垃圾分类处理进行了调查。

关于环境问题。物联网工程 1701 班金子雄、朱炳涛、胡森灿、邵宇恒的《杭州市居民对环境污染改善满意度调查》，通过杭州 5 个地点的民意抽样调查的方式进行调研。人力资源管理 1802 班田田、欧宇慧、余佳颖与詹真荣老师课题组一同前往湖州进行调研，形成了《关于湖州经济技术开发区环境状况和居民满意度跟踪调查》报告。会计 1801 班管璐瑶组的《杭州下沙环境满意度跟踪调查》聚焦于下沙环境，重点调查下沙空气状况，需要说明的是，杭、嘉、湖 3 个国家级经济技术开发区环境状况是 2014 年以来詹真荣教授师生团队跟踪关注的课题，已经有系列调研报告。

六、关于家乡的调查

抗疫背景下的家乡调查。我校师生响应教育部关于新冠疫情背景下停课不停学要求精神，坚持教学活动。本课程任课教师从实际出发，引导学生就地进行家乡调研，在完成实践任务的同时，还可加深对家乡的了解，进而深化对国情的认识。物联网 1801 班李婷、冯瑜洁、凌纯、郑梦禧的《关于疫情期间的家乡志愿活动的调查》，编辑 1801 班梅中杰的《武汉"战疫"第一线调查——以志愿者为例》反映了在进行"新冠肺炎"疫情的防控过程中，社区志愿者及社会各界志愿服务队伍的贡献。物联网 1802 班马小兵的《关于重庆市彭水县梅子垭镇口述史报告》通过周围老人对梅子垭镇的历史的讲述，讲述梅子垭镇在中华人民共和国成立之后和改革开放以后发生的重大历史事件，加深对家乡人文历史的了解。物联网 1802 班许立洋的《外祖父家史调查——从抗美援朝到改革开放》概述从 20 世纪 50 年代一直到 21 世纪作者的外祖父的传奇及家庭生活故事。

七、关于"百校联百镇"思政课实践教学基地的调查

为了贯彻落实《关于进一步加强和改进高校宣传思想工作的意见》（中办发

〔2014〕59 号)以及《关于加强和改进高校思想政治工作"双十"举措的实施意见》(浙教工委〔2014〕19 号)精神,我校积极探索"校院＋基地"教学模式,推动我校思想政治理论课建设和发展。根据《关于建立高校思政实践教学基地的通知》(浙宣办〔2014〕8 号)精神和要求,结合我校实际,我们制定了湖州市龙溪街道、桐庐县新合乡思政课教学实践基地建设工作方案;并着手开展对两个实践基地的调研工作。2019 年 10 月,浙江工商大学詹真荣教授率队对湖州市龙溪街道罗师庄基层社区治理经验进行了实地调研,初步总结了有典型意义的罗师庄社区治理成功"密钥"。

马克思主义学院课题组(李莹、詹真荣执笔)的《"马长林群众工作法"与"马长林现象"——对枫桥经验的传承与发展》认为,"枫桥经验"自 20 世纪 60 年代初受毛泽东批示以来一直是践行群众路线的经典;进入新时代,"枫桥经验"更是作为基层治理的金字招牌被习近平同志多次提及。浙江省湖州市南太湖新区龙溪街道罗师庄社区民警马长林就是一位新时代"枫桥经验"实践先锋,他在长期基层社区治理实践中总结出的"马长林群众工作法"为新时代我国基层社区治理提供了新思考、新路子、新方案,"马长林现象"为"枫桥经验"赋予了时代内涵。

编　者

2020 年 12 月第一稿

2021 年 5 月第二稿

目　录

一、经济建设调查篇

二、政治建设调查篇

三、文化建设调查篇

四、社会建设调查篇

五、生态文明建设调查篇

六、家乡调查篇

七、"百校联百镇"思政课实践教学基地调查篇

一、经济建设调查篇

JING JI JIAN SHE DIAO CHA PIAN

柯桥轻纺城的改造升级之路

物流1701班:葛成杰　林豪玮　杨　露　黄　金　罗金凤　王怡雯

指导老师:杜利平

摘　要:轻纺城极具规模,但发展上的问题也层出不穷,我们的目的是了解买家对新老市场选择的偏好、阻碍精品市场发展的原因以及市场的转型升级之路。2019年4月13、14日,我们用两天时间对轻纺城展开实地调查,对商铺店主、买家进行走访。调查结果显示,店铺租金较高并且有增长趋势,在销售情况不乐观的情况下,商家也不愿意更改店铺位置,且大多为实体销售,不愿在网上销售进入电商模式和创新。轻纺城的转型升级之路任重道远,新老市场各有优缺点,需要各自改善。

关键词:转型升级　创新　电商模式

一、调研背景

本次社会实践我们选择了绍兴的柯桥轻纺城,来调查它目前的经营、发展的情况以及2019年以来的改造变化。柯桥轻纺城这个已经极具规模的商业城,目前存在很多的问题,亟须改变和升级:老市场的改造升级不尽如人意,新市场聚商作用相对不足;商户扎根老市场不愿意转型,不愿意注入新市场;精品市场未得到发展,经济迟迟未转型。这些方面,是我们这次的主要调查方向。通过此次调研,我们想了解商铺租户及买家对新老市场选择的偏好、阻碍精品市场发展甚至迟迟未转型的原因。

二、实践过程

2019年4月13日,我们小组正式出发前往绍兴柯桥对柯桥轻纺城进行调查。抵达柯桥时已经临近中午,吃过午餐,经过简单的休整后,我们前往此行的目的地——柯桥轻纺城。

刚下公交,我们就像是被布料包裹住了。周边数栋大楼上方全都标示着各自市场分区的名称,繁忙的街道上车来车往,街道旁堆积着大量的货物。运货的工人推着小车,小车上都堆着摇摇欲坠的货物,小车自如地穿梭在街道之间,丝毫没有被拥堵的街道拖累。周边还有许多小摊贩的叫卖声,他们占据着街道旁仅剩的一点空隙。许多直面大街的店铺,不但将各色布料排满了店铺的每一面墙,还在店铺门口搭起架子,摆出剩余的布料,来往的行人一眼就可以看尽店铺所有布料的品种、颜色。

经过短暂的迷茫,我们走进附近的一栋大楼,询问过保安后,他热情地向我们介绍了柯桥轻纺城的相关信息,并且指点我们去使用一种机器,可以查询轻纺城的相关资料。这种机器不但可以让人快速了解柯桥轻纺城的相关信息,还有快速辨别布料并推荐相关店铺的功能,对于前来轻纺城的顾客来说简直是神器。从保安口中,我们得知了许多轻纺城的信息,许多都是我们在网上没有查找到或是说找不到的。但这也对我们的调查造成了困难,因为此前对轻纺城资料的了解不全面,原定的计划在此时显得有些不足与幼稚。我们随即对原定计划进行调整,并分组进行调查。

调查开始并不顺利,问卷发放与商家访谈都没什么进展,后来才渐入佳境,在这其中也暴露出我们此次实践的许多不足。例如,其中一家店主就指出我们的问卷上有许多不足之处,很多问题没有什么意义,也没有多少问题是问在点子上的,虽然可能有这位店主的一些主观看法,但也证明我们准备得不够充分,没有真正重视这次实践调查活动。在许多的失败和拒绝中也不乏善意与提醒,一位大叔鼓励我们勇敢地去尝试,并对我们表达了祝福。还有一位运货的工人在繁重的工作中抽出了时间接受我们的访问,并善意地提醒了我们一些问题所在。

下午四点半左右我们结束了这一天的调查,在晚饭后,我们总结今日的收获与不足之处,并对调查结果进行了整理,发现了许多在网上未了解到的,甚至是截然不同的信息,这些都是不经过实地调查所不能了解的。我们也对此次调查有了更加深刻的感受,虽然只是短短的一个下午,但我们都成长了许多。

第二天,我们继续对轻纺城进行调查与访问。在昨日的基础之上,调查变得相对简单,但仍旧充满挑战。几个小时的调查后,第二天的调查结束。我们小组返校并开始总结本次社会实践调查。

三、调研结果

(一)调研样本的选取情况

1.参加调查问卷作答的人分为两部分——卖家和买家,每部分人数、男女比例基本一致,因此调查结果基本能反映柯桥轻纺城的现状。

2.参加调查问卷作答的人的年龄结构:42.8%的人的年龄在 20—40 岁之间,57.2%的人的年龄在 40 岁以上,而年龄在 20 岁或以下的人数比例为 0。

(二)中国轻纺城调查结果(卖家版)具体分析

由表 1、表 2 可知,大多数店铺的月租金在 2 万元以上。根据实地探访以及与商家进行沟通发现,新市场在租金方面有明显的优势,老市场的租金相对较高,不过总体租金还是呈现逐年上涨的趋势。

表 1　老市场租金

租金(元)	比例(%)
5000—10000	0
10000—15000	0
15000—20000	0
20000 以上	100

表 2　新市场租金

租金(元)	比例(%)
5000—10000	50
10000—15000	0
15000—20000	25
20000 以上	25

根据我们的调查问卷所得数据,老市场的优势在于靠近商业中心,人流量大,人流量是盈利的重要因素(见表 3、表 4)。

表 3　店铺位置优势(老市场)

选项	比例(%)
交通物流运输枢纽	12
靠近商业中心,人流量大	64
靠近住宅区,日常很方便	8
环境好,格局清晰,设施完备	4

表 4　店铺位置优势（新市场）

选项	比例（%）
交通物流运输枢纽	100
靠近商业中心，人流量大	0
靠近住宅区，日常很方便	0
环境好，格局清晰，设施完备	0

由表 5 可知，店铺劣势主要来自格局混乱，比较杂乱。我们调查发现，大多数店铺面积狭小，所有店铺紧挨在一起，杂乱无章，寻找一家特定的店铺比较困难。

表 5　店铺劣势

选项	比例（%）
人流较少	14.28
格局混乱，比较杂乱	57.16
不便于自己的生活	14.28
物流运输不便	14.28

由表 6 可知，如果商家选择新店铺，他们会着重注意是否处在商业区，其次是租金。物流和日常设施对选址影响几乎没有。

表 6　寻找新店铺位置看重的因素

选项	比例（%）
商业中心，人流量大	87.5
租金合理，固定租期长	12.5
运输便捷，物流设施完善	0
日常生活便利快捷	0

由表 7 可知，大多数商家进货品种繁多，各种类型皆有涉及。他们表示，自己进货的商品多为高质量高标准商品。

表 7　店铺内的商品种类和相应的进货情况

选项	比例（%）
种类繁多，各类型各品种皆有涉及	71.43

选项	比例（%）
种类较多,较大侧重上月销售情况较好的商品	14.29
种类较少,多为市场上流行受欢迎商品	4.76
种类少,针对性强,专注于一类商品	9.52

由表 8 可知,商家的货源大部分由自己生产,与合作生产商联系、通过市场购买、从总公司获取的货不多。

表 8　进货渠道

选项	比例（%）
从总公司或上级公司申请获得商品	9.09
通过市场购买	9.09
与合作生产商联系	9.09
自家生产供应	72.73

由表 9 可知,顾客主要为老顾客是一家店铺能够长续经营的重要因素。可能因为店铺陈设无章,有一小部分顾客会随机选择店铺,熟人推荐比例较低。

表 9　客源

选项	比例（%）
熟人推荐	8
老客户	48
客户随机选择	24
客户因为品牌特色慕名而来	16

由表 10 可知,大部分商家不进行网上销售,原因大部分为嫌麻烦。

表 10　网上销售的尝试

选项	比例（%）
有,情况不好,很少有人购买	9.53
有,情况一般,会有较少一部分人购买	23.81
无,听说网上销售情况不好	14.28

选项	比例(%)
无,自己不愿意弄网上销售,嫌麻烦	52.38

(三)中国轻纺城调查结果(买家版)具体分析

由表 11 可知,顾客选择店铺主要原因是店铺的知名度,熟人推荐和从网上获取比例差不多,但都不高。没有顾客会进一家陌生的店铺采购。

表 11　了解到轻纺城的途径

选项	比例(%)
网上	11.76
身边人推荐	23.53
本地知名度较高	64.71
偶然发现	0

由表 12 可知,大部分顾客会选择普通品,只有少数顾客选择高档品和低档品。

表 12　采购类型

选项	比例(%)
高档品	11.76
普通品	74.47
低档品	13.77

由表 13 可知,质量和价格是顾客选择产品的看重因素,极少数顾客会看重服务。极大多数顾客不会考虑品牌。

表 13　选择因素

选项	比例(%)
质量	57.69
价格	34.61
品牌	0
服务	7.7

由表 14 可知,大部分顾客认为轻纺城的商品能满足自己需求,但个性化需求比较不能满足。

表 14　对于轻纺城的商品看法

选项	比例(%)
种类多,基本能满足要求	75
种类多,但无特色,无法满足个性化需求	18.75
档次偏低,故而价格偏低	0
有时候质量无法得到完全保障	6.25

由表 15 可知,顾客更加偏爱自己以前购买过的熟悉的店铺,尝试新店铺对他们来说存在的可能性较小。

表 15　是否只会在固定的几家店面购买

选项	比例(%)
是	89
否	11

(四)调查结果综合分析

由以上调查结果可知,柯桥轻纺城的商家在店铺租金较高并且有增长趋势、销售情况不乐观的情况下,也不愿意更改店铺位置。原因有以下几点:首先是客户来源,即使新市场由于政府政策偏向,店铺税收更少而且租金低,但是大部分的顾客是慕名而来的,还有一些是替朋友来的,他们多半是有目的的,有些甚至就是知道了店铺号直奔而来的,更换店铺位置有可能会失去很大部分的老顾客。其次,老市场相对新市场地理优势更明显,一下公交看到的就是老市场,老市场的顾客量明显更多。但是,商家销售模式依旧为实体店模式,大部分商家不愿意尝试网上销售或者创新产品。轻纺城的转型升级道路任重道远。

四、调研意义

本次调研是为探讨柯桥轻纺城的转型升级之路,探究新老市场共存现象背后的原因。经过为期两天的调研,以及调研结果分析,我们发现柯桥的转型升级道路目前存在较大的问题。

新市场是柯桥转型升级的一个尝试,建造面积更广,区域格局划分更加清晰明确,因为政府大力支持故而租金也偏低。这样一个新型市场理应会有较多商家前来,但是其面临的一个大问题就是聚商能力不足。面对新老市场,商家们似乎都会偏好于选择老市场的店铺,对于新市场的店铺大部分商家都不怎么看好。其实商家们的考虑和选择很正常,因为现实情况的确如此,新市场的客源和人流量远远低于老市场,面对惨淡经营的风险,商家一般不会选择新市场,尽管老市场租金高,区域格局相对狭窄混乱,但是商家们仍旧愿意选择老市场。没有人流量就没有客源,没有客源就没有生意,就没有收入,新市场相较于老市场的一切优势在这一点上就变得没有了任何价值。那么新市场人流量少的原因是什么?我们通过分析我们调研的数据和访谈记录,初步发现有以下几个关键原因。

第一,老市场相对新市场地理优势明显,更靠近交通枢纽,更容易被客户发现。

第二,老市场更容易吸引顾客。市场的客户来源主要分两类。第一类是老客户,新市场相比老市场而言建造时间过短,故而老客户也会较少。老客户一般都是认定某一家商家作为固定供货商,所以老客户们的目标性、针对性很强,这对于新市场来说非常不利。第二类是新客户,新客户又可以分为两类,有些是慕名而来,有些是朋友推荐。慕名而来的新客户因为老市场更为靠近交通枢纽故而选择老市场的概率会大很多;至于朋友推荐而来的新客户,按照新老市场老客户的比例来看,此类客户去老市场的概率也会大很多。由此可知,无论是新客户还是老客户,去老市场的概率都会大很多。

第三,纺织行业目前经营情况普遍不容乐观。

第四,新市场的店家积极性不够,或许是因为大部分顾客都是有很强的针对性和目的性,都是客户主动找上门,商家似乎只需要等待客户上门,但是这样,新市场的情况只会更加不容乐观,人流量会更少,商家的积极性会更低,由此形成一个恶性循环。

新老市场目前主要的差距就在于人流量的差距。从调研结果来看,新老市场的商品质量、款式、价格差距不大,因此如何改善新市场人流量低的问题就成为柯桥转型升级的一个关键问题。团队成员经过调研结果的分析以及后期资料的查询共同探讨出了以下几项措施。

第一,转移交通中心,改善交通物流。新市场必须靠近交通中心,才有较大的机会抓住新客户。新老市场有一个共存问题,那就是物流这一块有序化、智能化不够,运输物流中心货物堆积杂乱,人力短途运输仍旧遍布整个轻纺城市,要加强物流建设这一块,尽量做到高效化、有序化、智能化。

第二,新市场商家的积极性需要加强,面对稀少的人流,新市场要采取相关措施吸引人流,可以适当做一些独特的推广活动或优惠,吸引客户到来。

第三,面对不容乐观的纺织行业情况,新老市场要跳出被动状态,不能等着顾客上门,要主动去寻求机会,寻找客户。

第四,加强网上销售,目前柯桥轻纺城的网上销售情况很差,很多商家甚至都没有开通网上销售。一方面,加强网上销售可以扩大宣传力度,更好地吸引人流;另一方面,开通新的销售渠道,收入也可能会升高。

柯桥轻纺城的转型升级还在继续,目前存在较多问题,距离真正转型升级成功还有很长的一段路要走。

关于桐庐快递行业发展对当地
经济社会影响的调查

信息 1702 班:李雅玲　郑佳欣　张　锐　王　茜

指导教师:杜利平

摘　要:桐庐钟山乡因走出了"三通一达"的创始人,被誉为"民营快递之乡"。如今民营快递占据我国快递行业 90% 以上的份额,故我们小组选择钟山乡作为调查地,通过实地访问和调查问卷的形式,了解桐庐快递行业发展对当地的影响情况,发现快递行业不仅对桐庐当地经济影响巨大,而且"三通一达"的创始人纷纷投资建设家乡,积极建设快递配套产业。此次调查也为如何通过一个产业带动其他相关产业及当地经济发展的问题提供了借鉴意义。

关键词:民营快递　发展现状　桐庐县　钟山乡　配套产业

一、调查背景

众所周知,中国的电商行业规模每年都在以可观的速度增长。而支撑电商行业发展的是完善的物流。高效、及时的物流配送让人们接受了网购这样的新型购物方式。与此同时,为了满足急速增长的物流要求,我国快递行业也在不断地采用更科学、更高效的管理方式增强自身的竞争力。

自 2014 年开始,我国快递业务量连续 5 年稳居世界第一,超过美、日、欧等发达经济体总和,成为世界邮政业的动力源和稳定器,而民营快递占中国快递市场份额的 90% 以上。其中,桐庐县钟山乡作为第一批民营快递申通、圆通、中通、韵达创始人走出来的地方,现已成为著名的"中国民营快递之乡",几位创始人组成的"桐庐帮"在中国快递业占有一席之地,所以我们这次选取浙江省杭州市桐庐县的钟山乡作为主要调查地,通过发放问卷和面对面采访的形式,实地调查中国民营快递之乡的快递业发展现状和对当地的居民生活、经济发展的影响,并展望民营快递行业的未来发展。

二、调查经过

在我们做好了充分的准备之后,我们踏上了桐庐民营快递发展现状及影响调查的旅程。

在四十几分钟的高铁行驶后,到达桐庐站,再经过公交换乘出租车,我们终于到达快递产业园。由于桐庐有很多的民营快递产业园,我们选择其中比较有代表性的申通快递产业园(见图 1)进行调查活动。

图 1　快递产业园

我们通过对产业园基础员工发放问卷以及对管理高层进行访谈的方式,初步了解了桐庐民营快递发展现状及其影响。我们小组去到了杭州三恒包装材料有限公司信封事业部(见图 2)以及环保包装袋事业部(应环保包装袋事业部管理人员的要求,我们没有对其部门内部进行拍摄,只进行了问卷和访谈工作)。

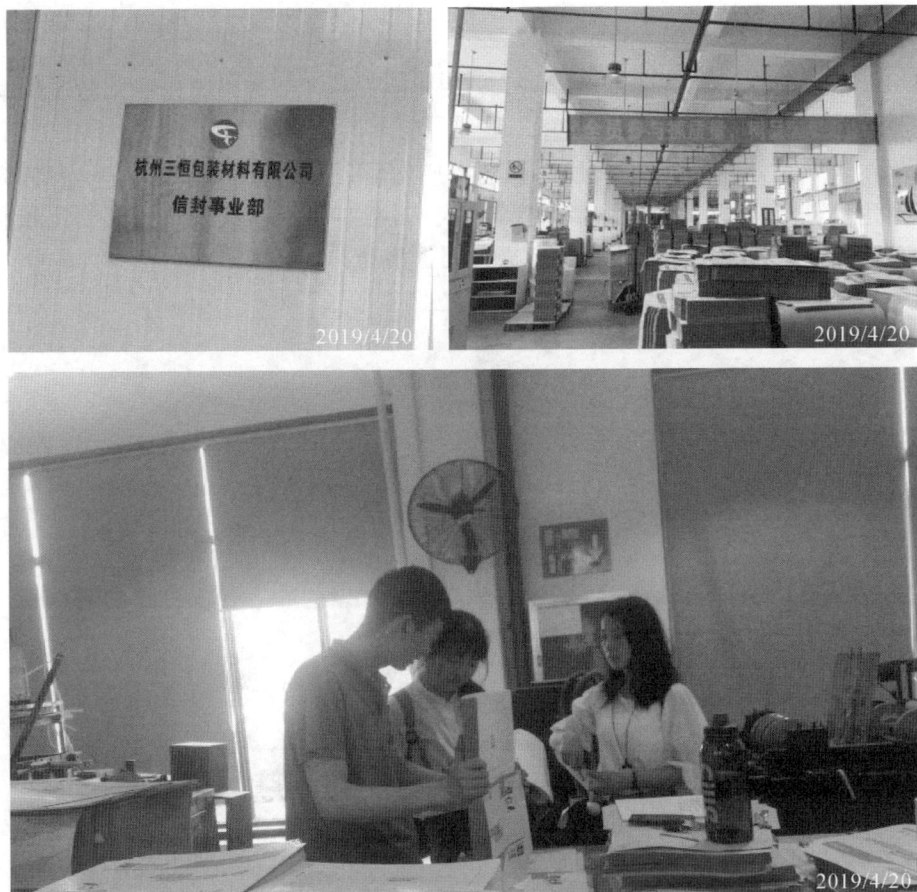

图 2　采访杭州三恒包装信封事业部员工

　　信封事业部的文职人员（女）说：“我认为这份工作比以前的工作更加轻松，有更多的时间照顾家庭。相比以前，生活压力小了很多，生活水平高了很多。而且这个行业发展前景还不错，我应该会继续从事。对于工作环境方面，我在公司的这一年时间里，为了追求更高的品质，我们对设备和管理制度都有改善。我认为最核心的技术主要是印刷技术和信封的后贴膜。”

　　信封事业部的主管（男）告诉我们：“我从事这个行业已经五六年了，之前做的也是关于快递方面的工作。当初选择这个行业是因为觉得工资有保障，而且这是一个新兴的产业，比较有发展前景。我认为目前民营快递行业的竞争力很大，对于我们普通老百姓来说，快递行业的发展，让我们的生活更加便捷。而且快递用途较广，大部分人生活中多多少少都和快递有很大的联系。”

　　环保包装袋事业部的主管（女）说：“现在很多快递都会选择用环保袋进行

运输,跟之前的蛇皮袋相比,环保袋可降解而且重复使用率高。而且我们厂房环境也越来越好,职工都是多劳多得的,工作积极性很高。"

第二天,为了进一步了解当地快递行业发展,我们去了中国民营快递之乡——钟山乡。在钟山乡,我们注意到居民的生活环境和周围的乡镇比起来要更加良好(见图3)。

图3　钟山乡乡貌

在和村民的访谈中我们得知,"三通一达"的老板每年都会捐款给钟山乡的学校共计100万元,同时乡里的很多马路、桥梁、绿化等基础民生设施都是这4家公司出资建设的(见图4)。

图4　"三通一达"对钟山乡的建设

我们通过钟山乡人民政府经济发展办公室的工作人员的介绍,了解到钟山乡政府为建设"快递之源"乡村振兴示范区而设计的一系列规划方案(见图5),包括将夏塘村规划定位为快递产业文化交流圣地、农村旅游先行示范区、千亩蓝莓基地,弘扬快递文化、传递快递精神,修建茶油文化展览馆和茶文化展览馆等。

图5　钟山乡规划方案

另外,我们给乡政府周围的居民发放了问卷。很多居民都表示,家里人都有从事快递行业的工作,而且现在都是在外面,平常时间都不会待在乡里。他们还告诉我们:"以前像'三通一达'公司的老板那一代,因为比较穷都没有机会读书,所以他们现在十分重视教育。他们现在创业成功了,每年都会捐很多钱给教育事业,希望现在的孩子能够有机会好好读书。而且,我们现在生活水平越来越高,快递发展对我们的生活影响还是很大的。"

我们完全能够看出居民们在跟我们讲这些事情时候的那种自豪感和喜悦感,而且他们从心底里觉得快递发展给他们的生活带来很大的改变。

三、调查结果

(一)根据调查问卷得出的结论

1.在调查过程中,我们访问了当地居民及申通快递产业园的工作人员,根据问卷调查结果,关于当地居民或其亲人从事快递行业的情况如图5所示。

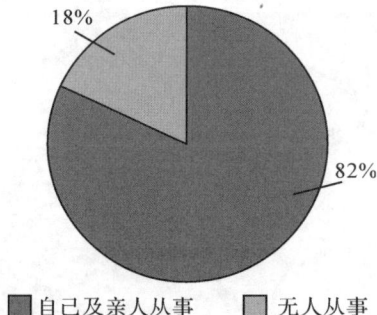

18%　82%

自己及亲人从事　无人从事

图5　关于当地居民或其亲人从事快递行业的调查(共有调研问卷85份)

我们发现,有82%的居民自己或其亲人有从事快递行业,由此得出:快递业的发展提供了一定的就业岗位,促进了桐庐当地的就业。

2.关于当地从事快递行业年龄分布的情况,调查结果如图6所示。

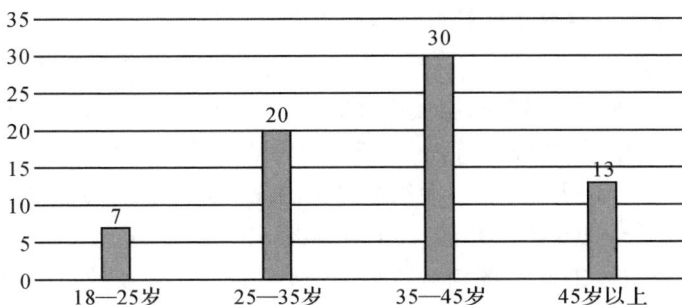

表6 关于当地从事快递行业年龄分布的调查

(共有调研问卷70份,已减去不从事快递行业者的问卷)

我们发现,管理层多为35—45岁及45岁以上的人员,工作人员年龄大多分布在25—45岁之间,总体来说,快递行业从业人员较为年轻,是一个比较有活力、有潜力的新兴产业。

3.关于桐庐申通快递产业园员工工龄的情况,调查结果如图7所示。

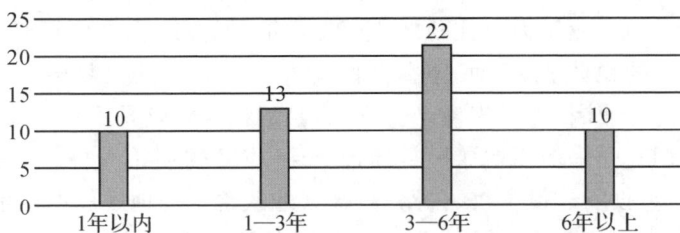

图7 关于桐庐申通快递产业园员工工龄的调查

(共有调研问卷55份)

我们发现,工龄在3—6年的人数较多,我们采访了部分员工,多数员工表示,快递行业是一个现状良好且非常有发展前景的产业,所以多数人会选择继续从事快递行业。

4.关于桐庐申通快递产业园内员工本地与非本地居民占比的调查情况。

我们发现,除有45%的本地居民外,也有55%的非本地居民,可见,快递业的发展不仅为桐庐本地居民提供了工作机会,也带动了人才流入,为桐庐创造了更多的就业机会。

5.关于快递行业工作人员及当地居民选出最满意的快递公司的调查情况。

我们发现,大多数人在这个问题上选择了顺丰快递,因为其速度快、效率高,且较为安全,但其价格偏贵,我们大致可以得出大家在选择快递时更注重的方面,也为快递行业的发展提供借鉴。

(二)快递产业发展对桐庐当地的影响

我们通过查阅资料及结合自己的调查结果,得出以下结论。

1.配套产业开发潜力巨大,带动相关产业发展。快递产业所涉及的行业领域非常广,例如:汽车业、印刷业、服装业、信息技术查发、信息设备生产等。此外,信息设备(扫描把枪)、智能化分拣设备、智能化终端投递设备等,目前都还没有广泛投入使用,这些产业同样具有很大挖掘潜力。通过对这些行业企业的招引,便可形成一个快递产业集聚区。并且,每个行业都可以形成一个完整的产业链。

桐庐县的实体工业经济相对落后,快递用品生产企业的进入,将是桐庐县工业经济的一支强心针。不论是服装企业、印刷企业、信息设备企业,还是将来要投入使用的智能快递柜的生产,都将是一批高产值企业。

2.极大地带动了桐庐经济的发展,对当地建设、就业产生了积极的影响。桐庐是“民营快递之乡”,“桐庐帮”快递企业为家乡的经济建设做出了巨大的贡献。单从解决就业上看,桐庐县直接从事快递行业的人数就达1万多人。同时,还有人从事为快递业做配套服务、相关用品生产和为快递企业做开发投资等工作。据保守估计,桐庐人从事与快递行业有关的工作的达1.5万人,这着实减轻了桐庐的就业压力。在税收上,2014年,仅快递这一个行业就为桐庐贡献将近2亿元的税收收入,而这些税收收入主要来自几家物流公司。可想而知,一旦“快递产业园”形成规模,它对桐庐县的税收贡献是不可估量的。

我们在调查中采访当地居民得知,“三通一达”的创始人每年都会向桐庐当地捐大量资金,投资建设学校、公路等,极大地改善了当地居民的生活环境。

另外,有助于桐庐县的住宿、餐饮、娱乐等服务业发展。每年,“桐庐帮”快递公司都会在桐庐召开“快递网络年度大会”。每次会议与会者都在2000人以上,给桐庐的住宿、餐饮服务业提供了大量的客源。其间,也给桐庐县提供了一个旅游宣传的平台,有助于桐庐县的休闲娱乐业的发展,有助于桐庐县进入、发展会展业。

快递企业也积极回乡投资创业,回报家乡。目前快递企业在桐总投资达25亿元。产业涉及快递衍生业、现代物流业,如“三通一达”联合顺丰快递在桐庐成立蜂网投资有限公司,专门从事快递相关行业的投资,目前正在全国范围内开展快递自助柜的铺设,解决快递最后1公里难题。另外,总投资3亿元的申通快递产业园和投资5亿元的“中通基地”项目正在建设当中,建成后将成为公司浙江地区的培训和呼叫中心。目前正在谈的项目还有圆通高星级宾馆、申通家园等项目。

(三)"三通一达"面临难题

虽然"三通一达"如今已获得了较大的发展规模,但在企业经营过程中还存在着不少的问题,面临着极大的竞争压力,面临的难题主要有以下几个方面。

1. 发展速度过快。就现如今的"三通一达"来看,主要的业务量是来自电子商务的网购,导致"三通一达"极度依赖电子商务,电子商务的发展推动着"三通一达"的发展,但是在面临"双十一"、春节这样的节日时,快递企业还是不能及时跟上业务量的急速增加,出现爆仓和延误的情况。虽然这几个快递企业每年都在采用新科技提高自己的包装、分拣、运输速度,但还是跟不上需求量的要求。

2. 企业间低价竞争。"三通一达"在最开始的时候就是依靠低廉的价格和较快的运输速度在快递行业站住了脚跟,但是随着价格战越演越烈,利润也所剩无几。恶性的价格战只能让企业两败俱伤,无法让企业更好地发展。

3. 加盟制带来的弊端。"三通一达"目前采用的门店扩张都是加盟制,通过加盟制这样的低成本快速扩张模式,"三通一达"占据了大部分市场,但是加盟商和企业之间距离远,管理起来极其困难,导致加盟店服务质量参差不齐,个别加盟商只顾眼前利益而忽略了标准就会影响企业口碑,居高不下的投诉率也是"三通一达"亟待解决的问题。

(四)我们的建议

1. 提升企业核心竞争力。目前"三通一达"的竞争是同质化的,依靠低价作为吸引消费者的竞争力。所以消费者需要寄出快递时考虑的就是哪家价格低选择哪家,这样长此以往是极不利于公司发展的,就像我们问卷中的问题"最满意的快递公司",87%的受访者选择了顺丰快递,已经超过半数,说明顺丰快递的形象深入人心,成为顺丰的核心竞争力,故"三通一达"也应提升自身的核心竞争力,在竞争时拥有更明显的优势。

2. 重视企业人才队伍建设。快递业属于服务业,优质的服务后面是专业的服务人才,快递公司必须重视公司员工素质的培养和企业文化的塑造,才能增强企业的竞争力。

3. 加强企业管理。优秀的企业无一例外都是使用标准化管理,目前快递行业的管理还不够到位,居高不下的投诉率是快递行业亟待解决的问题,这离不开企业的高效管理,而"三通一达"目前的加盟制使得各个公司对于加盟商的管理还不够到位,这一问题需要继续解决。

四、调查意义

通过实地调查,我们了解到钟山乡虽然被称为"中国民营快递之乡",但并不是我们所想的快递运输业极其发达。但是快递产业对当地多个产业都产生了积极的带动作用，包括实体工业、旅游业、教育业、娱乐业……"三通一达"的老板不只是短暂地直接捐款建设家乡，而是有总体规划性地建设一个与快递产业配套而生的乡村振兴区，为钟山乡的长期发展打下基础，为如何通过一个产业带动其他相关产业及当地经济发展的问题提供了借鉴意义。

关于杭州新地铁建造对
周边住户和商铺影响的调查

英语 1703 班:李　萌　卢　娇　李涵冰　张博云

指导老师:金　兵

摘　要:本调查就杭州市地铁 8 号线的建造给其周边住户和商铺带来的影响和他们的建议展开了实地调查。调研发现,周边住户普遍认为新地铁的建造将进一步缓解交通压力,促进杭州经济发展,完善杭州城市规划;但也造成噪音、水、空气污染,空气污染尤为严重,建造过程中给居民出行带来不便。商铺店主普遍反映地铁建造会产生房租价格变动和断水断电等问题;由于地铁带来的经济效益,多数店主还是愿意让地铁经过商铺。最后我们针对地铁产生的环境等问题,提出了相应的解决措施。

关键词:新地铁建造　居民生活　商铺经营

一、调查对象与方法

本次调查主要采用问卷调查和访谈方式,以杭州市地铁 8 号线周边的住户和店家为调查对象。调查内容主要包括以下几方面:住户和店家对于地铁的熟悉度,地铁建造对于住户生活和店家经营产生的影响,地铁建造完毕之后会带来的影响。此次调研,我们一共发放问卷 200 份,其中针对住户的 100 份,针对店家的 100 份。我们收集到的问卷中,住户主要为学生和企业职员。最终,我们将收集的数据输入 Excel 表格,并对其进行统计分析。

二、调查结果分析

我们向地铁线路附近的各家商铺投递问卷,最终得到了不少具有有效信息的问卷,经过整理分析,我们得出了以下结果。

从店家方面来看,虽然店家普遍认为杭州建设地铁是非常必要的,并且对地铁周边环境都比较满意,但也认为地铁建造的过程,的确会对他们的经营产生不少影响,具体表现在以下方面。

1.多数店主愿意让地铁经过商铺。

经调查研究,73.31%的店主愿意让地铁经过商铺。访谈询问后,我们小组得出的原因主要有:地铁能带来较大的客流量,曝光率更高。地铁,代表着巨大人流量和商业的潜力。地铁是财富的动脉,地铁沿线正在成为城市的黄金经济线。地铁开通后,商业的辐射半径会大幅扩大,能从城市各个角落带来人流、物流、财富流。有少数店家认为地铁建造时间过长,建造过程中会对他们的经营产生影响,不愿意让新地铁经过店铺。但多数店家从长远发展来看,依旧支持新地铁的建造。

2.新地铁的建造给商铺带来众多不利影响。

在对于新地铁建造产生的影响的调查中,我们发现78.79%的店家反映地铁的建造往往会带来房租价格的变动;69.70%的店家在经营过程中曾因地铁建造出现断电断水问题;由于地铁的建造需要封路等,45.45%的店家反映地铁的建造对货物的运输等带来影响。一些地段的商铺因为地铁的开通价值成数倍甚至十数倍的增长。所以房租的上涨从地铁建造时就开始了,而此时的店家并未享受到相应的客流量与地铁带来的财富。在建设过程中,因为地铁建造属于地下工程,所以断水断电现象极容易发生,由此会对店家造成众多不便。另外由于施工过程本身会产生扬尘、噪声之类的污染物,还有一些施工工棚产生的生活垃圾以及生活污水之类,都会对环境产生一定的影响,商铺营业额也会受到影响。

通过本次调查得知,杭州新地铁的建设对住户的影响比较大,许多住户对新地铁的建设表示赞同,但地铁建设过程中不可避免地会带来不利的影响。所以本次调查结果主要分为有利和不利两个方面。

新地铁建造对于住户产生的有利影响:在对新地铁建造产生的有利影响调查过程中,我们得出,有72.41%的人认为新地铁的建造能够缓解交通压力,有77.59%的人认为新地铁的建造对杭州的经济发展有帮助,有74.14%的人认为新地铁的建造可以完善城市规划发展,有34.48%的人认为新地铁的建造有利于培养地铁方面的人才。从以上数据可以发现,大部分人认为新地铁的建造对杭州的经济发展有帮助,可以完善城市规划,缓解交通压力。

新地铁建造对于住户产生的不利影响:在新地铁的建造产生的不利影响调查过程中,我们得出,从学生方面来看,有82.35%的人认为新地铁建造造成噪音、水、空气污染等,有55.88%的人认为新地铁建造给居民的出行造成不便;从公司职员方面来看,有75%的人认为新地铁建造给居民的出行带来不便,有75%的人认为新地铁建造带来新的交通问题。从以上数据可以得出,因为新地铁建造经过学校门口,从而会对学生造成噪音、水、空气污染等影响,而且建造过程中不可避免的封路也会造成出行不便。

三、对策与建议

地铁作为一种先进的城市快速交通系统,相对于普通交通而言减少了汽车尾气的排放,有利于改善城市的大气环境,是一种绿色交通工具。但是其建设和运营期会对周边环境产生一定的影响,应引起我们的足够重视,使其对环境影响减少到最低限度,成为真正的绿色环保交通。地铁在建设过程中,对周边环境的影响主要体现在交通、水环境、大气环境、固体废弃物垃圾及噪声污染方面,下面我们将从这几个方面着重分析问题,提出恰当的建议。

1. 提前勘测,考察施工地交通与水文状况。

地铁在建造之前,务必提前勘察施工地区周边环境,考察该施工地点是否存在破坏地下水源的隐患。除了盾构法竖井施工外,施工作业均在地下进行,既不影响地面交通,又可减少对附近居民的噪声和振动影响,尤其适用于穿越市区的地铁工程。施工单位做好必要的防水工程措施,提高工程环境要求标准,提高工程作业安全意识、环保意识,与此同时还必须做好应急措施应对断水断电事故的发生。施工过程中一旦发生断水断电情况,立即启动应急措施,把给施工方面及商铺住户方面带来的影响降到最低限度。

2. 定期洒水,定时清洗运输车辆,以减少扬尘。

地铁在建造过程中在遇到开挖、打孔的情况时,对干燥地方预先洒水,回填土方时在地面表层干燥的地方也预先洒水,对回填土方堆放场及弃土堆放场应定期洒水。对于运输车辆应及时清洗,装满土方后要洒水后运输,以减少运输期间的扬尘。

3. 综合治理,从源头上加强管理,减少建筑垃圾。

加强地铁建筑垃圾的量化管理。为减少建筑固体废弃物,要考虑四个方面:第一,地铁建筑物应选用具有较长的使用寿命、较少产生建筑垃圾的结构设计,选用少产生建筑垃圾的建材和再生建材,应考虑到建筑物将来维修和改造时便于进行且建筑垃圾较少,应考虑到建筑物在将来拆除时建筑材料和构件的再生问题;第二,保证地铁建筑物的质量和耐久性,坚决杜绝偷工减料、以次充好、降低工程质量的现象,科学安排施工进度亦是保证工程质量的重要因素;第三,通过加强建筑施工的组织和管理工作,提高施工质量,也可以减少建筑垃圾;第四,回收利用地铁建筑垃圾,地铁建筑施工垃圾在回收并经分解、剔除和粉碎后,可作为建筑材料加以综合利用。

4. 增设风亭,加强空气净化,以减少病毒传播。

施工时,可以在城市绿化带中多设置几个地铁风亭站点,这样排出的空气基本不会影响到周围的人群。鉴于地铁人流量大,通风效果差,可以在各站设置辅助通风装置,视情况可以增加空气消毒净化器,用来改善空气质量,减少病毒传播。地铁制动会摩擦产生超微金属颗粒,可在站台加装玻璃幕墙,这一方面可以防止旅客过于靠近轨道,另一方面可以防止超微金属颗粒飘进车站。如有需要可以在玻璃幕墙上加装风幕机。

5. 按时施工,利用白天进行噪音较大的工程。

施工时,合理安排施工场地的施工时段与场地布局,充分利用声音传播的衰减、反射和折射性质合理安排施工内容,合理选用低噪声的施工机械和先进的施工技术,以达到控制噪声污染的目的。应注意经常对施工设备进行维修保养,避免因设备性能减退而使噪声增强的现象发生。对挖掘机、推土机等高噪声设备,合理安排作业时间,夜间禁止高噪声扰民作业。施工尽量安排在白天,夜间尽量不施工,若有特殊情况提前向有关部门进行夜间施工申请,待获得批准后才可进行夜间施工。

金融科技视角下欠发达地区
普惠金融的"深耕"之旅

——基于丽水市三个县区普惠金融实施现状的调查分析

网络1701班：马　力　方狄庆　周康宇　姚铭锋

指导老师：李梦云

摘　要：目前我国普惠金融仍处于起步阶段，如何实现普惠金融可持续发展是亟待研究和解决的问题。同时随着金融科技的发展以及国家政策的推动，互联网等新兴技术的触角逐渐向农村延伸，依托"数字普惠"的发展模式利于推进农村金融改革。我们以丽水市为调查对象，了解丽水市普惠金融的实施现状，通过初步的描述性统计分析与交互分析、无序多分类的 *Logistic* 回归、因子模型，探究普惠金融在丽水市的实施现状并实证分析金融科技等因素对普惠金融发展的影响。研究表明，目前丽水市普惠金融整体状况良好，数字普惠金融有所发展，但不可忽视贷款渠道、用途单一，基础设施建设落后，金融科技实际运用程度不高等问题；应当结合金融科技，通过探索构建以五大体系为主体的普惠金融发展模式改善各方面的状况，协同推进普惠金融的发展。

关键词：普惠金融　因子分析　金融科技　欠发达地区

一、调查目的与意义

（一）调查目的

本方案针对的是普惠金融实施过程中提供金融服务的商业银行以及享受金融服务的农户两大主体。目的有以下两点：第一，通过调查丽水市金融服务提供者与接受者对普惠金融的反馈情况，对普惠金融的实施现状进行评价；第二，总结普惠金融发展过程中出现的问题，针对分析结果提出借鉴经验供其他地区参考。

（二）调查意义

从理论层面上看，普惠金融体系是对现有金融体系的反思，现有农村金融体系的弊端已越来越明显。普惠金融体系理论的形成与小额信贷理论、微型金融理论密切相关。早期的小额信贷是作为缓解贫困的创新工具出现的,微型金融在此基础上对金融服务的深度和广度进行了扩展。

从现实意义上看,普惠金融的发展一方面有利于满足农村的资金需求,简化农民通过贷款审核的步骤,树立"人人具有平等融资权"的金融服务理念,扩大农村金融服务覆盖面,使我国农村形成投资多元、种类多样的现代农村金融体系;另一方面,本次调查得到的改进意见有助于金融机构更好地提供服务,增加农民享受金融服务的满意度,促使金融资源的合理分配,从供给端的角度助力乡村经济的均衡发展。

自 2012 年 3 月 30 日被中国人民银行批准成为全国农村金融改革试点以来,丽水通过金融改革打造了现实版的普惠金融。本小组以丽水市为载体,运用可信度分析、相关分析等方法,拟在丽水市莲都区、青田县、缙云县三个县区进行抽样调查和访谈,深入了解普惠金融的实施现状及存在的问题。

二、背景分析

(一)金融组织体系

丽水市是"九山半水半分田"的地区。自 2007 年以来,全市的涉农贷款年平均增速高达 31.1%,比同期全部贷款增速高出近 10 个百分点。2012 年,人民银行批准丽水启动全国首个农村金融改革试点工作。目前全市的银行业金融机构共 30 家,保险业机构共 21 家,证券业机构共 5 家,村镇银行、农村资金互助社小额贷款公司基本实现了县域覆盖。至 2013 年末,全市涉农贷款余额达到 657.45 亿元,占全部贷款额的一半以上,增速连续 5 年全省领先。调查数据显示,9 家银行保险业金融机构目前已在丽水设立了分支机构,并且村镇银行也实现了县域全覆盖。自 2012 年到 2015 年,在县域乡镇设立的网点达 60 家。

(二)扶贫创新模式

农村金融一直被认为是农村经济发展的核心和推动力。只有不断地创新才能为农村的经济发展提供活力源泉和有效的动力机制。"丽水模式"作为发展得比较成功的农村金融改革试验模式,以解决"两大两难"问题为主要方向,以建立金融创新示范区、发展繁荣区和生态优质区为目标,深入地开辟了一条可持续城乡金融服务均等化的农村金融发展之路。

从 2007 年起丽水市中心支行和当地的林业农业等相关部门合作,率先在全省建立了涉及林权、土地承包经营权等农民主要财产的融资框架,创新三权抵押贷款融资模式,使农民的资产盘活达到最高限度,形成了一条具有特色的抵押贷款融资模式,大大拓宽了融资抵押物的范围。

(三)农村信用体系建设

除了各种有形资产,农户的信用也是可以用于申请贷款的一项无形资产。对于缺乏相关抵押资产的农户,贷款渠道比较单一,因此构建健全的信用体系,是提高这类群体贷款可得性的重要措施。

2015 年,中国人民银行丽水支行在政府和上级银行的支持下,先后投入了500 多万元对农户征信系统进行了全面升级,拓宽了信息的覆盖面,增加了政务信用信息以及其他的小微企业征信信息,提高了金融机构授信的工作效率,从而盘活了资金。到 2015 年底为止,全市已经评定了 41.3 万个信用农户、905 个信用村、38 个信用乡和 2 个信用县。显然,农村信用信息系统的建设打破了市场边界和固有区域的界限,通过“互联网+”技术,使得原本难以连接的信息得到了整合与分享,提高了金融行业的业务量和工作效率。

(四)互联网+普惠金融

随着互联网时代的到来,“互联网+普惠金融”也逐渐得到了开展。各个金融机构纷纷开发了对应金融机构的手机软件,网上银行、手机银行大大减小了城乡差距,另外丽水也加快了网上支付示范街区的建设。到 2015 年,丽水市的网上支付示范街区已经达到 38 个,网上用户数量也达到相应的增长。

中国人民银行丽水支行行长孔祖根表示,丽水农村金融改革将会加大对农村电子商务创新发展示范区的金融支持力度,努力探索农村个人小额消费互联网信贷产品创新,探索推进生态精品农业农村创业创新项目互联网众筹试点,引导 P2P 网贷规范发展,探索搭建农村融资对接平台。

三、问卷调查结果与分析

(一)问卷回收情况

根据抽样结果,本小组按照原定时间和路线在 3 个县区 16 个行政村发放问卷,如图 1 所示。

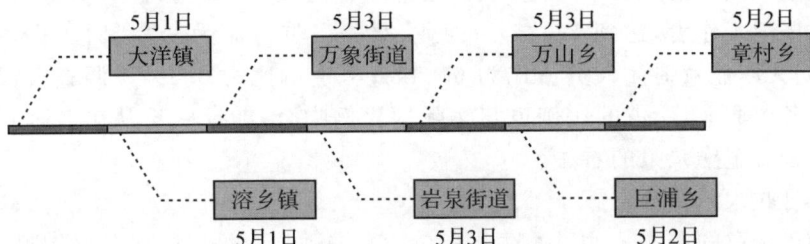

图 1　问卷发放时间和路线安排

本次调查共发放 350 份问卷,回收 346 份问卷,回收率达 99.14％,全部为偶遇抽样。有效问卷为 334 份,问卷有效率达 96.25％。具体结果详见表1。

表 1 问卷回收情况表

县区	乡镇(街道)	发放问卷总数	回收问卷总数	有效问卷总数	有效率
莲都区	万象街道	37	37	36	97.30％
	岩泉街道	53	53	50	94.34％
青田县	万山乡	34	34	32	94.12％
	巨浦乡	74	71	69	97.18％
	章村乡	46	46	45	97.83％
缙云县	溶乡镇	45	44	43	97.73％
	大洋镇	61	61	59	96.72％

(二)样本结构分布情况

1.年龄构成分布。

在接受调查的人群中,28—40 岁年龄阶段所占比例最大,为 47.30％;其次为 40 岁以上年龄阶段,占比为 23.05％;18—28 岁年龄阶段占比最小,为 23.05％。问卷回收统计结果基本符合预期标准。

2.学历结构分布。

高中及以上学历结构占比最高,达到 48.5％;其次为初中学历及小学学历,占比分别为 31.14％和 17.66％;小学以下学历占比最少,只占 2.69％。就整体而言,随着社会教育水平的提升,国民的文化素养也在不断提高,这也为普惠金融政策的实施提供了保障。调查的结果基本符合预期标准。

3.职业结构分布。

在随机调查的人群中,个人私营业主所占比重最大,达到 41.32％;其次为科教文体卫工作者,达到 19.76％;商业、服务人员占比为 9.28％;工人占比为 8.08％;无职业及退休人员占比为 6.89％;学生占比为 0.3％。调查人群基本涵盖了各个职业,所占的比例也与实际的比例吻合,能反映出从事各种行业的人员对普惠金融政策的看法。

4.月收入结构分布。

随机选取的调查人群中,收入在 3000—8000 元的人群所占比例最多,为 51.2％;有 24.25％的人群收入为 8000—12000 元;收入在 12000 元以上的人群所占比例为 13.47％;收入在 3000 元以下的人群所占比例最少,仅为 11.08％。

5.户籍结构分布。

所调查人群中,农业户口占 66.17%,非农户口占 33.83%。丽水市作为典型山区,农业人口比例一直较高,所以调查结果基本符合预期。

(三)基本问题的数据分析

1.对"普惠金融"政策的了解情况。

在接受调查的人群中,对"普惠金融"政策完全不了解和非常了解的人群占总调查人数的比例分别为 8.68% 和 8.38%,而对"普惠金融"政策不太了解和比较了解的人群占了绝大多数,比例分别为 41.92% 和 41.02%。根据被调查人群的比例可以看出,大部分人对"普惠金融"政策有所了解,而对"普惠金融"政策完全了解或完全不了解的人占少数。

2.获取"普惠金融"政策信息的渠道分布情况。

在接受调查的人群中,有 38.60% 的人是通过报纸、电视广播、网络了解"普惠金融"政策到"普惠金融"政策的,有 33.26% 的人是通过银行宣传了解的,有 15.20% 的人是从亲戚、朋友、邻居口中了解,还有 7.80% 的人是通过微信公众号以及 5.13% 的人是通过其他方式了解的。根据被调查人群的比例可以看出,报纸、电视广播、网络和银行宣传对"普惠金融"政策的传播起到很大的作用,亲戚、朋友、邻居交流和微信公众号起到辅助作用。

3.对未接受"普惠金融"相关贷款服务的原因分析。

在未接受普惠金融贷款服务的人群中,有 62.09% 的人不需要"普惠金融"贷款,有 15.69% 的人不符合"普惠金融的申请条件",有 15.03% 的人因为其他原因未接受"普惠金融"贷款服务,因为手续复杂、利率高、贷款放款慢而未接受"普惠金融"贷款服务的人分别占 2.61%、3.92% 和 0.65%。根据未接受"普惠金融"相关贷款服务的人群的比例可知,大部分人未接受是因为不需要"普惠金融"贷款,有一部分人未接受贷款服务是因为不满足贷款的条件和其他原因,极少数人是因为手续复杂、利率高、贷款放款慢而未接受"普惠金融"贷款服务。

四、访问结果与分析

经过对问卷的整理,小组将上述分析中难以反映的情况进行了总结。

(一)被调查农户的普遍反映

1.贷款渠道、用途单一,贷款额度较低。

大多农户在农商银行和邮储银行获得贷款,究其客观原因则是,目前四大国有银行在乡镇的网点设立还未普及,其他保险公司、证券机构更是少之又少。因此农民很难在家门口获得需要的资金,也就侧面造成了农村的金融贷款供给不足。且农户普遍认为小额贷款的贷款额无法满足贷款需求,大部分农户采用抵押贷款获取 30 万元以上的贷款。农户贷款用途大多集中于房子装修、经营条件改善、农作物种植。还款较为便捷,周围银行网点多。贷款难、贷款贵、无贷款意识制约着农村普惠金融发展。

2.网上银行使用逐渐提高。

对于网上银行的使用局限于汇款转账,更有农户受制于文化水平影响,手机银行对于此类群体形同虚设。不少农户对手机银行缺乏认识,担心通过手机银行办理业务会造成个人信息泄漏、财产安全等问题。

(二)被访问银行工作者的普遍反映

"普惠金融"政策在丽水已实施 10 年左右,银行间实行对村镇的划片区管理,目前各个银行网点较多。不同的银行对普惠金融的实施具有不同的侧重点,基本没有出现农户不能申请贷款的情况。大部分银行目前没有专门负责"普惠金融"贷款的部门。根据信用等级关联度,各个银行针对不同的客户会制定不同的利率。近年来,人民银行对于新增的小微企业,提供万分之五的补贴。

1.目前遇到的问题。

大量农户使用缴费功能,造成数据信息量大,使得网络系统还存在一定缺陷。由于贷款门槛不高,大部分农户信用意识较弱;在正常合理的范围内存在不良贷款。

一些空白乡镇,即无实体网点的乡镇,虽然有流动服务站提供小额资金结算、贷款服务等,但是仍然无法满足农户贷款的便利性要求。

2.农贷占比。

其中农商银行农贷占比为六分之一,莲都农商银行工作者反映农户大多办理 5—10 万元的信贷产品,400—500 户农贷,信贷占百分之八九十。数据显示贷款的大多是 30—40 岁的人,为种水果贷款 5—10 万元。

调查显示,受文化水平影响,30—40 岁的农户占贷款用户的绝大多数,其中 40 岁以上仅 10%—30% 会使用手机银行。线下办理贷款居多,但也有能够使用手机银行在线上办理贷款的用户,部分额度为 30 万以上的用途做生意。

3.征信系统建设。

银行认为征信系统实用程度较高,征信系统专人管理每笔贷款,线上网银征信(自动申请自动提取)根据纳税、个人存款等进行线下申报审批,建立了丽水信用信息平台"整村授信",该系统还可应用于应收账款质押平台,依托大数据系统可自动测算(公安国税加权汇总)。

4.风险防范。

银行会通过 LED 屏播放宣传片、微信公众号、发放防诈骗小册子提醒农户注意用卡安全,不转借银行卡,不轻信陌生来电,不点击不明链接或扫描二维码,不向任何人透露或泄露个人身份信息、账户信息、密码及验证码等信息,通过办理时跳出风险提示、定时下乡宣传和办理存贷业务、普惠金融宣传等措施提醒广大人民群众。

5.定期下乡活动开展状况。

下乡频率为一个月三次左右。银行会定期下乡进行宣传知识和推销产品、手机银行办理、普惠签约和贷后管理。其中,贷后管理会通过考察贷款人实体经营情况、查询资金流向和购销合同进行产品后续跟进和风险评估,整个过程科学合理。

(三)"普惠金融"政策实施的难处

通过访问各个商业银行在各区的支行,我们发现银行宣传栏大都存放了防诈骗、存款的宣传资料供客户领取和阅读,也有一些银行设有相关设备播放防诈骗宣传片。但贷款相关宣传资料并不多,侧面反映出银行金融服务有待提升。

1.农村产权制度改革滞后。

由于现行法规规定宅基地只能在本村村民之间流转,且受到"一户一宅"的限制,农户很难通过抵押房产获得贷款。由于农户申请主动发证意识较弱,以及一些历史性因素和纠纷问题,农村违章建筑普遍,这也成为制约农户开展抵押业务的因素。

另外,三权抵押物的价值差异巨大,缺乏统一的评估标准和市场参照价格,使得农户的资产变现困难、处置成本高,资产流动性受到很大影响。

2.农村金融竞争不强,致使扶贫率不高。

丽水全市目前仍然有42个,占比达到24%的乡镇没有固定的金融机构营业网点,这些空白乡镇大多需要通过农信社、商业银行的定时下乡活动办理支付结算、小额贷款业务。金融机构在乡镇开办营业网点成本偏高造成了大多进入机构不愿意在乡镇开办营业网点的现象,从而造成农信社的自然垄断格局,这种垄断格局很容易造成农民融资难、融资贵的问题。据调查与测算,一家金融机构在乡镇开办一家营业网点需要初始投入60万元,并且每年需要30万元的营运成本。

3.原有的农村金融环境制约着政策的实施。

由于普惠金融从2005年由联合国提出,丽水市成为农村金融改革试点以来才经历了6个年头,整体政策较新,许多政策还不尽合理和科学,使得政策在农村的开展缺乏深度和广度。低收入农户的自力更生意识较差,受"等、靠、要"思想影响严重,信用意识较弱。农户的耕地面积普遍偏小、分布较分散,农业生产规模较小,基础设施落后,抵御自然灾害能力较低,从事耕种的农户承担风险较高,相应的金融风险也较高。

五、结论与建议

(一)结论

通过本次的深入研究,对丽水市三个县区进行了问卷调查并走访了丽水当地具有代表性的商业银行,基本了解到丽水市目前的普惠金融的发展状况并对影响因素进行了分析,得到如下结论。

1. 实施现状。

依据调查,当前丽水市普惠金融实施情况总体良好。通过走访发现,当地政府部门大力推进,出台多项配套政策,大部分农民以及金融机构反馈表示享受过政府政策带来的优惠。金融机构抓住契机,积极实践。不同银行对普惠金融政策的实施具有不同的侧重点,并有专业的工作服务人员。在推行过程中注重"因地制宜",推出了特色化的产品,如茭白贷、随薪贷、水库移民贷款等,从贷款产品本身入手改善服务质量。同时着力加强互联网数字普惠金融的建设,依托互联网,推行普惠通手机应用软件、云计算等技术突破传统地域限制。

2. 存在问题。

目前,普惠金融的实施,存在着贷款渠道、贷款用途单一,贷款额度较低,贷款成本高等问题。在丽水市经济水平相对落后的农村地区,发展数字普惠金融也面临信息安全风险、基本电子设备普及程度不高等挑战。

由于贷款门槛不高,大部分农户信用意识较弱;在正常合理的范围内存在不良贷款。一些空白乡镇,即无实体网点的乡镇,虽然有流动服务站提供小额资金结算、贷款服务等,但是仍然无法满足农户贷款的便利性要求。

综上,欠发达地区被金融排斥的原因即仍存在问题可总结为如下三点:一是借贷双方信息不对称,难以确定授信额度,风险不可控;二是网点建设成本高,单笔交易规模小、获得渠道单一;三是与科技结合程度不高,贷款渠道单一。如何通过金融科技完善征信系统,以线上的办理方式简化办理流程是解决问题的关键。

(二)政策建议与新型模式探索

在剖析丽水市改革试验区典型案例后,为使本文更具推广的现实意义,提出了如下建议并进行了普惠金融服务模式探索。

金融科技的崛起促使普惠金融的服务领域、服务群体的范围不断扩大。应当结合金融科技,依托云计算和大数据等数字技术,促进普惠金融的数字化、移动化。在农村区域大力推广数字金融,进一步降低金融服务门槛和成本,推动业务模式转型,提高金融服务效率,提升客户体验。

通过构建如图2所示的五大体系,创造出快速、高效、绿色的普惠金融服务新模式。只有让五大体系互相结合、互相促进,普惠金融才能发展出新活力。

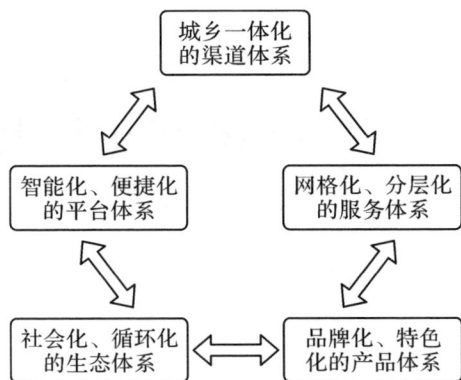

图2　普惠金融服务新模式五大体系

1. 城乡一体化的渠道体系——打通服务"最后一公里"。

通过加快推进普惠金融服务渠道转型升级建设,加大手机银行、网上银行、微信银行、自助银行等电子银行推广力度,加快集金融、支付、行业、电商等于一体的丰收互联平台建设,实现线上线下一体化发展与城乡服务渠道的一体化。

2. 网格化、分层化的服务体系——提高服务精准性。

针对农户、小微企业等与金融机构之间信息不对称、互动不频繁、大部分农民贷款需求得不到反映、贷款普遍偏难的问题,通过构建客户网格化服务体系,可将所辖服务区域按行政区划、市场、产业聚集区等划分为多维度的服务网格,为农户、小微企业等提供精准、高效、便捷、全方位的金融服务。

3. 品牌化、特色化的产品体系——破解产品服务单一性。

在欠发达地区,有限的产品服务与客户日益增长的需求形成鲜明矛盾,应当依托整村批发、普惠快车、网上银行、手机银行、移动终端等载体,推进小额信贷品牌化。根据自身地域特色,加大金融创新力度,积极探索新兴金融产品。

4. 社会化、循环化的生态体系——搭建综合服务生态圈。

金融科技为各类分散资源进行组合优化提供可能,满足农户、小微企业等多方面的贷款需求。同时大力推进绿色金融,设计全流程绿色金融工具,加大对绿色经济、低碳经济、循环经济的支持力度,促进经济发展方式转变,提升普惠金融的综合服务价值。

5. 智能化、便捷化的平台体系——加大科技创新的应用。

利用"互联网＋移动通信技术"推动支付清算产业变革,完善普惠金融基础服务;通过"大数据＋征信"的模式促进农村信用体系完善,着重破解交易双方信息不对称的问题;结合"银行＋科技"的方式降低金融机构获客成本,提高授信效率。

关于移动支付对杭州市民生活影响的调查

新闻 1701 班:李　雪　　潘俊泓　　赵欣媛　　陈沁璐　　张欣怡

指导老师:石敏敏

摘　要:针对我国移动支付发展与普及的现状,从城市居民的使用感受及意见分析移动支付对城市居民生活的影响,以及城市居民对移动支付的利弊革新的建议和看法。本报告运用电子商务、网络消费者行为学、经济学等多种分析方法对此次调查结果进行系统性梳理和论述分析,对移动支付对杭州市民生活的影响提出可行性针对性建议。

关键词:移动支付　电子商务　杭州市民　支付习惯

杭州是移动支付发展最为快速的城市,市民对移动支付在这几年的发展感觉最为明显,生活也受此影响最大。我们现都居住于杭州,故以移动支付对居民生活影响为主题,对此展开社会调查。我们采用了调查问卷、走访访谈的形式进行调查,根据所得数据,科学使用交叉分析,使用 SPSS 对结果进行了科学分类及通过分析有效数据得出结论。调查目的:一是我们将从此次调研中获取信息,分析移动支付对城市居民的影响,使移动支付的利弊具体化;二是随着经济高速发展,移动支付是大势所趋,我们将从各方面研究移动支付普及前后对经济发展和居民生活的影响;三是我们将围绕此次研究的结果对移动支付在城市的未来发展提供数据及建设性意见。

一、数据分析

(一)性别

这一部分我们使用性别和什么时候使用移动支付进行了交叉比较。有效样本数量为 200,其中男性有 84 人,女性有 116 人。最终发现男女使用移动支付的场合区别较小,说明性别对于使用移动支付的场合的影响较小。

(二)移动支付的优势和使用移动支付的原因

这一部分我们使用移动支付的优势和什么时候使用移动支付进行了交叉

比较。有效样本数量为 200,其中男性有 84 人,女性有 116 人。首先,可以明确的是填写问卷的人使用移动支付的场合都比较多样,每一个场合下的人数都较多。其次,认为移动支付没有明显优势的人偏少。最后,认为移动支付的优势是不用携带钱包的人更加乐于在多个场合使用移动支付。

(三)性别、年龄与工作状态

这一部分我们使用性别、年龄和工作状态进行了比较。有效样本数量为 200,其中男性有 84 人,女性有 116 人。其中年龄在 18—30 岁的人数最多,工作状态是学生的最多,这是因为我们的主要问卷对象是大学生。

(四)工作状态与移动支付的联系

这一部分我们使用工作状态和什么时候使用移动支付进行了交叉比较。有效样本数量为 200。学生群体,最常使用的场合是饮食,其次是日常购物,再次是娱乐、网购、出行、在线缴费。在职群体也呈现出同样的趋势,饮食方面使用最多。而退休群体则是饮食使用最多,其次是网购、日常消费,退休群体在出行方面使用次数最少。而待业群体由于样本数量太少,无法得出结论。

(五)移动支付的频率与移动支付的优势

这一部分我们使用移动支付的频率和移动支付的优势进行了交叉比较,有效样本数量为 200。

认为移动支付的优势是不用带钱包和不用找零的人中,每次都使用移动支付的人数为 165、164。认为余额宝和零钱通有收益、支付时有减免红包每次都使用移动支付的人有 92、124 人。认为移动支付没有明显优势的共有 12 人。认为移动支付的优势是安全的共有 92 人,其中 81 人每次都使用移动支付。

(六)在杭州生活时间与移动支付频率的关系

这一部分我们使用在杭州生活的时长和使用移动支付的频率做了条形图对比。可以看出每次都使用移动支付的最多来自在杭州生活 2—4 年的人,这主要是由于填写我们问卷的最多是来自大二的学生,在杭州生活 2 年左右。无论在杭州生活的时间长短,选择每次使用移动支付的人都是最多的。而且仅仅有更久之前就在杭州居住的居民有过从未使用移动支付的情况,这主要是因为他们大多是退休后的老年人,对现代科技的掌握程度较低。

(七)年龄与支付方式的关系

这一部分我们使用最常使用哪种移动方式和年龄做了条形图对比。可以看出 18—30 岁的人群使用移动支付的人数最多,且呈现年龄越小,使用移动支付越频繁的趋势。20 岁以上的人群使用现金支付的频率和使用移动支付的频率大致相同,30—60 岁的人群使用现金支付的人数多于使用移动支付的人数。

二、总 结

从这次调研的结果来看,移动支付在杭州发展势头良好,在居民之间已经达到了较高的普及。移动支付的普及得益于互联网的发展,在移动支付高速发展的今天,用户普遍选择使用手机客户端进行支付,来进行一系列的生活活动。

移动支付从衣食住行、娱乐等各个方面影响着居民们的生活。网络购物、交通出行、看电影逛街、在线缴费、转账付款,从线上到线下,移动支付几乎可以解决所有有关钱的问题。

人们外出逛街时可以不用携带大量纸币,也不必携带额外的零钱包,购买自己心仪的物品时只需打开手机扫码支付;坐公交或某些需要零钱的情况下再也不用担心没有零钱;卖场、超市结账时不用像以前一样收钱找零,省时又准确;足不出户便可把水、电等费用给缴了……移动支付极大地便利了人们的生活,也减少了纸币丢失或被盗的风险。同时,支付宝的余额宝、微信的零钱通还有收益功能,使用移动支付时偶尔会有减免红包,这些都是移动支付的优势。

但移动支付也有劣势的方面。首先是安全问题,密码是保护移动支付安全的最后一道防线,当你的密码泄露时财产就会有风险。其次是隐私问题,在大数据时代,隐私很难得到保障,使用移动支付也有可能使你的个人信息泄露。再次,也有居民反映使用移动支付会让人在花钱时没有感觉,导致过度消费。最后,移动支付还未全面普及,在某些不支持移动支付的场合,会引发一些不便。

调查显示,人们对移动支付的发展前景大多抱有积极态度,确实,移动支付的迅猛发展是肯定的,但其发展中仍然有许多待完善革新的地方。

关于杭州无人零售行业现状调查

商务 1702 班：董梦菲　夏嘉南　胡莞忻　郑雅涵　林星吟

指导老师：魏彩霞

摘　要：近年来，随着移动互联网时代的来临，我国传统零售业整体萧条疲软，行业转型迫在眉睫，线上线下相结合的新零售无人便利店凭借其节约土地和人力成本等特点开始逐渐成为一种流行趋势。为了解无人零售行业发展的现状及其市场前景，我们在研读资料的基础上设计了调查问卷，利用课余时间先后在杭州市西湖、下沙等区域发放问卷和与受访者交流。调研发现，在互联网时代，无人零售行业的发展有很大空间，具有其独特的意义。

关键词：新零售　无人零售业务　杭州

一、无人零售的背景

随着移动互联网时代流量的红利逐渐衰竭，传统便利店也面临房租和人力成本不断上涨，便利店的运营成本不断飙升的问题，行业转型迫在眉睫。因此，线上线下相结合的新零售的无人便利店开始逐渐成为一种流行趋势。

无人零售作为新零售探索下的新型业态，不仅能够节约土地和人力成本，还能将销售渗透到人们日常的碎片化消费场景中，获得相应消费数据，以此精准把握用户需求，布局新兴渠道，为品牌商和渠道商等供应链端提供参考依据，实现良性的生态循环。

无人零售是依托贩卖机、货架以及便利店等商业模式，实现降本提效的创新模式。这个新型消费模式日益火爆的原因除了政策上对零售业态转型创新的支持外，还有各方入局者在战略布局上的转变，以及消费者需求变化的驱动。另外，移动支付的高度普及、智能技术的快速发展以及资本的青睐都成为无人零售行业发展的外部推动力。

随着人工智能、机器视觉等新兴技术的逐渐成熟，加上国内全球领先的移动支付态势，以无人零售为代表的新零售受到各大电商平台及知名品牌的关注。无人商店俨然已成为全球零售业的一种新趋势,阿里等传统零售业巨头开始尝试无人商店模式,一些中小型创业公司凭借其较业内领先的人工智能技术也崭露头角。继共享单车之后,无人商店有望成为下一个爆炸型新兴业态。

二、实地调查及数据分析

小组成员在盒马鲜生、永辉等无人零售店展开了调研。我们在线下分发了200份"关于杭州市民对无人零售店的满意度调查问卷"纸质问卷,回收了187份有效问卷,另外我们在网上发布电子问卷,收到了41份有效回答。在合计228份问卷中(其中从业者为21份,顾客为207份),我们得到了许多有效的信息,基于这些数据,我们做出了这样的分析。

1.由图1可知,大多数杭州市民对无人零售的了解程度为一般或以上,说明近几年无人零售在杭州发展得还是较为迅速的。但也有个别居民对无人零售不太了解,说明无人零售的发展还不够全面化。

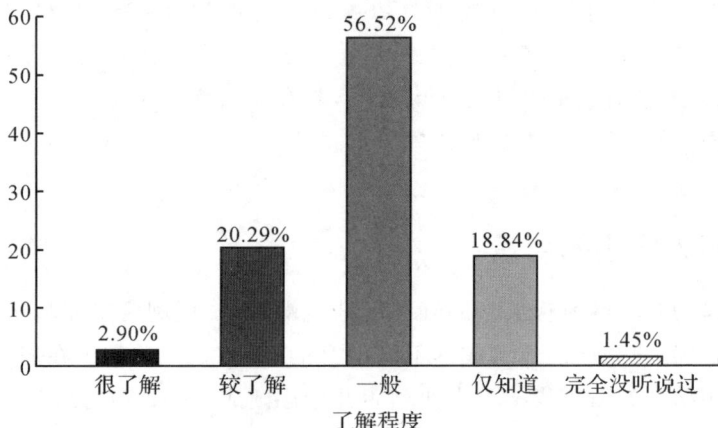

图1　杭州市民对无人零售的了解程度

2.超过半数的杭州市民去无人零售的频率较高,但也有超过30%的市民不常去。看来无人零售店还没有普及成为杭州市民必须的选择。

3.大多数人选择无人零售的理由是结账迅速、节省时间以及没有导购推销,耳根清净。与之相符的是,大多数杭州市民在选择无人零售店的优点时也选择了以上两项,另外认为无人零售店方便满足即时性需求的人也超过半数。

4.结合图2—图4可知,大多数杭州市民对无人零售的便携程度和购物体验较为满意,在同等条件下,选择无人零售的是人工零售的两倍,且有3/4的人认为无人零售可以大量投入应用。由此可见,杭州市民对无人零售的接受程度和满意程度都较高,也从侧面说明杭州现有的无人零售店在大体上做得不错。

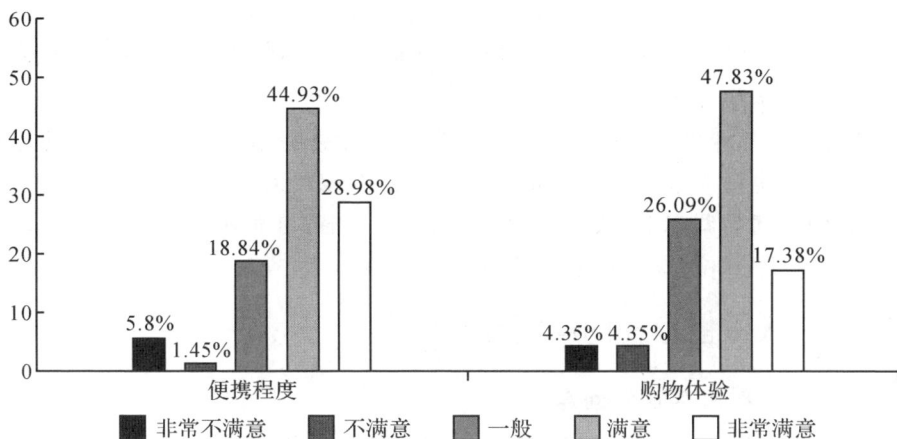

图 2　无人零售店的便携程度和购物体验

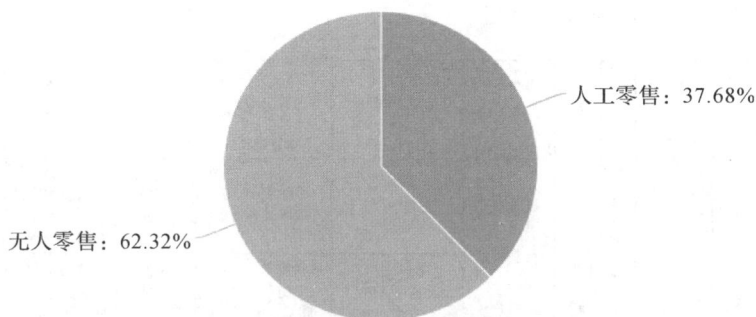

图 3　对无人零售和人工零售的偏向

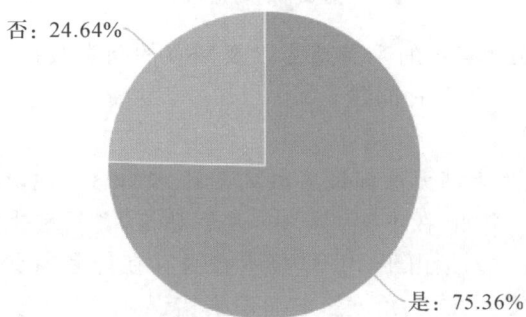

图 4　是否赞成无人零售大量投入应用

5.超过半数的人认为无人零售主要存在中老年客户接受程度较低、产品种类少、补货速度慢等缺点。此外,认为无人零售店缺乏导购导致购物困难、技术不成熟、机器难操作的人也有很多。

对此,不少人也对无人零售行业提出了改进意见,主要集中于降低产品价格、增加产品种类、提高商品更新速度、加强监管、增加门店数量、不要下载专门的支付 App 等方面。

6.大多数从业者认为引入无人机后带来了提高工作效率、使消费者免于排队的优势,但也存在着机器维修成本高且容易流失大量中老年顾客的问题。另外,在我们的问卷调查中,从业者填写了目前杭州存在的提升用户使用率的时间长、防偷盗不到位、技术不成熟等问题。

三、无人零售存在的问题和建议

(一)无人零售存在的问题

无人商店在购物流程(见图 15)和体验层面与传统零售系统大相径庭,通过多种新兴技术的综合应用,彻底重构了消费者入店、选购、结算支付、离店的全流程,重塑了消费者的购物体验。

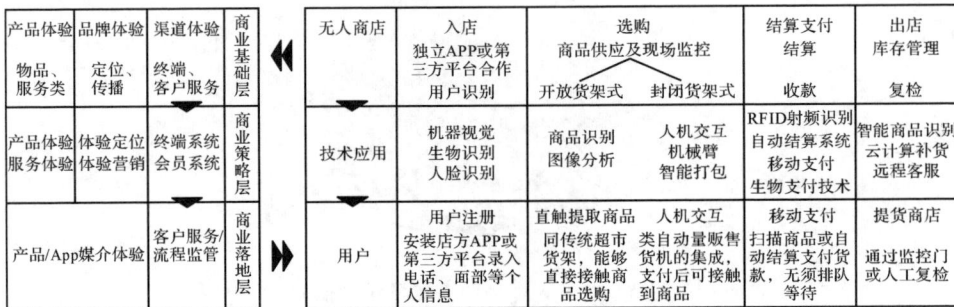

产品体验	品牌体验	渠道体验	商业基础层		无人商店	入店 独立APP或第三方平台合作 用户识别	选购 商品供应及现场监控		结算支付 结算	出店 库存管理
物品、服务类	定位、传播	终端、客户服务					开放货架式	封闭货架式	收款	复检
产品体验服务体验	体验定位体验营销	终端系统会员系统	商业策略层		技术应用	机器视觉生物识别人脸识别	商品识别图像分析	人机交互机械臂智能打包	RFID射频识别自动结算系统移动支付生物支付技术	智能商品识别云计算补货远程客服
产品/App媒介体验		客户服务流程监管	商业落地层		用户	用户注册安装店方APP或第三方平台录入电话、面部等个人信息	直触提取商品同传统超市货架,能够直接接触商品选购	人机交互类自动量售货架、货机的集成,支付后可接触到商品	移动支付扫描商品或自动结算支付货款,无须排队等待	提货商店通过监控门或人工复检

图 5　购物流程

但根据这次社会实践的亲身感受以及回收的问卷数据分析,我们发现,当前无人零售店存在如下几种问题。

1.技术问题。

目前,各无人商店都无法保证各种前沿技术的稳定性,且其高额的成本也增加了推广难度。例如,在本次调研中,永辉超市、盒马鲜生的选购、结算等基本都采用 RFID 技术。但由于 RFID 技术自身存在许多痛点,例如标签容易脱落、识别技术容易受到光线、角度影响而识别错误,结算区也只能留一个用户正站在特定的结算区内,并且需要严格按照机器流程才可以完成结算,若其他消费者拿着商品误入结算区或是不小心将商品放错位置,就会影响识别结果。此外,无人结算的机器容易损害,并且维修不够及时,且成本也较高。在此次永辉超市的实地调研中,其中一个结算机器就已经损坏多日,无人修理,并也没有"已损坏"的标签标出,导致很多消费者尝试多次才发现该机器故障,浪费了消费者许多时间。

2.成本问题。

成本是很多无人零售的从业者津津乐道的东西,虽然在很多人看来,用机器代替人力可以降低成本、提高运作效率,但事实却并不是如此。以目前的技术来说,不要说节约成本,就连形成完善的技术支持都很难。根据我们小组的深入调查,目前的无人零售很多都是业界巨头自己布局,或者是以天使轮投资为主。从目前的开店模式看,都还处在初级阶段,没有创新性的差异。此外,目前无人零售店店铺较少,难以形成物流的规模效应,成本一直居高不下。根据资料调查,一家 Amazon Go(亚马逊的无人零售店)需要千万美元的投入。而对于我们国家一些普通的零售商来说,面对前期的巨大成本,只能望而生畏,止步不前。

3.道德问题。

除了以上的理性问题外,其实无人零售发展还有很多非理性的问题。目前,无人零售面临的道德问题不容忽视。一方面,消费者对商品的反复拾取而导致的商品损耗以及货架混乱的问题是所有无人零售商店的通病。这不仅造成人工成本的大大增加,还很有可能影响消费者在店内的体验,对无人零售店产生负面的情绪。另一方面在无人零售商店内,没有人的监督难免会有顺手牵羊的消费者,目前的视频监控、联网报警等技术并不是及时性的,无人店的防盗效果还有待加强。这不仅仅需要社会信用体系的完善,也需要消费者整体素质的提升来解决此类问题。

4.情感体验缺失问题。

无人商店抛开了传统消费过程中的服务体验,而完全依赖智能设备的购物体验,忽视了人与人之间的沟通交流,使得在无人零售商店中很难实现商家与消费者之间的情感体验。在传统商店、超市中,商家为了留住消费者,常常与消费者建立情感联系,除了解决消费者购物的要求外,还会解决额外的需求,如推荐、指引,甚至指路等社交服务,而这种基于购物场景激发的人文关怀并且带有情感与精神体验的服务,显然是当前无人商店无法实现的。如何让无人门店变得温暖而有人情味,实现无人化管理的同时,还能提供完备顺畅的人性化人机交互体验服务,是未来无人商店需要攻克的一大难题。

5.用户学习成本高问题。

目前,各个无人零售超市几乎都会要求消费者下载指定 App 才可进行消费。陌生的 App 导致了用户学习成本的大大提高,许多用户尤其是中老年人会选择放弃。对于我们此次前去的盒马鲜生,首次购物前需下载并注册专门的App,虽然会有一些优惠,但是还会有许多顾客对此表示不满。其次,使用店内各类科技设备,这对消费者来说也是一个无形的门槛,例如自己称量、结算等,这需要消费者熟悉店内设备的使用。而由于中老年人对于一些设备的使用较为抵触,因此流失了一大部分中老年客户。

6.退换货困难问题。

退换货流程普遍为目前各大无人商店未完善的灰色地带。在没有人工的干预下由消费者自助完成退换货,难度较大。目前,许多无人零售店虽然支持退换货,但是在店内几乎都没有退换货流程的具体提示,有些甚至连支持退换货服务以及客服电话号码都没有标注。

(二)对无人零售提出的建议

尽管现在的无人商店还存在技术不稳定、防盗系统不完善、学习成本高等诸多问题,但自动化和智能化是未来零售业的发展趋势,逐渐提升用户体验,过渡到无人的经营状态,结合线上的引导优势,相信无人商店在未来的发展中能够实现良性循环。因此,我们针对企业提出了以下几点建议。

1.提高技术稳定性和个性化。

企业需要不断提高自助结算机器的准确度,进行人性化设计,对商品的标签可采取更加安全绿色又不易脱落的材质。同时需要定期维护,使得机器能够保持较好的质量保障,从而提高稳定性。技术的个性化设计也会使得用户体验大大增强,可以在用户使用结算机器之前加上一个用户分类选项,可支持老人、小孩等多项用户分类,实现个性化。这样便可以有效避免老人、小孩不懂或者不易操作的问题,通过图示的方式代替复杂的文字描述,使得操作方式更加通俗易懂。

2.建立更加安全的监管系统。

采用如图6所示的结账方式可增强购物的安全环境,同时也简化了结账流程,提高效率。利用先付款后开门的机制也可有效解决用户是否结账或者误带商品等问题。另一方面,在商品货架上安装智能提示器和警示牌也可大大减少商品损耗以及货架混乱的问题。

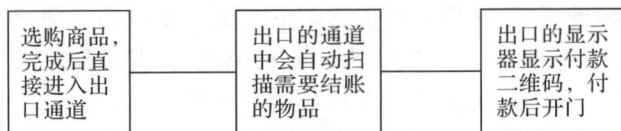

图6 结账步骤

3.实现共同App减少学习成本。

无人零售行业可以采用共同的软件App,可以在减少软件开发维护成本的同时,更加方便地进行跨店促销,产生经济效益。与此同时,用户学习成本得以减少,他们只需掌握运用一款软件的功能,便能在不同的无人零售店熟练操作,这大大提高了用户体验,有效促进二次消费。

4.建立完善售后服务制度。

在线上建立专门的售后服务平台,在线下设立专门的售后服务专柜,让用户更加方便地进行退换货。同时要对商品质量鉴定、是否人为破坏商品等核实项目设立指标,使售后服务更加高效。

杭州市民对城市设备共享化看法调查

电子 1702 班：陆　楠　杨景彪　高雨铮　芦奕洪　温俊晖

指导教师：夏金梅

摘　要：杭州的城市设备共享化已经达到了一个前所未有的高度，我们在身边随处可见共享单车，并且现在也有许多共享电动车被投放到了杭州的各个角落，我们甚至也看见或者听说过，杭州还有共享雨伞、共享充电宝等一系列共享设备。可以说这在一定程度上，大大将杭州这个城市变为一个"共享时代"，这样一个"共享时代"，似乎也一定程度上彰显了社会主义的社会性质。虽然共享设备名声那么大，却还有许多人从来没有使用过甚至从来没有听说过共享设备，共享设备也存在很多问题。这不禁让我们进行了思考，想知道杭州市民对于共享设备的普及和使用的看法，是否认为利大于弊，以及市民对于问题产生原因的看法，最后得出如何实施改进共享设备的建议。

关键词：共享设备　经济发展　公民素质

一、调查情况

本次社会调查对象针对除大学生以外的人员，我们主要调查和采访了一些初中、高中生和在职工作者。在发放问卷的过程中，有些人由于有急事或者其他原因而拒绝了帮我们填写问卷，但是大部分人还是很乐于帮助和配合我们完成本次调查的。为了使调查结果更具有全面性和综合性，我们尽可能地邀请来自不同行业和不同年龄段的人来帮助我们填写问卷，这样更有助于我们全面地了解当前社会上不同群体对于共享设备的使用情况和切身体验，调查结果才能更加客观和准确。本次调查是利用 2018—2019 学年第二学期课余时间完成的，共发放问卷 80 份，回收有效问卷 73 份。

二、数据分析

(一)是否了解或使用过共享设备及使用者年龄

根据图1—图3数据,接受调查的对象听说和了解过共享设备的占95%以上,很少一部分人听说过共享设备但没有了解过。对于共享设备的使用情况,85%左右的调查对象表示自己使用过共享设备,但听说和了解共享设备的群体中有一部分人并没有使用过共享设备,这一部分人主要是中年人,主要是担心共享设备的安全性和收费情况,而几乎所有接受调查的青年人都使用过共享设备,这显示出当代青年人对共享设备等新鲜事物的接受度和认可度更高。

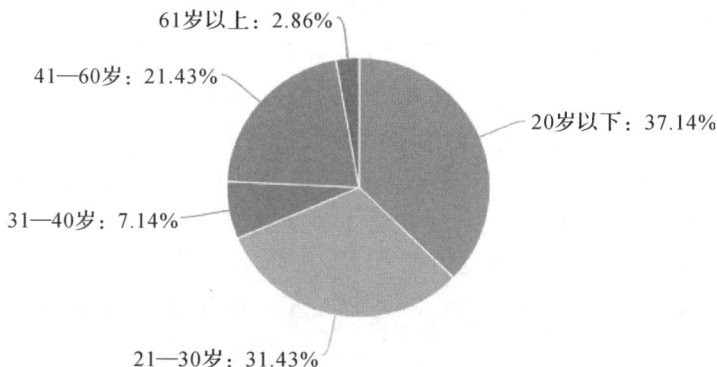

61岁以上:2.86%
41—60岁:21.43%
20岁以下:37.14%
31—40岁:7.14%
21—30岁:31.43%

图1 年龄

否:4.29%
是:95.71%

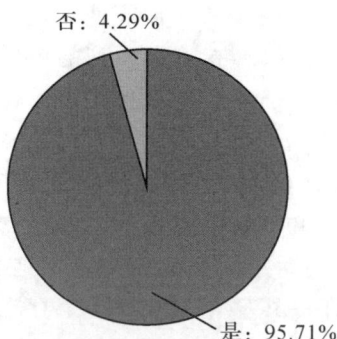

图2 是否了解共享设备

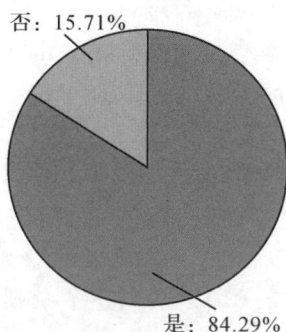

否:15.71%
是:84.29%

图3 是否使用过共享设备

(二)对共享设备的使用频率的分析

共享设备的使用频率表明了它在人们生活中的重要程度。调查结果显示,在生活中偶尔使用共享设备的人占58.57%,经常使用的占25.71%,认为共享设备是生活必不可少的占8.57%,而几乎从不使用共享设备的占7.14%。这表明共享设备在当代人生活中的使用频率还是十分可观的,共享设备在生活的各个方面给人们提供了便利。

(三)共享设备的种类选择以及在何种情况下会用到

在采访过程中,一些年轻的上班族表示由于杭州的交通比较拥堵,在上下班高峰期公交车和地铁往往处于"无处落脚"的情况,一些住所离工作地点距离较近的工作者更倾向于选择骑共享单车来上下班,这样一方面避免了挤公交车和挤地铁的麻烦,节省了等待时间,另一方面也起到一定的锻炼身体的效果。而且共享单车的收费也不高,一次骑行只需要一块钱,如果办理月卡的话就会更加优惠,相比于其他的公共交通,共享单车的收费更低,而且几乎随时随地都能够获取。在距离较短的行程中,共享单车不仅可以避免交通拥堵等问题,还能提高效率、节约时间,不失为一个不错的代步工具。

而在外出用餐时,如果遇到手机电量不足而又没有地方充电的情况下,可以借用共享充电宝来应急,现在许多用餐的地方都配备了共享充电宝和共享雨伞,给来用餐的客人带来了便利,能及时应对一些紧急情况。在采访过程中,一些调查对象表示虽然共享充电宝使用方便,但是他们都有过忘记归还直到第二天才发现的经历,而此时已经自动扣款了不少钱了。所以使用共享设备,守约是一件十分重要的事情,不论是什么情况,在使用完以后,一定要及时归还,从而避免不必要的损失。如今,共享设备在人们的生活中扮演着一个重要的角色。

(四)人们在使用共享设备时产生的一系列问题及其原因分析

虽然共享设备名声很大,但是还有许多的人从来没有使用过,甚至从来没有听说过共享设备。设备共享化的预实行,似乎有着一系列的矛盾以及隐患,共享设备也带来了比较多的问题,无论是对于商家还是使用者。比如,我们生活中的共享单车,我们经常会看到种种问题,比如说设备损坏严重,或者设备出现非常严重的老化,有许多共享单车设备已经无法使用了。并且随着共享单车的普及,车多了骑行的人少了,有许多共享单车被随处乱扔,造成了交通上的压力,也给商家带来了不同程度的影响,有些商家甚至还没有投入这个共享设备多久就要面临关门。我们还了解到,有许多共享充电宝设备都存在着问题,会出现充电不灵等问题。

一些几乎不怎么使用共享设备的调查对象指出了他们不使用共享设备的重要原因,也是现在许多共享设备存在的主要问题,就是共享设备的质量较低,许多共享设备损坏老化严重,与共享经济刚开始兴起的时候不同,现在的共享单车等共享设备,有许多已经损坏,虽然停在路边,却无法正常使用,这极大地降低了人们使用共享设备的热情。87.14%的调查对象认为造成共享设备缺失、损坏的主要原因在于公民道德责任感的缺失,50%的调查对象认为主要原因是政府、企业管理不善。从以往的新闻报道来看，有许多人私自占用、改造共享单车据为己有，有的人甚至私自改造共享单车以后进行出售，这导致共享单车的数量下降，而运营共享单车的公司也亏损严重，导致资金短缺，而维修、管理、修复共享单车需要大量资金，共享经济的发展也因此遇到瓶颈。对于这种现象的出现，我们使用者应该承担重要责任，在这样一个共享的时代，"诚信"和"守约"是尤为重要的，然而现在国民的素质良莠不齐，有些人依然唯利是图，公民道德责任感的缺失破坏了共享设备的良性循环，而国家在共享设备方面，还没有建立起十分完善的制度，这也是当前亟待解决的主要问题。

三、对共享设备的未来展望

随着智能化的逐渐发展，共享化今后必将大面积推广。无人驾驶汽车，甚至个人与家庭使用的无人驾驶飞机、游艇等都将推广到寻常百姓家。而这些人工智能与交通工具结合的产物，如果按照今天的购买模式全面推广，那势必造成更严重的堵车、停放等诸多难题，而用而不买的共享模式将很好地解决这一难题。使用者只用花少量的租金就可以对这些交通工具享有一定时间的使用权，在享用完毕后完全不用考虑停放、维保、保险等问题。

另外，人工智能的飞越发展不仅是交通工具的跨越发展，像家庭医疗机器人等生活服务型智能化产品也将进入普通百姓之家，而这些设备如果归属每个人所拥有，或许也不太现实，所以这类产品也将会以共享的模式出现在千家万户。

田园综合体与美丽乡村建设的发展趋势

——以安吉"田园鲁家"为例

环境设计 1701、1702 班：黄晓文　孙　星　朱佳妮　潘智裔

指导老师：张万杰

摘　要：安吉"田园鲁家"社会调查开始于 2019 年 3 月，结束于 2019 年 5 月中旬，采取线上和线下调查结合方式，线上主要是制作发放问卷，线下是进行实地访谈及问卷调查。经济新常态下，农业发展承担更多的功能；传统农业园区发展模式固化，转型升级面临较大压力；在"史上最严土地政策"影响下，土地管理强度越来越大，寻求综合方式解决发展问题；资金筹措有待加强。在社会实践中，调研团队将深入了解公众对与城乡建设服务的期待及建议，从公众的角度出发，深入群众，听取人们对于田园综合体的认识；探讨改造乡村传统农业园区发展模式固化的原因；最后，我们结合问卷及相关数据，挖掘解决田园综合体发展等问题的对策和建议。

关键词：综合体　田园综合体　现代农业　创意农业　农事体验

田园综合体是优化农村产业结构，促进三产深度融合，促进现代农业发展的三大主要抓手之一。田园综合体发展模式的提出是经济新常态、传统农业园区转型发展、工商资本下乡、农村资源要素制约等多种社会经济背景下探索特色农业产业升级、资源统筹开发的创新举措和必然选择。田园综合体实质上与农业综合体/农业经济综合体是一脉相承的，是"农业＋文创＋新农村"开发的新模式，而且随着田园综合体建设的推进，其将逐步发挥在整合涉农资源并实现高效利用、促进农业产业价值增值和推进城乡经济社会一体化发展等方面的重要作用。目前国内田园综合体的建设在各地逐渐兴起，但也暴露出不少问题。

一、调查方法

本次调查中，我们采用了几种调查方法相结合的方式。调查方法主要是文案调研法、问卷调查法、访谈法。

在调查的前期,采用文案调研法,通过网站,查找一些关于田园综合体的资料。通过这些资料,初步了解综合体的经营、竞争大致概况。

接下来,我们通过掌握的初步资料和小组讨论去设计我们的问卷。问卷主要针对群众,通过对群众的问卷调查了解他们对田园综合体及其前景的看法,得出其初步的定位。本次调研共发放 210 份问卷,共回收了 210 份问卷。其中,200 份问卷是有效问卷。调查对象中学生占 77.78%,个体户占 8.33%,其他占 8.33%,白领占 2.78%,事业单位人员占 2.78%,具有很大的研究价值。

最后是针对一些状况的调查,如竞争、经营的详细状况的调查,应用的调查方法是观察法、深度调查法。主要是对调查的群众、经营者进行观察法调查和对经营者进行深度调查。

二、调查结果分析

本次调研人群职业占比中,学生约占 7 成,个体、其他、白领、事业单位都不到 1 成。涉及人群的职业主要分布在学生,占到了总人数的 77.78%;个体和其他人群都占总人群的 8.33%;白领和事业单位人群都占总人数的 2.78%。由此可以看出,本次调研的对象群体以学生为主。

据调研,填写问卷的群体周末或短期节假日偏好休闲观光类项目,其中 47.22% 喜欢在周末或短假日去休闲观光,36.11% 喜欢去游玩购物,选择文化体验的占 11.11%,剩下的占比为 5.56% 的群体偏好科普教育类项目,由此可以看出调研人群较喜欢休闲和购物类娱乐项目。

调查发现仅 1 成的人知道田园综合体是什么。其余的有接近 5 成的人完全不了解什么是田园综合体。而有 36.11% 的人不是很了解什么是田园综合体,16.67% 的人知道田园综合体,47.22% 的人不知道田园综合体,由此可看出田园综合体的概念普及还不是很广。

约有 38.89% 的人群通过网络了解过田园综合体,有 16.67% 的人表示他们是通过家人朋友了解田园综合体的,有 13.89% 的人通过电视了解到田园综合体,有 30.56% 的人通过其他途径了解到田园综合体,通过广播和报纸了解到田园综合体的人的占比都是 0。由此可以看出,网络在人们心中是了解田园综合体的重要渠道。

至于人们认为田园综合体应该由哪些方面组成?大体上可以看出农业生产、特色地产、乡间民宿的重要性不分秋色。认为需要乡间民宿的人占 83.33%,认为需要特色地产的人占 72.22%,认为需要农业生产的人占 63.89%。需要乡间民宿的人群＞需要特色地产的人群＞需要农业生产的人群。可以看出乡间民宿在人们心中最为重要,最不可或缺。

　　据调研,田园综合体中有多种因素会是吸引人们去游玩的点,其中86.11％是因为乡村自然风光,77.78％是因为居住环境的因素,55.56％是因为公共娱乐设施的因素,52.78％是因为文化底蕴的因素,44.44％是因为交通设施的因素,36.11％是因为农业生产的因素,2.78％是因为其他因素,由此可以看出调研人群更为喜欢乡村自然风光和居住条件等田园综合体的因素。

　　据调研,田园综合体中的美最应该体现在哪些地方? 据调研38.89％认为应该在农业景观中体现,36.11％认为应该在文化民俗中体现,25％认为应该是在建筑风格中体现。

　　随着人们物质水平的提高,人们开始重视生活质量,纷纷出去玩。在调研中发现,人们认为田园综合体最适合中年人和老年人居住游玩,他们的占比均为36.11％。其次是青年人,占比为25％。最后是小孩,占比2.78％。

　　约有61.11％的人群会在平时选择去农家乐,38.89％的人表示不会在平时选择去农家乐。可以看出,人们平时偏向于去农家乐。

　　对于新鲜事物的尝试,人们也会做出多样的选择,在是否会因房车而选择农家乐的问卷中,72.22％的人选择会,27.78％的人选择不会。由此得出,田园综合体的发展需要事物的创新,以及新鲜事物的融入,才会吸引更多的消费者。

　　对于不同的人群来说,也有不同的游玩目的。选择体验农村生活的占44.44％,选择增进朋友、同学、情人之间情谊的占47.22％,选择放松心情、体验生活的占86.11％,为主要人群数。这也反映出在新时代发展的同时,人们对生活体验的重视。

　　在出行的同时,不同的人群,对于体验农家乐也有不一样的期待,其中想体验不一样的、特别的住宿条件的人占55.56％,想体验清新空气和绿色蔬菜的人占77.78％,想亲身体验生活的人占25％。

　　根据调研问卷分析数据,在对于自己去种蔬菜,并且属于自己的问题来说,绝大部分人是希望,并占据88.89％,从劳动中体验生活,是很大一部分人对于体验生活的一种需求。

　　在是否会选择送在城市的朋友自己监控种植或养殖的有机食物的问题上,97.22％的人认为是很好的选择。在大数据发展时代,科技发展过程中,很多不良商家为谋取暴利,会给食品添加防腐剂,因此自己种的有机蔬菜,也成为在城市生活中人群的需求。

　　在拥有土地的选择上,不同人群也拥有不同的选择,66.67％的人选择种植有机蔬菜,55.56％的人选择修建百花基地,25％的人选择养鸡鸭等禽类动物。

　　根据调查发现,91.67％的人会选择在老年后在具有城市便捷的乡村田园综合体养老生活。

综上所述,大部分群众会选择在田园综合体度假、体验,以及考虑到养老等生活方式,因此对于田园综合体的建设,我们具有很大信心,因地制宜,更好地发展田园综合体。

三、调查结论及建议

(一)结论

1.建设现代化的生态农业示范基地,同样是一个十分复杂的过程,每个地区都有它的差异性,我们要积极做好相应的基础设施配套工作,建议将园林景观和农业种植园相互结合,比如说将水池、鱼塘等设施和果蔬种植园相配合,二者相互融合,共同推进;再比如在国家土地管理规定的范围内,在建设主体建筑时,选择架空结构,在培养蔬菜的同时,保护耕地。架空结构主体建筑技术也可以直接应用在农业生产的过程中,建设现代化的生态农业示范基地,一定要以科技为中心,重点做好推广工作,同时,还要特别注意,在农业生产过程中有序使用可循环低碳生产模式。建设现代化的生态农业示范基地之前,一定要做好规划、指导等工作,努力满足应用需求,让游客切实体验到农业生产的魅力,感受到淳朴自然的田园风光,让基地的整体价值得到切实提升,让生态农业永葆活力。

2.应用高科技元素,和以前的农业生产模式相比,田园综合体发展模式的关键是现代化的生产监管,在具体的落实过程中,要积极引进科研院所研究的新品种,借助最前沿的农业生产科技,使用光伏电板发电,使用植物墙、一体式种植机等高科技种植蔬菜,大大增加土地面积、种植面积,让土地的实际使用率得到大大提升。在一体化管理的前提下,实现自动施肥、灌溉,大大节省劳动力,提升农业生产的实际效率,积极与科研院所建立战略合作关系,充分利用这些机构的创新科研力量。另外,在科技成果转化过程中,科研团队要积极做好技术指导工作,积极整合优质资源,满足应用需求。

3.提高农民的能力水平,建设现代化的生态农业示范基地,要求相关的工作人员要具备较高的综合能力,在具体的实践过程中,首先要做好理念、观念的宣传灌输工作,积极进行科技指导,使用高效的监管模式,积极使用最先进的设备和最前沿的技术,满足生产需求。传统种植方式概念化之后,农民可以到基地工作,获取相应的报酬,在实施了高效管理措施之后,农民还可以获得租金收入,以合作者的身份参与建设当中,切实提高自己的实际收入。建设现代化的生态农业示范基地,需要高素质技术人才,在生产实践中,可以为基地建设提供先进的技术,满足农业生产需求。

4.建立多元化的发展模式,以建设现代化的生态农业基地为基础,建设观赏性农田,在规划时,要始终保持田园综合体的田园特色,同时,在建设基础设施时,要重视设施的居住功能,积极推进农业升级,切实提升农民的实际收入和幸福指数。

(二)建议

1.突出观赏性。观赏性不仅仅依靠作物的表达,还可以利用地形地貌的差别,适当地布置,与主题景观相呼应。

2.强调层次感。一望无际虽然有规模震撼,但一览无余也少了很多情趣。因此,还要考虑农作物以及建筑的造型、风格、色彩与整个田园是否协调和相得益彰。

3.做好农家乐餐饮。这是休闲农业不变的主题。除了考虑如何将口味做得更好、食材更地道外,还可以融入一些风俗民情。

4.设置路边田角的休息处。休闲农业最大的功能就是具有观赏性,时间短是主要问题,增加小憩之处,利用路边田角设计一些小亭,用鲜花构造一个长廊,等等,如果有个小湖,游客自然会停下脚步。

5.大规模的停车场。休闲农业一般都在城市边郊,主要接待日也就是周末和短假日,游客的交通工具一般都以私家车为主。

6.融入艺术和文化。再美的花海,再好的麦浪,那也只是感官的愉悦,但如果融入艺术和文化,那可能更多的是心灵的体验了。文化如何表达,这可是高难度动作,这需要情怀。有情怀,一草一木都是文化;没有情怀,再刻意的设计也只是粉饰雕琢。

总的来说就是要依托农村田园和生态景观。乡村田园生态景观是现代城市居民闲暇生活的向往和旅游消费的时尚,也是观光休闲农业赖以发展的基础。

重视休憩和体验设计。动静结合,既满足城镇居民渴望回归自然、放松身心的基本需求,又满足城镇居民科学文化认知的需求。

挖掘民俗和农耕文化。深入挖掘本土农村民俗农耕文化资源,提升观光休闲农业的文化品质。

突出特色和主题策划。特色是观光休闲农业产品的核心竞争力,主题是观光休闲农业产品的核心吸引力。认清、摸清本土可开发的资源,分析观光休闲农业项目特点,巧妙运用本地不同季节的农业生产与农村种养殖资源营造特色。

二、政治建设调查篇

ZHENG ZHI JIAN SHE DIAO CHA PIAN

城乡一体化背景下的乡镇文明建设与成效

——以桐庐县为例

汉语言文学 1701 班：林若瑄　王诗怡　刘有原

指导教师：王华英

摘　要：桐庐在 2017 年被评为"全国文明城市"，其下辖的乡镇也得到了显著发展。本次我们社会实践小组以"城乡一体化背景下的乡镇文明建设与成效——以桐庐县为例"为主题，对桐庐文明城市建设情况展开调研，通过资料收集、问卷发放、实时采访等多种方式深入了解桐庐文明城市及其乡镇文明的建设情况，汲取经验，同时找出其文明城市建设过程的问题和不足，为全国文明城市建设提供一个较好的参考。

关键词：文明城市建设　生态文明　实践　桐庐

2015 年初桐庐县积极响应号召，启动全国文明城市创建工作。桐庐县委、县政府提出了"一年强基础，两年促提升，三年创成全国文明城市"的总体目标，全面推进各项创建工作。2017 年 11 月，桐庐从全国 166 个参评城市中脱颖而出，荣获"全国文明城市"称号，成为杭州市唯一一个上榜的县。

桐庐县政府始终坚持创建为民、惠民、育民的宗旨，以更宽的视野、更高的站位来认识创建工作的重要性，动员全县各级各部门和全体市民上下同心、合力共创，以社会主义核心价值观为引领，以创建为民作根本，不断深化和升华文明城市内涵。

本实践团队希望通过此次走访，调查桐庐政府在文明城市创建工作，包括生态环境建设、文明行为推广、精神文化宣传等方面的措施，公众对文明城市建设的了解程度、满意程度和建议，具体分析了解桐庐文明城市的建设情况，以期促进全省文明城市建设工作。

一、调研结果

(一)资料收集观成效

我们在桐庐文明网了解到,成为文明城市后的桐庐依旧认真做好各项工作,并在各个领域都取得了一定的成效。

在文化宣传领域,县档案局在社区通过挂横幅、拜访咨询台向民众发放环保袋、笔记本、书籍等 400 余份宣传资料,并向学校教职工赠送 200 余册书籍以增进档案与校园的联系;桐庐已连续举办 10 届"学习节"……从桐庐举办的诸多有关文化宣传中可以看出桐庐对于文化的弘扬与重视,让文化深入民众的生活中去,为桐庐营造浓厚的文化氛围。

在环境建设方面,桐庐县开展有效处置居住小区建筑垃圾行动,覆盖城区居住小区 104 个,占全县城区居住小区的 58.1%,其中 78 个物管小区实现全覆盖,收运建筑垃圾 3329 吨,同比增加 514% 以上,资源化处置 2568 吨,资源化利用率达 90%,节约二次处置费 218 万元。2018 年 5 月中旬开始全面启动的"湖长制"工作也在顺利开展;重要湖泊水质达到或优于Ⅲ类,水功能区水质达标率达到 100%;大中型水库完成管理范围划界。类似的工作开展与数据表明,桐庐对环境治理的力度之大,以及县政府对于营造美好环境的坚定决心。

而在街道建设方面,群众的积极响应也使工作得以顺利进行。据了解,今年以来,各乡镇(街道)精心谋划美丽庭院创建思路,制定工作推进步骤,明确 PK 举措,进一步浓厚了宣传氛围。全县 14 个 PK 点内 100% 的农户达到美丽整洁庭院标准,35% 以上的农户达到美丽精品庭院标准(示范带内 80% 以上的农户达到了美丽精品庭院标准),超过 5% 的农户达到了美丽示范庭院标准。而在金牛村等地方,桐庐还开展了"1+6"评比,激发党员干部与群众打造美好村落的积极性,取得了一定成效。

(二)实地调研验成效

1.问卷分析。

此次社会实践发放问卷共 200 份,实际回收有效问卷为 148 份。此次问卷调查的目的是了解当地居民对文明城市建设的看法,以此了解桐庐县文明城市建设现状。具体如下:

①当地居民对桐庐生态环境方面所做措施的了解程度。

对桐庐文明城市的建设进程十分了解的居民占调研人数的比例约为 46%;偶尔了解的占比约为 36%;不了解的占比约为 18%。由此可得出,当地居民对桐庐文明城市建设的进程等相关信息的了解度还是比较高的。居民是建设的灵魂,通过多种渠道增强公众对文明城市的了解程度是第一步,只有真正了解文明城市的内涵,文明城市的建设才能有的放矢,"潇洒桐庐"才能展现其真正的魅力。

②当地居民在桐庐文明城市建设中的参与度。

参加过单位或者社区组织的文明城市建设活动的人占比约为50％;想参加可是组织力度不够的占比约为17％;想参加可是找不到组织的占比约为10％;未参加的占比约为23％。由此可得出,当地民众对文明城市建设的参与热情较高,但是可能会因为组织领导方面的因素致使最终的参与度较低。

③当地居民对桐庐文明城市建设的满意度。

当地居民对政府举措很满意,认为有益于市民生活、有利于桐庐发展的人数占比约为53％;较满意,但是觉得有效措施开展不足的人数占比约为22％;不太满意,认为是形式主义的人数占比为11％;不关心的人数占比为14％。可见大多数民众对文明城市的建设是比较满意的。

④当地居民对桐庐文明城市的看法和建议。

当地居民认为文明建设宣传力度不够的选择次数占总次数的比例约为39％;文明建设活动种类少的选择次数占比约为37％;文明基础设施建设不够的选择次数占比约为24％。

本次问卷调查主要是为了了解当地居民对文明城市的看法,在发放问卷过程中我们也发现了问卷内容设计的不足,本套问卷更偏向于本地居民,可能会出现外来者对部分题不知如何作答的情况,或许这会对调查结果的准确性有一定的影响。

"全国文明城市"是反映城市整体文明水平的综合性荣誉称号,想一蹴而就绝无可能。从我们的实地走访和问卷调查中可以看出,桐庐县政府对于城市规划有着明确清晰的思路,每一步的成功都饱含长期规划、贯彻执行的汗水。且当地政府积极进行宣传,不仅加深了"创文"工作在居民中的知名度,更塑造、维护了良好的政府形象。问卷调查结果反映出居民们对"创文"工作的参与度和认同度都很高,这也直接体现了当地前期宣传、执行落实和长期维护工作的有效。

2.采访市民。

在这次桐庐之行中,我们也随机采访了一些当地市民,我们从作为桐庐一分子的他们的口中,听到了他们对于桐庐建设文明城市的一些看法,以及桐庐文明城市建设的成效。

城南街道团工委书记季丰:作为桐庐人,我深刻地感受到了桐庐文明城市建设前后的变化,以前的小区环境乱糟糟的,物业名存实亡,而现在这些问题都得到了改善,与此同时,志愿者进入社区,在清洁社区的同时不忘宣传文明城市的建设,让我们对此有了更进一步的认识。

此外,在政府的积极倡导下,这里形成了一股良好的文明氛围。例如车辆礼让行人,行人为司机点赞,等等。

博物馆工作人员:今年博物馆举办的艺术展览有诗乐展、书法篆刻展、杨堤油画展,还有中小学生书法艺术展,等等。博物馆内所含有的创建文明城市的LED灯、语音讲解以及标语等就是用来向参观者传递文化建设的核心的,而艺术展览本身也是一种文化建设。

白云社区书记陈沁女士:桐庐被评为文明城市后,桐庐的文明建设便围绕着更高的层次去规划建设,而社区同样也发生了很大的变化,邻里关系创建文明城市变得更加和谐,老百姓从陌生到熟悉。城市变得更干净、更文明了,受益最大的还是老百姓自身,这座文明城市也配得上"潇洒桐庐"这个称呼。

出租车司机:到了晚上,滨江公园那块有,很多人去散步、跳舞、纳凉,自从桐庐获得文明城市的称号后,很多人都倡导绿色环保的生活理念,用环保袋自带水杯、扇子,地上几乎都看不到垃圾了。

从市民口中我们感受到了桐庐市民对家乡的热爱,更了解到了桐庐的变化之大和文明城市建设的成效之大。

3. 观察风貌。

除市民口中所讲,我们从风貌建设中也望见桐庐一点一滴的改变和完善。道路宽敞,交通文明。司机礼让行人,行人为司机点赞。这是我们一行人在初到桐庐时的第一感受。在政府的积极倡导下,交通文明的风气已逐渐深入人心,每个在路上的人都在为创建文明城市而努力,遵守交通规则,不慌张,不惶惑。

如今外卖已普及全国,而处理外卖垃圾往往是一项不容小觑的工程。在一些建设不够到位的城市,街面往往会有一些尚未处理的外卖垃圾以及其他杂物。我们走进小区和居民楼,街面无垃圾的踪影,且垃圾桶的数量以及距离设置合理,保证了每一处居民的垃圾都有所安放。且垃圾分类标志明晰,分类落实严密,可见居委会平日里在文明宣传这一领域也下了功夫,同时后勤认真负责,物业的完善使每一户居民得以安居乐业。

桐庐下辖一些村落,在建设的过程中,既与现代城市文明建设紧密接轨,又延续了自然的村落肌理。传统的村落肌理,展示了人与自然、建筑与风貌之间的和谐,村落的更新需要从人文角度挖掘策略。从布局形态、功能构成、建筑风格、景观系统、街巷系统和自然系统等方面,桐庐对村落的肌理进行了延续。我们一路走过金牛村,山明水秀尽在眼底收拢。此地作为度假村来开发,以木头为原材料建筑平整房屋,屋外草木苍翠,石子路在掩映的绿辉间朴实铺展,着实有一番前人隐居的雅致趣味。

通过两天的实地考察,我们看到了干净整洁的街区路面,闻着乡村特有的清新自然的空气,感受到了文明礼让,也感受到了这里每一个人对建设的信心和进一步的期待。

4. 总结。

桐庐近年来深入践行"绿水青山就是金山银山"的发展理念,围绕"一个目标、五大桐庐"的奋斗方向,上下同欲、苦干实干,经济社会发展取得了明显成效,尤其是在城市建设、美丽乡村、生态文明、转型升级、社会治理等方面形成了特色、塑造了品牌。

但是我们通过调研也发现一些不足的地方,例如对桐庐文明城市的建设进程十分了解的居民占调研人数的比例约为46%;偶尔了解的占比约为36%;不了解的占比约为18%,可见超过半数的市民对这件事关注的程度并不够,建设文明城市是与每个市民切身相关的,得不到广泛而普遍关注的建设注定是不够成功的。真正参与过文明城市建设活动的市民也仅仅达到半数。而且我们调查的范围仅限于桐庐市区范围内,对郊区或是偏僻一些的村庄根本没有进行深层的寻访,所以这个数据可能还偏高。人们对建设宣传力度、活动策划还有基础设施建设方面也存在一些意见,这也需要引起我们的关注。

二、文明城市建设经验总结

(一)政府方面

政策实施犹如大楼建成之初的基石建设,是决定城市未来发展走向的重要力量,桐庐在建设文明城市的过程中,一直坚持"创文化"的理念。在桐庐的主城区,政府将城市建设规范化,通过各类宣传活动有效动员市民参与文明城市建设,自觉规范自身行为,这些都离不开政府政策的有效执行。

例如,在实践期间我们经常会看到车辆礼让行为,这得益于政府出台的"文明驾驶"政策,如果车辆不礼让行人就会被通报并通过媒体曝光,这种规定非常有效地约束了民众的行为,交通情况得到了有效改善,行车人与路人之间也不再是对立冲突的双方,而是彼此尊重共同营造出和谐融洽的城市氛围。从长远来看,这一系列的交通规定促进了市民自身素质的提高,进而有利于更高层次的建设规划的顺利实施,政府的各种举措都是以桐庐的可持续性发展为根本目的。

在一系列完善的政策有效实施之下,桐庐人对文化的重视也在不断提升。饭店餐桌的桌角上都能看见写着"创建文明城市,做最美桐庐人"的宣传标语,映入眼帘的还有"创建国家食品安全示范城市"的宣传海报,随处可见的宣传标语都见证着这座城市不断完善自身的点滴过程。合理有效的政策加上适度的配套宣传工作,让每一个桐庐人将对文明的不断追求根植在心中。

在文化方面,政府也做出了不懈的努力。在参观叶浅予博物馆的过程中,我们还实地对馆内的工作人员进行了一个简单的采访,从而了解到政府对文化事业的持续投入。博物馆内所配备的创建文明城市的 LED 灯、语音讲解以及标语等都离不开政府的政策支持,馆内陈列的当地中小学师生优秀书画作品的背后,也同样离不开政策的支持。需要进行多方沟通协调,才能保证各项活动的顺利开展,鼓励民众参与到文明城市的建设当中,珍视现有的宝贵文化遗产,将文化建设落到实处。

(二)市民方面

先贤有此良言:"民为贵,社稷次之,君为轻。"不得不说,这话在今日依然熠熠生辉,民为贵,贵在人民乃是任何伟大工程的主导者。桐庐能够在全国 166 个参评城市中脱颖而出,成为第 89 个荣获"全国文明城市"称号的城市,最主要、最关键的一环,毫无疑问是人民群众。

桐庐的人民,理应包括每一个为桐庐付出的建设者。无论职业,无论贫富,无论老幼,只要为建设出力的人民都是功臣。

而在这其中,我们可以自然地将他们分成两类。其一,农民,这是我们国家最大的群体。其二,城镇居民,这也是重要的组成部分。

先来看一下伟大的桐庐的农民的成果。自 2003 年起,浙江省启动实施"千村示范、万村整治"和美丽乡村建设工程,整治农村环境。桐庐按照浙江省和杭州市的统一部署,大胆探索,先行先试,走在了浙江乃至全国的前列,先后被确定为全国生态文明试点示范区、杭州市城乡统筹示范试验区,先后荣获"浙江省美丽乡村创建先进县""中国魅力新农村十佳县市"称号,富春江镇、环溪村入选浙江省首批最美乡村。这样的丰功伟绩,如何能够抹杀?文明城市的建设之中,农民们的付出与努力,是显而易见的。他们的支持是文明城市建设的动力之源。桐庐乡村的秀美是每一位村民的点滴汗水所浇灌出来的。

城镇居民为了文明城市建设所贡献的力量,一样是巨大的。每一位市民良好的精神风貌、每一条干净整洁的街道、每一条清澈的河道、每一次的停车礼让,都是他们为文明城市的建设在奉献自己。还有那完善的休闲设施、和谐的城市环境、浓厚的文化气息,也都是他们在营造。

人民是主人,国家的主人,城市的主人。而桐庐人的主人翁意识,也促成了他们以无比积极的热情投入文明城市的建设当中。可以说,在这一场轰轰烈烈的文明城市建设之中,桐庐人民是最大的功臣。接下来巩固建设的成果中,他们一样将成为主力军。因为有他们,所以桐庐成了美丽的桐庐、文明的桐庐。

在城市文明建设的每一步,政府和人民缺一不可。在城市文明建设的过程中,我们可以看到桐庐县已经形成了政府主导、市民积极参与的良性体制,而正是二者的共同努力,才使得桐庐在众多城市中脱颖而出,并且随着时间的推移变得更美丽、更亲近,发展得更好。

公租房政策提高人民幸福感的杭州经验

——基于杭州公租房政策的实证研究

金融 1701 班：神英明　金宇轩　陈智品　李秋雨　周嘉伟　蔡欣蕾

指导老师：于希勇

摘　要：近年来，我国房价居高不下，甚至成为我国全面建成小康社会的重大阻碍。在这个背景下，政府大力推行公租房政策，以期能有效缓解房价压力，解决住房供应不足的问题，这在一定程度上对平抑房价起到重要作用。自 2010年以来，杭州的住房保障从以售为主向以租为主转变，公租房逐步成为住房保障的主体。本文以杭州为例，通过分析杭州公租房政策的背景，调研人民感受，总结政策得失，为其他地区的公租房政策和城镇化问题的解决提供借鉴。

关键词：公租房　以租为主　总结得失　提供借鉴

一、调查背景

目前，我国正处于城市化快速发展阶段。但是，在相当一部分发展较快的城市，存在着高房价和住房供给短缺的现象，这导致了住房未来发展形势不容乐观，低收入群体也处于无法按时足额偿还贷款或者住房贷款侵占个人生活开销的困境。实施国家保障性住房工程成为解决中低收入群体住房问题的主要途径。

国家在"十二五"规划中，为了缓解住房压力，把保障性住房建设作为改善的主要内容，把增加住房供给和完善保障体系作为保障性住房改革的首要目的。要从根本上解决住房条件差和住房短缺问题，就要扩大建设范围，加强建设力度，改善住房条件。"十二五"计划提出时，预计其间实现 3600 万套经济适用住房。这一决定将对我国经济适用房建设和促进社会经济发展发挥重要作用，在建设和谐文明社会，实现国民经济又好又快发展的进程中承担重要的责任。

图 1 展示了杭州市保障性用房的发展历程。由于公租房、保障性住房、经

济适用房等具有高度重合的共同目的,故本文不做区分。

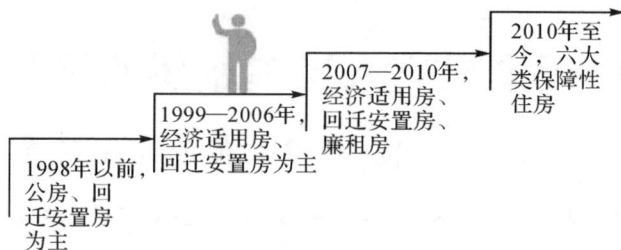

图1 杭州市保障性用房发展历程

2018年1月,杭州住保房管局召开了会议,提出认真学习贯彻市委十二届三次全体(扩大)会议精神,并将紧紧围绕十九大报告提出的"坚持房子是用来住的、不是用来炒的"定位,加快建立多主体供给、多渠道保障、租购并举的住房制度,以居民"住有所居"为目标,把握新特点、承担新使命、践行新理念、展现新作为、树立新形象。

作为租赁试点城市,杭州将持续加大住房保障力度,进一步健全完善多层次住房保障体系。在日前进一步放宽市区廉租住房收入准入条件(人均2292.5元(含)/月)的基础上,杭州还将强化公租房房源筹集和公租房货币补贴力度,在现有高层次人才住房保障和基础性人才(公租房)住房保障的基础上,建立面向中端人才的专项租赁住房制度,并形成"全覆盖、有梯度"的多层次人才保障政策体系。

杭州住保房管局将探索党建引领物业行业,重点探索建立"党建引领、行业主管、基层主抓"的物业管理模式,构建街道社区党组织领导下的多方联动服务机制。

二、实施的现实困难

虽然公租房等保障性住房政策的落地实施确确实实是百姓福音,但是在扩大保障性住房的实施过程中也发生了很多意想不到的问题,例如建筑规划布局不合理、户型设计随意、居住面积过小、楼房形态以及周边交通和配套设施都不符合大众需求。

表1是相关文献整理出来的杭州公租房建设与管理中存在的问题。

表1 杭州公租房建设与管理中存在的问题

选项	市民	专家学者	城市管理者
区位、房型、配套不佳	45.4	82.7	70.3

续　表

选项	市民	专家学者	城市管理者
准入门槛过高	31.4	43.9	10.9
租金过高	25.8	28.6	10.9
房源筹措数量过多,供大于求	15.6	12.2	9.9
其他	20.2	9.2	7.9

数据来源:杭州国际城市学研究中心联合杭州市统计局等单位。

　　杭州市的一个经济适用房小区中,在多达 800 多套房子售出后,有 62.5％ 的购房者要求维权,在这 800 多套房子中,墙壁空鼓、墙壁存在裂纹的问题屡见 不鲜。而这些现象不仅仅是在一栋楼房和一个区域中存在,而是各地的项目中 普遍存在。2009 年,在济南的一次经济房购买中,前来有意购买的 153 个购房 者中大约有 52.9％ 的购房者放弃购买的机会,其放弃购买的根本原因则是很多 楼盘在设计时没有考虑住户的实际需求,很多房源都不是大部分人所喜欢的居 住户型。当前的现实情况是一方面有部分房源因为地段、质量或者房型无法被 安置人接受而闲置;另一方面随着城市化进程的加快,需要保障的人群范围也 在扩大,社会对保障房房源的需求还在与日俱增。有些地方为了增加房源,把 一些早期闲置的商业办公用项目在建筑设计上进行调整,在功能和格局不做改 变的情况下建立了保障性住房。甚至有的保障性住房中,出现了卫生间只有 1 平方米、厨房建在阳台上的不合理现象,如果在保障性住房建设管理过程中,不 采取措施规范相关行为,那么保障性住房又将走上高数量低质量、高利益低效 益、高维护低保证的老路,重蹈覆辙。

　　“住”是最重要的民生问题,也是影响面最广的经济社会问题,它综合反映 出政府治理城市的理念和水平,也体现着城市的品位和综合实力。长期以来, 杭州住保房管局紧紧围绕杭州“高水平建成小康社会”和打造“生活品质之城” 的定位,创新制度供给,有效破解“住”的难题,形成了具有鲜明特色的“杭州模 式”。尽管还有少数居民的居住条件与期望有差距,但客观地评价,作为一个杭 州人是幸福的,我们享受着政府提供的太多的公共服务,从“住有所居”,到“住 有安居”“住有品居”,杭州一直在努力,一直在前行!

三、数据分析

　　公租房租住的收入门槛设为家庭人均年收入在 56000 元以下,但从我们的 调查结果来看,绝大多数(96％)受访者的家庭人均年收入在 56000 元以下,如 图 2 所示,由此可见,符合申请公租房标准的人数较多,公租房具有较大需求。

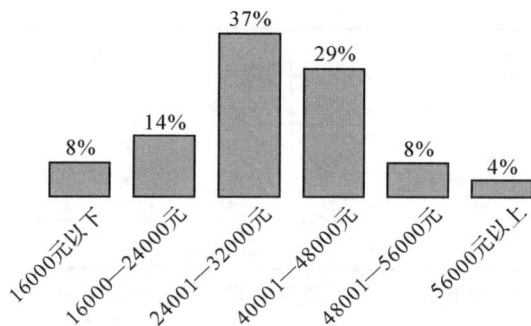

图 2　上年度家庭人均可支配收入

　　大部分受访者的学历在本科以上，部分考取了研究生及以上的学历（见图3）。他们大都年轻，年龄在 30 岁以下（见图 4），并且都听说或了解过公租房政策，并且对这一政策持支持态度（见图 5）。但对于新出台的廉租房转公租房政策，却有三分之一的人表示不支持（见图 6）。

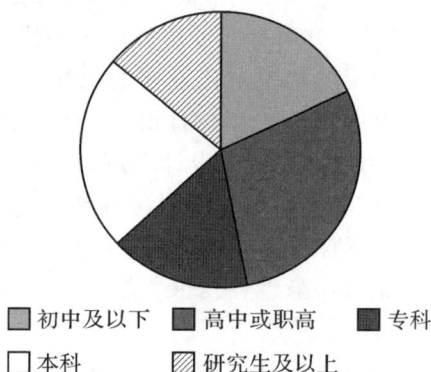

初中及以下　高中或职高　专科　本科　研究生及以上

图 3　已取得或正在就读的最高学历

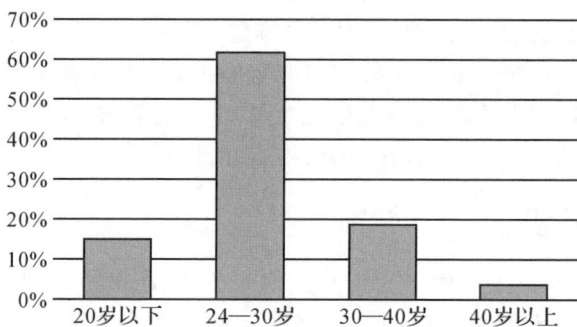

图 4　受访者年龄

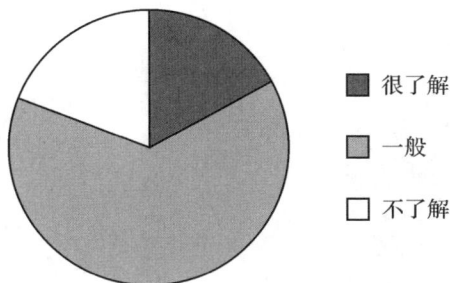

图 5　对公租房政策的了解程度

图例：
- 很了解
- 一般
- 不了解

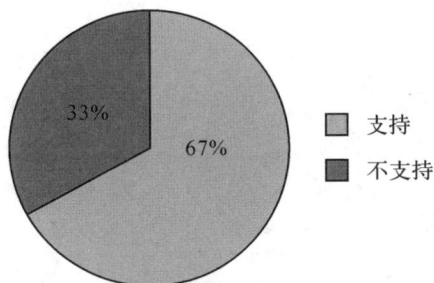

图 6　是否支持廉租房转公租房的政策

图例：
- 支持　67%
- 不支持　33%

多数受访者理想住房面积在 100 平方米以上（见图 7），但实际住房面积却不足 100 平方米（见图 8），实际不达预期。并且绝大多数受访者认为公租房租金应该在 800 元/月以下，远低于市场均价（见图 9）。由此可见，公租房政策对于提升居民幸福感、满足居民基本住房需求具有重要意义。

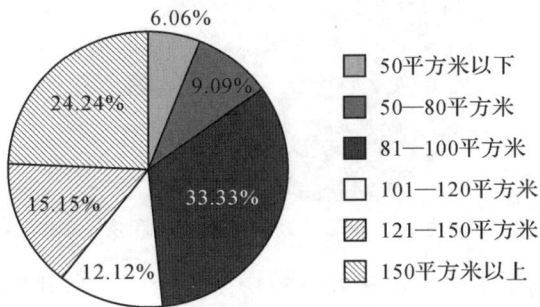

图 7　理想住房面积

图例：
- 50平方米以下　6.06%
- 50—80平方米　9.09%
- 81—100平方米　33.33%
- 101—120平方米　12.12%
- 121—150平方米　15.15%
- 150平方米以上　24.24%

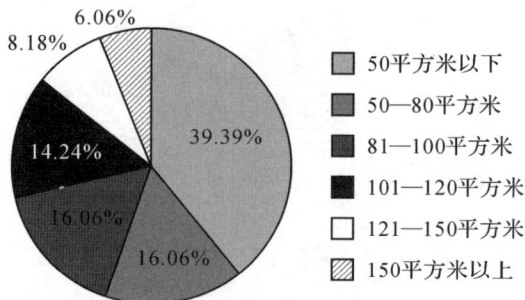

图 8　实际住房面积

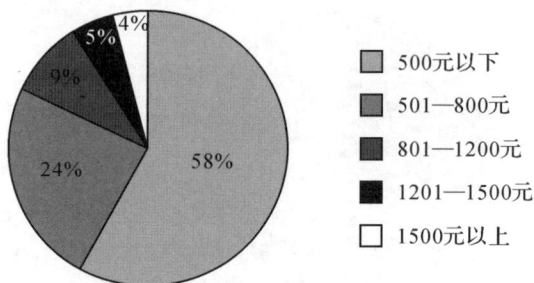

图 9　理想的公租房的租金价位

　　尽管公租房具有诸多优势,也符合很多新就业者的需求,但在受访者中,成功申请到公租房的人数却只有三分之一左右(见图 10)。

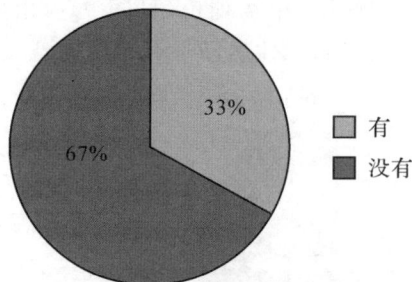

图 10　是否成功申请到了公租房

　　本课题分别调研了成功申请到公租房的受访者的居住感受与受访者没有申请到公租房的原因。成功申请到公租房的用户主要为新就业大学生与城市中等偏下收入的住房困难家庭(见图 11)。对于他们而言,部分人认为公租房并不完美,具有位置偏远、环境脏乱等缺点(见图 12),但多数人对于公租房十分满意,并且尤其注重房源稳定这一优点(见图 13)。

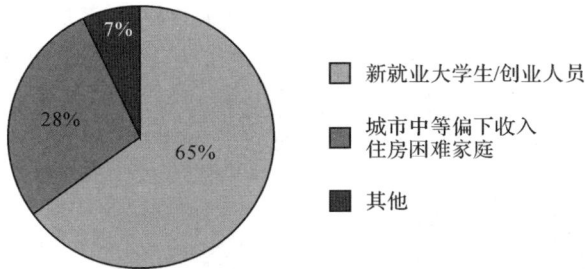

图 11　受访者属于哪一类租住群体

新就业大学生/创业人员

城市中等偏下收入
住房困难家庭

其他

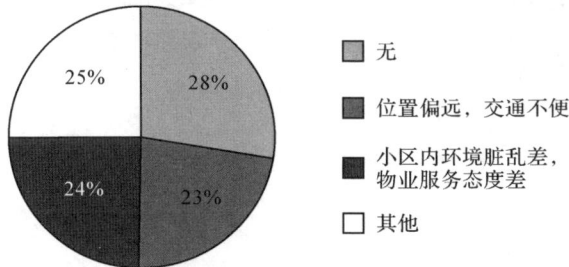

图 12　公租房的缺点

无

位置偏远，交通不便

小区内环境脏乱差，
物业服务态度差

其他

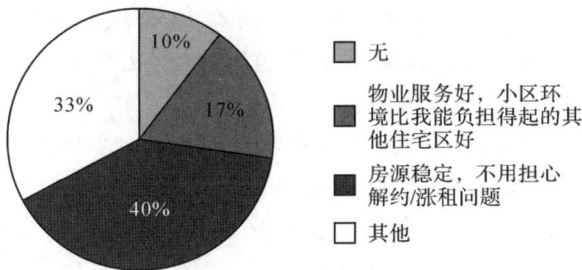

图 13　公租房的优点

无

物业服务好，小区环
境比我能负担得起的其
他住宅区好

房源稳定，不用担心
解约/涨租问题

其他

　　没有成功申请到公租房的受访者中,部分受访者没有申请公租房的需求,但更多受访者则是有需求而不得。部分受访者申请过却没有被选中,部分不符合申请要求,无法申请公租房(见图 14)。

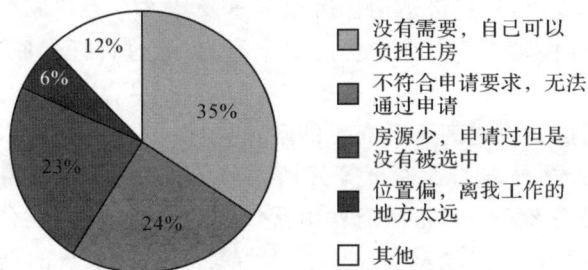

图 14　没有租住公租房的原因

没有需要，自己可以
负担住房

不符合申请要求，无法
通过申请

房源少，申请过但是
没有被选中

位置偏，离我工作的
地方太远

其他

最后,受访者对于杭州公租房问题也给出了自己的意见。多数人认为当前公租房供应紧张,应当增加供给;部分受访者认为完善公租房住宅区周围的公共设备十分重要;同时,有受访者认为部分公租房被生活富足者租去,没有物尽其用,由此可见,增加公租房工作的透明度也十分重要(见图15)。

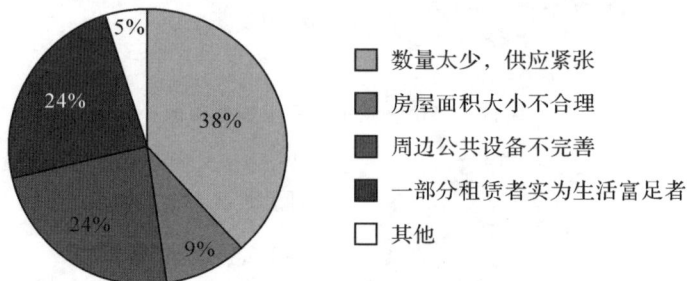

图 15　目前公租房存在的最主要问题

四、成果与经验

2017 年 8 月 28 日,国土资源部、住房城乡建设部印发《利用集体建设用地建设租赁住房试点方案》,确定第一批在杭州等 13 个城市开展利用集体建设用地建设租赁住房试点。建立健全"杭州特色"的多层次住房保障体系,也是杭州近年来构建和谐社会和提高居民生活品质的重要举措。自 2010 年以来,杭州的住房保障从以售为主向以租为主转变,公租房逐步成为住房保障的主体,廉租房实现了低保 2.5 倍以内家庭"应保尽保",公租房和廉租房在房源筹集、保障衔接上完全打通。为进一步扩大公租房保障覆盖面,提高保障的及时性,2016 年开始,市区范围内全面实施公共租赁住房货币补贴。2018 年受理模式调整为货币补贴日常受理、实物配租预登记相结合的模式,从而实现了对所有申请家庭的及时保障。截至目前,市区两级通过集中建设、商品房项目内配建等方式已筹集保障性住房房源 500 余万平方米。杭州主城区住房保障覆盖率已达到了常住人口的 23.5%。市、区两级公租房累计保障 6.53 万余户;廉租住房累计保障约 1.3 万户;经济适用住房累计惠及约 8.5 万户家庭。杭州还通过危旧房改善,累计保障了 5 万余户住房困难家庭;通过拆迁保底安置,累计惠及6 万余户。

杭州公租房的建设也离不开充足的政策保障。杭州市委、市政府历来高度重视改善创业人才、外来务工人员等流动人口的住房问题,并将其纳入我市住房保障体系。早在 2004 年,市政府就出台《杭州市区人才创业公寓建设和租赁管理的暂行规定》,正式启动针对该部分人群提供专项租赁的创业人才公寓建设工作。2007 年起,杭州市陆续出台《关于杭州市区外来务工人员公寓建设和租赁管理暂行规定》和《关于加快创业人才（大学毕业生）公寓和外来务工人员公寓建设的若干意见》等政策文件,大力建设外来务工人员公寓和创业人才（大学毕业生）公寓（统称"两项公寓"）。

"上有天堂,下有苏杭。"相信在公租房的配套下,杭州这座美丽的城市未来会更好!

五、不足及建议

(一)不足

公租房政策从 2010 年出台至今,虽然每年都有调整,但依然存在着一些不足。

1.资金。

依然和以前一样面临建设资金融资难的问题。公租房不是以盈利为目的,它的租金低于市场价格,所以经济效益较低,对社会资金吸引力不够;它对地方政府利益回报性低,降低了地方政府投入资金的积极性。公租房的建设发展需要金融机构的支持,但就目前来看,金融机制在公租房建设中起的作用太小,主要得靠银行贷款,但公租房为政府无偿划拨,无法成为银行优质的抵押品,公租房的运营不确定性高,加大了银行贷款的风险,因此银行在此项目上显得动力不足。

2.进出机制。

由于公租房的优厚待遇以及较低的惩罚(《公共租赁住房管理办法》第三十五条规定:申请人隐瞒有关情况或者提供虚假材料申请公共租赁住房的,市、县级人民政府住房保障主管部门不予受理,给予警告,并记入公共租赁住房管理档案。以欺骗等不正手段,登记为轮候对象或者承租公共租赁住房的,由市、县级人民政府住房保障主管部门处以 1000 元以下罚款,记入公共租赁住房管理档案;登记为轮候对象的,取消其登记;已承租公共租赁住房的,责令限期退回所承租公共租赁住房,并按市场价格补缴租金,逾期不退回的,可以依法申请人民法院强制执行,承租人自退回公共租赁住房之日起五年内不得再次申请公共租赁住房),许多有能力者甘愿冒着风险分享这块蛋糕;以前符合租房条件但现在已经不符合的租户也会有退出难的情况,面对不予退房的申请人,有关部门并无合适的手段强制其退房,同时已经在该房内生活较长时间的租户可能与房屋产生一定情感而不主动退房。

(二)建议

(1)政府可以增加政策优惠来吸引资金流入,如政府可以在土地、项目审批、建设、销售、贴息等方面给予开发商优惠,保证开发商的获利空间,来增加社会资本进入的积极性。

(2)政府可以推动鼓励金融机构和公租房项目的协调合作,现阶段参与该项目的金融机构较少,大多是商业银行参与该类合作。金融机构可以与政府相关部门合作,构建针对公租房项目的创新融资模式,为该项目的资金需求提供保障。

(3)在进出机制方面可以实行奖惩并施的策略,目前政策是惩多于奖的情况。一是对于想通过投机取巧手段申请公租房的和不满足租房条件但不退出的人加大处罚,这种处罚不仅是罚款,还可以是信用记录上的惩罚。二是可以对那些主动退出的人给予适当奖励,形成良好的激励系统,这可以为解决公租房紧缺问题出一份力。

三、文化建设调查篇

WEN HUA JIAN SHE DIAO CHA PIAN

杭州茶文化现状的调查

——以茶叶博物馆及下沙高教园区为例

法语 1701 班:陈雨荷 朱乐宁 缪佳希 张天颖 刘雨溪

指导教师:陈绍博

摘 要:课题组在下沙高教园区以及中国(杭州)茶叶博物馆两地进行社会实践调查,研究茶文化发展现状以及中国茶叶博物馆对大众的影响力。杭州作为我国茶文化的重要发祥地,茶叶历史悠久、产业发达、文化深厚。当前,杭州茶叶产业发展和茶叶文化传播拥有前所未有的发展机遇,同时也面临着挑战。尽管茶文化"遍地开花",但对年轻人来说普遍吸引力不高。在杭州下沙高教园区,奶茶、咖啡等为主流饮品消费,因此,本次社会实践围绕如何以文化带动产业发展,让茶文化、茶饮料在高教园区落地生根这些问题展开。

关键词:杭州茶业产业 茶文化 文化带动 大众影响

一、关于调查主题、地点、时间与调查方法

(一)调查主题

本调查主题是关于杭州茶文化现状的调查——以茶叶博物馆和下沙高教园区为例;调查地点选择中国(杭州)茶博物馆以及下沙高教园区;调查对象是杭州茶叶博物馆参观者、工作人员,以及下沙高教园区学生。

(二)调查方法

一是线上问卷:线上面向杭州大学生发放调查问卷,共有效回收 114 份。二是线下问卷:线下在杭州茶叶博物馆面向参观者发放调查问卷,共有效回收 100 份调查问卷。三是实地采访:小组成员于 4 月 5 日前往杭州茶叶博物馆,当天参观了博物馆,大致了解和学习了茶叶的历史发展和茶具茶产品等相关文化知识;同时也采访了茶农和部分博物馆参观者,其中包括国际友人,了解其对杭州茶文化的了解程度以及看法,与他们交流了茶文化及其带来的影响和近年来茶叶大致对外贸易情况,并做了相关视频照片记录。四是网上文献查询:小组

成员网上查阅了解了杭州近年来的茶文化交流活动现状、对群众的影响和对外宣传及贸易情况,搜集并整理了来自新浪新闻、浙江新闻、今日头条、新华网、快资讯等多个新闻网站的相关图文信息。

(三)调查内容

一是杭州茶文化发展现状。杭州作为中国茶都,茶叶文化历史悠久,底蕴深厚。近年来,杭州茶叶品牌越发走向数字化和国际化,从西湖区和龙坞茶镇与阿里巴巴集团签约区块链溯源战略合作签约,打造促进西湖龙井产品发展的电商平台,到 2019 杭州茶文化博览会暨西湖龙井开茶会,传统元素与现代元素相结合使游客沉浸其中,同时也获得了印度驻上海总领事的青睐以及官方合作承诺,再到"一带一路——易路茶香"的大国茶文化自信活动启动仪式,宣告了饮茶数字化新时代的到来。以上种种,皆显示着茶叶产业的蓬勃发展,茶文化地位也因此日渐突显出来。由此小组成员针对杭州在"一带一路"背景下茶文化的现状,通过访谈和线上查阅资料的方式,做了进一步的调查。

二是杭州茶叶博物馆和茶文化对群众的影响。从茶文化的数字化和国际化来看,从甄选购买到泡茶品茶无不给人们带来了便利,人们在品茶过程中,从茶叶到茶具,都能够深深体会到茶文化的魅力。杭州茶叶博物馆也在潜移默化中影响着民众的生活。但在实际生活中,杭州茶叶市场和茶文化宣传也存在一些问题。由此小组成员通过线上线下及访谈的调查形式来了解群众对杭州茶叶博物馆以及茶文化的认知程度和看法。

二、调查结果分析

(一)关于茶叶以及受访者对茶叶了解程度

1.茶叶。

(1)关于茶叶的普及程度,我们对平时饮用的饮品进行了调查。47.37%的受访者表示倾向于传统茶叶;20.18%的受访者表示更倾向于奶茶;19.30%的受访者表示更倾向于花茶;3.51%的受访者选择咖啡;2.63%的受访者选择茶叶饮料;2.63%的受访者选择碳酸饮料,还有 4.39%的受访者选择其他饮品。

(2)当问及饮茶的频率时,有 50.88%的受访者表示会喝,但不定时喝;19.30%的受访者表示从没喝过;11.40%的受访者表示每天都喝;11.40%的受访者表示 2—4 天喝一次;还有 7.02%的受访者表示一周喝一次。

把以上两项调查结果结合起来看,民众对于传统茶叶的接受程度还可以,但茶叶的普及程度不高。虽然 47.37%的受访者表示倾向于传统茶叶,但是50.88%的受访者偶尔喝茶,7.02%的受访者一周才喝一次,甚至 19.30%的受访者从没喝过。可以看出,在实际生活中,茶叶的出现频率没有那么高,民众对于茶叶的接受程度并不代表茶叶在民众中的普及程度。

2.了解程度。

(1)我们对民众的茶叶了解程度进行了调查。75.44%的受访者表示喝茶有利于身体健康;72.8%的受访者觉得喝茶可以缓解疲劳,有助于提神;23.68%的受访者觉得喝茶可以提升自己的文化素养。我们对人们对产自杭州的茶叶的认知程度进行了调查,98.25%的民众表示熟悉西湖龙井茶,但关于其他杭州茶的普及度则远远不及西湖龙井。对于余杭径山茶,有17.54%的受访者知道;12.28%的受访者知道九曲红梅;只有4.39%的受访者知道乌牛早。

(2)根据调查,我们可以发现,民众对于喝茶的好处还是挺了解的。说明民众接受过关于茶叶的统一宣传,但是,关于杭州本地茶叶,几乎所有受访者都知道西湖龙井茶,但是对于其他种类的茶,知之者甚少,说明平时,对除去西湖龙井茶的其他茶类,宣传不足。

(二)关于茶文化及其茶衍生

1.茶文化。

当我们问及对中国茶文化的看法时,66.76%的受访者表示对茶文化了解不多,但是通过茶叶,可以多多了解中国传统文化,也表示以后愿意多饮用;53.51%的受访者表示对中国茶还算了解,对中国茶文化也熟悉;35.96%的受访者表示想把中国茶文化介绍给更多人;26.32%的受访者表示自身会发扬传承中国茶文化;还有21.93%的受访者表示中国茶文化还有待提高创新。

(2)调查显示,民众还是有关于中国茶文化的自我意识的,对于中国传统文化的发扬与传承也表示支持。

2.茶衍生。

我们对茶衍生事物的了解程度进行了调查。80.70%的受访者表示知道茶具;51.75%的受访者表示知晓茶礼仪;49.47%的受访者表示了解茶诗词;23.68%的受访者表示知道茶道和茶建筑。

调查显示,民众对于茶衍生事物了解程度偏高,或多或少知晓一些,完全不知者甚少。

(三)不足及改善

当我们问及觉得杭州茶文化产业有哪些诟病或需要改善的地方时,49.12%的受访者表示茶价格过高;43.86%的受访者表示关于茶的创新力度不够;42.98%的受访者觉得杭州对于茶文化的宣传不到位;还有17.5%的受访者觉得茶品质不高。

(四)调查小结

根据以上调查,我们可以看出,民众对于茶叶及其相关文化,是有一定程度的了解的,而且民众对于传统茶叶的接受程度是中等偏高,在饮品种类繁多的今天,依旧有许多民众表示愿意饮用传统茶叶。而且民众的文化自觉性很强,表示愿意为传承和发扬中国传统茶文化出一份力,愿意向世界展示中国的优秀的传统茶文化。但是,即使是在民众积极性不弱的情况下,我们发现,茶叶在现实生活中的传播力度还是不大,饮用频率仍旧没有那么乐观。

根据调查,茶叶价格过高是最大一点阻碍,49.12%的受访者表示对茶叶价格不满。关于这一点,我们调查小组特地去多家茶馆进行实地考证。在实地调查中发现,仅仅一小玻璃杯的普通茶叶,就要收费 50 元;一壶普通冲泡茶,就要200 元起步收费;坐在茶馆里喝茶还要收取 50—80 元不等的座位费,座位费与茶叶费分开收费;如果需要演示茶道,价格另算。如此高的价格,确实阻挡了普通民众饮茶的脚步。另外,网上销售的散装茶叶的价格也是居高不下。

许多受访者觉得创新力度不够。在共建"一带一路"过程中,传统文化的传播离不开创新。关于宣传问题,在市场上的茶叶商品琳琅满目,进口商品更甚。对留学生以及外国游客的访问显示,中国茶叶主要出口北非(摩洛哥)以及欧洲,至于其他发达国家,出口量大大不如第三世界国家。因此,运用好"一带一路"政策支持,以茶产业促进文化经济交流至关重要,可从"一带一路"沿线国家开始发展,解决目前茶叶产业地零散、宣传力度不大等问题。如果想出口至其他发达国家,那么市场开拓也十分重要。平时生活中确实很少看到关于茶的宣传,加大宣传力度也是扩大茶文化影响面的重要手段之一。

关于杭州市内公共图书馆建设现状调查

广告 1701 班:张馨月　王亚楠　陈贝玉　王　越

指导教师:郭　飞

摘　要:本篇调研报告从"关于大众对杭州公共图书馆建设认知度的调查"的问卷数据入手,结合二手资料以及访谈内容,就目前杭州市内公共图书馆建设情况,包括数字图书馆、自助图书馆、图书馆所举办的活动进行分析,并针对问题提出相应建议,为杭州市内公共图书馆建设的不断完善提供帮助。

关键词:杭州市公共图书馆　数字图书馆　自助图书馆　文化建设

一、引　言

党的十九大报告指出"文化兴国运兴,文化强民族强"。要想建设社会主义文化强国,就要建立属于中国的文化自信。中国地大物博,人口众多,提高全民的文化素养离不开我国公共文化服务体系的建设。而图书馆作为知识的储备站,可以为全民提供更好的精神食粮,是提高国民素质的重要利器。

就城市而言,公共图书馆作为社会公共资源,成为城市人口学习提升、继续教育的重要途径之一,能让更多人从中获得知识和引导,发挥应有的教育宣传作用。城市公共图书馆的公益性以及为读者提供的便利服务,也是城市文化建设最直接的体现。公共图书馆是城市文化品位的象征。从物质层面看,公共图书馆是城市文化建设的重要标志之一,代表着城市文明程度,间接体现着城市经济发展水平。因此,在推进城市化建设过程中加强公共图书馆建设非常必要。

随着公共图书馆对城市文化建设的作用愈发重要,我们小组认为调查杭州市内公共图书馆的建设情况,探究其对文化建设的促进作用,发现其发展过程中的不足,并针对性地提出建议,为杭州市的文化建设添砖加瓦,是非常有意义的实践工作。

本次实践研究采用了问卷调查和实地访谈相结合的方式。首先发放了 84

份调查问卷,并对问卷进行回收,问卷回收后运用数据分析软件 SPSS 对我们回收的数据进行统计分析。其次是进行实地访谈,我们访谈了杭州市内图书馆的工作人员,了解图书馆建设情况,然后对访谈内容加以整理。本调查报告对所回收的"关于大众对杭州公共图书馆建设认知度的调查"问卷进行编码、统计、交叉、分析,并结合访谈内容以及二手资料得出结论和建议。

二、调查结果分析

本次调查,共发放问卷 84 份,有效问卷共计 82 份。参与调查的男性共有 32 人,女性共有 50 人,男女比为 16∶25。各个年龄段的市民都有参与此次调查,但主要以 18—30 岁为主。参与问卷调查的市民分别来自 6 个不同的职业,包括学生、教师、机关事业单位人员、公司职员、自由职业者以及退休人员,其中学生占大多数。而从学历上看,学历为初中及以下、高中、专科、本科、研究生及以上的市民均有参与本次调查,学历为本科的占比较高。在本次被调查者的基础信息的调查中,各范围均有分布,可见被调查者的广泛性以及数据的多样性,为后面分析数据得出的结果提供一定的合理性。

(一)多选题分析

1.您为什么去公共图书馆?

调查统计显示,公众对为什么去公共图书馆选择最多的为兴趣阅读,有 46 人,占 31.5%,其次是借还书以及自习办公,分别为 38 人和 37 人,占比分别为 26% 和 25.3%,而参加活动只有 12 人选择,占比仅有 8.2%。

图书馆是收集、整理、保存文献信息并提供查询、借阅及相关服务,开展社会教育的公共文化设施。就调查结果来看,目前绝大多数人使用图书馆还停留在传统的服务上,例如借还书、自习、阅读等,从这能看出杭州市的公共图书馆在基础服务建设以及资源建设方面还是做得不错的,能满足大部分市民的使用需求,所以在资源建设方面,公共图书馆应该保持现有资源的丰富性,在基础服务方面,可以进一步完善借还书的流程以及馆内基础设施,让市民借还书更加便利。

但市民来图书馆参加相关活动的却占少数,因此图书馆在举办文化活动方面应加大宣传力度,可以通过微博、公众号推文、短信等形式提高活动的知名度,还要增强活动的多样性,可以与社会文化组织合作开展一些主题新颖有趣的文化活动,吸引更多市民参与。

2.阻碍您去公共图书馆的原因有哪些?

从样本数据可知选择各项影响因素的市民的占比情况。其中,选择"没有时间"的市民占比最多,接近 40%。其次是选择"交通不便"和"天气恶劣"的市民的占比,分别为 20.6％和 19.9％。而选择"认为活动和资源没有吸引力"的市民占 14％,选择"认为没有必要"的市民只占 6.6％。此外,认为"没有阻碍因素"的市民占 1.5％。

由分析可得,时间是阻碍市民的最大因素。无论是学生还是上班族等,时间大多被工作、学习、家庭所挤占,能自由支配的时间较少,这种现状与城市居民巨大的生活压力和快速的生活节奏有关。其次是交通和天气。综合来看客观条件(时间、交通、天气)是较大的阻碍因素,而主观意愿的影响比较小。选择"认为没有必要"的市民占比很少,说明大家都认可公共图书馆存在的必要性。同时,由选择"认为活动或资源没有吸引力"的市民占比很少可知市民对公共图书馆建设的满意程度较高。令人意外的是还有几位退休老人认为"没有阻碍因素",他们几乎天天到图书馆报到。

杭州市民的公共图书馆参与度还是很值得期待的,但也不能忽略其在市民参与上面仍有很大的提升空间。针对这些阻碍因素,开通数据图书馆和物联网图书馆能打破时间和空间的局限性。比如,杭州图书馆的"双悦"服务模式利用在线完成图书的借与还有效地解决了交通和时间的问题。

3. 您认为这些活动产生了什么影响?

调查统计显示,各选项中,"丰富市民的文化生活"这一项是被选择最多的,占 27.55％。"提高市民的文化素养"以 25.1％排在第二,与第一相差不大。"加强杭州的公共文化建设"以 24.7％排在第三。前三项的选择人数较为接近。"提高图书馆的知名度/美誉度"和"增加图书馆的人流量"这两项选择人数较少,排在最后的是"其他"这一项,占比为 2％。

由样本调查可得,市民认为图书馆举办的活动,所产生的影响较大,不仅仅局限于图书馆本身,也就是说市民大部分认为图书馆举办活动的社会意义大于商业意义。图书馆能丰富市民的文化生活、提升市民的文化素养,还能更进一步地加强杭州的公共文化建设。这些活动的影响不是只能提高图书馆的知名度、增加人流量。图书馆对于市民的影响,市民是能切身体会到的,所以证实了公共图书馆的建设的重要性,公共图书馆的建设在公共文化的建设方面起到了重要的作用。所以公共图书馆应多多举办符合要求的、市民喜欢的活动,为公共文化方面的建设助力。

(二)交叉分析

1. 交叉分析"是否知道数字图书馆"和"是否使用过图书馆"的两个样本可知,在样本总数 82 人中,"知道并且使用过数字图书馆"的市民有 38 人,"知道但没有使用过数字图书馆"的市民大约有 25 人,"不知道也没使用过"的市民有近 19 人。

由分析可得,知道数字图书馆的市民有 63 人,占比将近 80％,表明人们对数字图书馆的了解度较高。但其中有近五分之二的人并未使用过,显然,虽然宣传起到了一定效果,但并未达到预期。

此外,未使用过的样本总数有 44 人,占比过半,这表示数字图书馆的资源的利用效率不高,极大地浪费了平台和资源。这种现状值得反思。

数字图书馆的建设能整合信息,提升公共图书馆服务水平,推动学习和与读者的互动,是推动杭州城市文化建设的重要动力。但在推动其本身水平建设的同时,也要重视其普及和利用。毕竟文化建设的落点在于市民,没有市民的参与会使之丧失存在的意义或使效果大打折扣。因此,可提出以下建议。加强图书馆队伍建设,重视培养网络信息服务的"导航员",加大继续教育与培训的力度。加强读者数字资源使用培训工作,扩大数字资源的影响,根据读者使用需要整合数字资源。与附近图书馆、电视台、影视公司等组织机构联合打造信息化平台或栏目,扩大知名度。

2.通过对"自助图书馆参与程度"和"您觉得建设自助图书馆的必要性"两个数据样本进行交叉分析得出,绝大部分市民都了解过自助图书馆,但使用过的却占少数,而在选择没听过但愿意了解的人中,又选择需要自助图书馆的占比最多,有 19 人;在选择了解但没用过的人中,又选择需要自助图书馆的占比最多,有 26 人;在选择了解并用过几次的人中,又选择需要自助图书馆的占比最多,有 8 人。

由此分析得出,目前杭州自助图书馆对于大部分市民来说,可能只是头脑中的一个概念,他们并没有实际使用过,但市民都认为需要自助图书馆,可见,市民对于使用自助图书馆的意愿还是非常强烈的,而就目前杭州市内自助图书馆的建设情况来看,是还不能满足市民对自助图书馆的需求的。

而自助图书馆能极大地提高阅读以及借还书的便利性,提供更人性化、合理化的文化服务。因此,为了迎合杭州以人为本、服务创新、文化强市的发展理念,提升杭州市公共文化服务能力和水平,推进杭州公共文化服务体系建设,自助图书馆的建设是必不可少的,但从目前市民了解使用情况来看,自助图书馆的建设还需加强和完善。不仅要增加建设数量,让市民接触到自助图书馆的机会增多,还要增加图书的多样性、提高图书质量。而在选址方面可以选择人流量大、居民区多的地区,也可以选择公共图书馆覆盖不到的区域,以弥补空缺。在设施方面,可以运用先进的信息化技术等,让读者借还书更加便利,也可以融入现代科技,让读者的自助阅读体验更好。

3.将"举办活动的参与程度"与"公共图书馆建设对促进杭州文化建设的重要程度"交叉制表,探求市民对图书馆活动的参与程度与他们认为图书馆在文化建设方面的影响之间是否有一定的联系。

调查统计显示,在没听过或者没参加过图书馆活动的市民里,都有人选择公共图书馆对于促进杭州文化建设的"重要程度为一般"。而在参加过或经常参加图书馆活动的市民里,则没有人选择"重要程度为一般"这一项。由表可知,对图书馆举办活动的参与度越低,越觉得公共图书馆在文化建设方面的重要性程度低。对活动的参与度越高,就越认为公共图书馆在文化建设方面的重要性程度高。

从表的分析来看,公共图书馆举办的活动效果还是很不错的,参与了公共图书馆活动的市民,很多都会认为公共图书馆对于文化建设比较重要,这是积极的一方面。但是在未参与过公共图书馆活动的市民看来,公共图书馆的重要性程度就没有那么高,所以公共图书馆应该加强宣传,努力吸引未参与过活动的市民来参与活动,提升市民的参与度。

(三)整体分析

通过对问卷整体情况的分析,得出以下结论。

1.市民们去过的公共图书馆数量较多,但是去的频率不是很高,每次在公共图书馆花费的时间较多。杭州拥有众多的公共图书馆,所以一般市民都去过较多公共图书馆,但是可能因为时间、地点、天气等一些限制性因素,大部分市民去公共图书馆的频率不是很高,所以每次在公共图书馆花费的时间就会长一点。

2.市民们去公共图书馆主要还是进行阅读或者借/还书、自习、办公等常规活动,而因为公共图书馆举办的活动而去图书馆的市民只占了一小部分。阅读、自习、办公等是各图书馆都存在的常规功能,对于市民的吸引力不够强。公共图书馆因为其比较特殊的性质,有着更多的潜在读者,但公共图书馆的活动并没有吸引很多市民特地前来,活动的宣传度和吸引力还存在着一些不足。

3.市民总体来说对于公共图书馆的资源了解程度不高,对于自助图书馆和数字图书馆等资源,了解和使用的程度也不太理想。对于自助图书馆和数字图书馆,不同的人了解情况不同。使用情况也是有一部分人听说并使用过,有一部分人没有听说过,也没有使用过。市民对于公共图书馆资源的了解程度不高,使得公共图书馆的吸引力减弱,人们对活动的参与度也减弱,有时候还会造成资源的浪费。

4.市民对公共图书馆活动的参与度不高,但是参与的意愿较高。只有一小部分市民对于公共图书馆的活动没听过也不了解,大部分市民虽然没有参与过较多的公共图书馆的活动,但对于公共图书馆的活动还是比较感兴趣的,有参与其中的意愿。

5.市民们认为公共图书馆在文化建设方面起到一个比较重要的作用。大部分市民都觉得公共图书馆在文化建设方面的重要性不低,对公共图书馆的满意度也较高。但是公共图书馆也有需要改进之处,市民们希望能丰富公共图书馆的资源,增加相关的主题活动并加大宣传力度。

三、结论与建议

杭州市内的公共图书馆发展状况良好,深入促进了杭州市的文化建设,真正丰富了市民们的文化生活,对杭州市的社会文化建设起到了重要作用。

首先,市民对公共图书馆的外延功能了解程度尚可,结合我们收集到的二手资料,杭州图书馆于2016年便开启了"双悦"服务,为市民们的阅读活动全方位提供便利,不仅仅解决了空间上的出行问题,还解决了种类上的资源问题,充分利用了这座城市"互联网+"发展的精神,运用科技和人性服务真正提高了公共图书馆的发展水平,进而在物质层面促进了市民们对精神文化需求的提升。

其次,杭州市内的公共图书馆分布在杭州市的各个区划内,每一个都能很好地辐射到所在的区,而以浙江图书馆、杭州图书馆为代表的综合图书馆已经基本可以满足市民对图书馆的基本需求,而主题性图书馆的适当补充则在资源上集中、深度上挖掘,更好地满足了某一群体的需求。导航式的文献信息服务、以知识内容为导向的综合研究开发、多元的知识导航服务等功能的改变,都帮助着公共图书馆在服务上不断创新,满足着人们不断增长的知识需求。

再次,通过对图书馆的实地调研,我们体验了图书馆的相关功能,馆内实时的流量变化、每月活动的介绍让市民更加直观地获取信息,从中提取自己需要的信息。馆内休息区、文创区、娱乐休闲区和学习办公区的明确合理划分都从"以人为本,服务创新"的基本理念出发。美中不足的是,由于宣传方式和宣传力度等因素,有些调查者对图书馆的功能并没有完全掌握,也间接导致了对图书馆服务满意度的下降。而图书馆自身独特形象建立的缺失,也使得每一个公共图书馆之间的区隔度下降,失去了形象塑造的机会。同时,各个图书馆间的联动应当不止于条约的统一,更应该追求发展理念的一致,这就要求开展活动的合作、资源信息的沟通、工作人员的培训等等。

最后,在全球信息化时代的挑战下,杭州市的公共图书馆对于信息的线上处理是走在前列的,但从长远来看,线上服务永远是基于线下使用的体验,公共图书馆在未来仍然是公共资源与文化建设的重要阵地,在突破传统图书馆运作模式之外,也要对一些必要的部分进行保留或优化。

杭州城市形象传播的认同与构建策略调查
——基于杭州城市形象宣传片的调查

广告1701班:范卓颖　冯　敏　朱嘉敏　赖　雨　韩佳佩

指导教师:郭　飞

　　摘　要: 本项目以杭州城市形象片对杭州城市文化的传播、城市形象的塑造及城市精神的传承弘扬为出发点,基于跨媒体传播的视角,立足于杭州城市所具备的文化内涵与人文底蕴,从城市营销策略、受众策略、传播策略、文化策略四个方面探寻杭州城市形象传播策略,旨在提升受众对于杭州城市形象的认同。我们通过设计调查问卷以及实地调查,初步形成了一个调查报告。

　　关键词: 城市定位　跨媒体传播　精准投放　文化品牌

一、调查背景

　　大数据时代的到来,改变了传统媒体的运作方式和观念,跨媒体时代随之兴起。中国传统媒体受新兴媒体的冲击日益加剧,移动设备成了国人的日常必需品,移动互联网也当仁不让地承担起了信息传播的媒介。可以预期大数据应用、移动互联网产品、智能终端……这一系列的信息传播科技产品,将带来新的媒体形态,并产生新的机遇。

　　随着跨媒体时代的发展,城市问题日益增多,城市的领导者意识到,城市的管理者必须通过营销来经营城市。而且城市的发展不仅仅是政治的廉明、经济的腾飞,城市文化的传播、城市形象的塑造及城市精神的传承弘扬同样是城市发展的重要组成部分。城市形象的营销是把城市作为一种特殊商品来经营,好的城市营销对于人的价值观能够起到重塑作用。城市形象是一个城市的生命,塑造良好的城市形象、不断提高城市的核心竞争力是在全球化背景下城市持续发展的必然选择。

　　传统的纸媒等传播方式对杭州市的形象传播的作用毕竟有限,因为这些传播渠道本身存在一定的时代局限性,例如缺乏传播的便捷性、时效性及效率性等。但不可置疑的是,传统媒体也拥有其自身的优势,若能与如今的新媒体相结合,尤其是微博、微信、新闻 App 等自媒体,便能大大提高传播的广度与深度。将传统媒体与新媒体相结合的跨媒体传播极大地改变了固有思维中的传播方式,实现了跨媒体投放与传播,能够很好地弥补传统传播方式的一些缺点,满足当今社会日益丰富的受众需求。运用跨媒体对杭州城市形象进行传播是十分必要的,也是当今城市形象传播的大势所趋。传统媒体的改良以及新媒体技术的发展与普及,为城市形象片的创新性传播提供了更多的可能性,其传播方式也日趋全方位、多样化、个性化。一方面应重视城市形象片在新媒体平台上的投放力度;另一方面针对新的传受模式和受众习惯,创新形象片表现样态,提升传播有效度。

杭州拥有便利的交通、美丽的景色、丰富的资源、浓郁的人文气息。2016 年 9 月 4—5 日在中国杭州召开的 G20 峰会,以及即将到来的 2022 年的亚运会,都是杭州的一个发展经济、对外展示的机会。2000 年之久的历史古城所传达给受众的不仅是西湖的美景、江南小调的悠扬、丝绸的精美,还是一个充满现代化科技的宜居城市。阿里巴巴、网易等创新型公司的出现让杭州进入了快捷、高效的生活方式。杭州城市文化的核心因现代化的发展有所转变,所以杭州城市宣传、营销的模式与内容也要因地制宜地转变和提升。表现出来的杭州魅力,有利于提升城市的竞争力与知名度。经过城市形象片的展现、受众之间的口耳相传,使得客从四方来、财从八方聚,为城市的发展提供有力的保障。

本项目以杭州城市形象宣传片作为研究对象,摆脱固有思维,运用视觉的语言重塑一个古老而现代、厚重而不失清新、发展而不失闲适的杭州城市形象,需要借助形象宣传片的视觉语言来建构新世纪杭州城市形象。城市形象宣传片扬长避短,会把城市的优点放大,通过各种媒介把城市的不同角度,通过影像的形式充分展现出来,让大众了解城市,让受众也快速形成对城市的情感认同,可塑造良好的杭州城市形象。

二、调查方法

(一)文献资料法

利用图书馆、档案馆及互联网等广泛查阅相关的文献资料,加以分析与研究。

(二)社会调查法

为更好地了解本市城市形象片发展的真实现状,在人流量大的具有杭州特色的旅游景区、居民生活区、中心商务区进行现场观察和询问,并做好记录。

(三)案例分析法

对国内外省市优秀的城市形象片进行持续追踪调查,进行剖析,深入研究,总结经验。

(四)比较研究法

比较研究武汉、香港等城市的形象片的做法与特点,总结成功经验,得出启示,以资借鉴。

(五)分析归纳法

研究分析查阅的文献资料,归纳总结其研究内容并合理分类;根据比较研究及案例分析的结果,总结归纳国内外城市形象片制作中好的做法和经验。

三、调查内容

(一)对杭州城市形象定位

明确的城市定位是城市形象定位的基础,因此首先要明确杭州市的城市定位,通过查阅杭州近年政府工作报告、采访相关工作人员,明确杭州市的城市定位。在此基础上以现有的杭州城市形象片作为蓝本,对其进行研究与分析,梳理杭州城市形象要素,寻求杭州物质发展与精神气质的可识别性符号,从而寻求杭州在城市形象片中所传达出来的整体城市形象,并根据杭州城市形象对其进行多样化的形象定位。

(二)不同受众对于杭州城市形象的认知现状分析

不同的受众对形象片的诉求内容完全不同,因此需要明确杭州城市宣传片的受众包括哪些群体,如当地人、游客、商人等。以问卷调查的方式了解不同受众通过杭州城市宣传片对于杭州整体城市形象的认知程度,进而分析杭州城市宣传片对于杭州城市形象塑造的影响力。

(三)杭州城市形象片存在的问题及其对多重受众认知构建的影响

根据不同受众人群对于杭州城市形象的认同调研结果,分析目前杭州城市形象片在宣传城市形象中出现的问题,从不同角度研究多重受众心理,为杭州城市形象片的进一步完善提供理论依据。

(四)跨媒体视角下杭州城市形象的认同与建构策略分析

依据调研结果,参照跨媒体与城市形象塑造的相关理论,提出杭州城市形象片完善与升级的实际方案。即以杭州传统文化内涵与创新精神相包容、历史文化景观与自然景观相交融、物质文化遗产与非物质文化遗产相结合,运用跨媒体传播手段的整体的杭州城市形象认同构建,最终达到影视符码设计、营销城市品牌、传播城市精神的目的。

四、调查步骤

(一)前期准备(2019年4月1日—10日)

1.初步确定选题及研究方向。

2.前期咨询指导老师意见,进行项目可行性分析研究并组队。

3.观看杭州城市形象宣传片,了解杭州城市形象宣传片发展现状。整理和查阅相关资料。收集国内外专家学者关于城市形象片对城市认同建设的观点和国内外城市形象片的具体案例。

(二)实地调查(2019年4月14日—20日)

1.第一次调查,积累资料,并设计访谈问卷。

2.第二次调查,对杭州市民及非市民关于杭州城市形象及杭州城市宣传片的感知程度进行调查。

(三)报告的撰写与完善(2019年4月21日—30日)

根据调研所得数据进行分析,并制定具体的实践方案。对杭州城市形象片传播中的认同构建提供建议,完善相关理论基础。

五、调查结果分析与讨论

我们对其中606份有效样本的性别、年龄、文化程度及与杭州的关系进行频数分析,分析结果如下。

(一)人群特征

此次参与调查的男女比例:女性偏多,占总样本的58%;男性占总样本的42%。

调查过程中,年轻(28岁以下)的群体共占总样本的60%,中年及以上(29岁以上)的群体占总样本的40%。其中16岁以下和51岁及以上的群体相对较少,受调查者年龄主要分布在17—50岁之间,共占总样本的85%。

受调查者中高中及初中以下学历共占总样本的7%,大部分样本为大专或本科、研究生及以上学历,共占总样本的93%。可见样本中大部分受调查者文化水平偏高。

受调查者中,从未去过杭州的极少,只占总样本的1%,而80%的受调查者都与杭州有着亲密的联系,因此此次调查的数据也更真实可靠,更能接近我们的目标。

(二)人们对杭州当前印象及今后发展方向的期望

我们对样本中受调查者对杭州的印象进行多重响应的频率分析,结果如表1所示。

表1   当前您对杭州的印象

		响应		个案百分比
		个案数	百分比	
当前您对杭州的印象	电子商务之都	264	11.3%	43.6%
	风景旅游城市	327	14.0%	54.0%
	工业发展城市	91	3.9%	15.0%
	生活品质之城	314	13.5%	51.8%
	生态文明城市	113	4.9%	18.6%
	金融中心城市	168	7.2%	27.7%
	数据信息之城	231	9.9%	38.1%
	国际大都市	366	15.7%	60.4%
	科技教育之都	100	4.3%	16.5%
	人文古城	355	15.2%	58.6%
	总计	2329	100.0%	384.3%

我们可以清楚了解到当前人们对杭州的定位,多以国际大都市、人文古城、风景旅游城市、生活品质之城、电子商务之都、数据信息之城为主。排名前三依次为:国际大都市、人文古城、风景旅游城市。

从表2我们也可以清楚看到当前人们对杭州未来的期望,多朝向国际大都市、人文古城、数据信息之城、电子商务之都、风景旅游城市。这里,排名前三依次为:国际大都市、人文古城、数据信息之城。

相较当前人们对杭州的印象及人们对杭州城市发展的期望,我们可以观察到杭州必不可少的是向国际化发展,同时也要保有自身的人文特色。此外杭州目前旅游业发展极好,但在未来应该以数据信息发展为重,打造国际化数据之都。

表2   您觉得杭州未来的发展方向

		响应		个案百分比
		个案数	百分比	
您觉得杭州	国际大都市	467	18.5%	77.1%
	人文古城	436	17.3%	71.9%
	数据信息之城	398	15.8%	65.7%
	电子商务之都	386	15.3%	63.7%

续　表

		响应		个案 百分比
		个案数	百分比	
未来的发展方向	风景旅游城市	187	7.4%	30.9%
	科技教育之都	159	6.3%	26.2%
	生活品质之城	153	6.1%	25.2%
	金融中心城市	152	6.0%	25.1%
	生态文明城市	140	5.5%	23.1%
	工业发展城市	46	1.8%	7.6%
	总计	2524	100.0%	416.5%

（三）对杭州城市宣传片对群众影响的研究

样本中约80%的人看过杭州城市宣传片,约20%的人没有看过,看过城市宣传片的人数达到了我们的预期。接下来我们分别对看过杭州城市宣传片的人进行具有深刻影响力因素的研究,对没有看过杭州城市宣传片的人进行期望看到的因素的研究。

从表3可以看到,在看过杭州城市宣传片的群体中,人们对科技创新概貌、市民故事、企业品牌、体育赛事、历史文化都有着深刻的印象。杭州作为一座科技发展速度快的城市,有着阿里巴巴这样大的品牌,可以说是家喻户晓。杭州有众多的名人以及深厚的文化底蕴,每年吸引成千上万游客来到西湖游玩。杭州也将在2022年举办亚运会,因此近期体育备受关注。

表3　您认为杭州当前最具特色的地方有哪些

		响应		个案 百分比
		个案数	百分比	
您认为杭州当前最具	科技创新概貌	357	19.2%	73.3%
	市民故事	196	10.5%	40.2%
	企业品牌	182	9.8%	37.4%
	体育赛事	172	9.2%	35.3%
	历史文化	169	9.1%	34.7%
	特色美食	166	8.9%	34.1%

续 表

| | | 响应 | | 个案 |
		个案数	百分比	百分比
特色的地方有哪些	人居环境	165	8.9%	33.9%
	特色节事	160	8.6%	32.9%
	展会论坛	133	7.1%	27.3%
	城市景观	94	5.1%	19.3%
	旅游景点	58	3.1%	11.9%
	其他	9	0.5%	1.8%
	总计	1861	100.0%	382.1%

　　该群体中,61%的人认为杭州的以上特点对其产生深刻印象的原因是其具有特色,在其他城市见不到。18%的人认为主要原因是其比较关注这些内容。也有17%的人认为是由于其出现镜头较多。

　　从表4可以看到,没看过杭州宣传片的人,仍然对上述内容有着较强的关注度。

表4　您最想通过宣传片了解杭州的哪些方面

| | | 响应 | | 个案 |
		个案数	百分比	百分比
您最想通过宣传片了解杭州的哪些方面	科技创新概貌	97	20.7%	81.5%
	市民故事	58	12.4%	48.7%
	企业品牌	42	9.0%	35.3%
	人居环境	42	9.0%	35.3%
	体育赛事	37	7.9%	31.1%
	特色美食	36	7.7%	30.3%
	展会论坛	36	7.7%	30.3%
	历史文化	35	7.5%	29.4%
	特色节事	34	7.3%	28.6%
	城市景观	32	6.8%	26.9%
	旅游景点	19	4.1%	16.0%
	总计	468	100.0%	393.3%

(四)对媒体途径与视频类型的调查研究

从调查中我们可以看出,群众观看城市宣传片的途径按照主次顺序分别是:手机 App、互联网、电视、户外大屏幕、地铁公交广告。最主要(占 61%)还是通过手机 App 与互联网进行城市宣传片的观看。也有 39% 的群众通过电视、户外大屏幕、地铁公交广告对城市宣传片进行了解。

近半的群众偏爱于中等长度视频,39% 的群众偏爱于以短视频的形式来观看城市宣传片,也有 12% 的群众喜欢观看长视频形式的宣传片。

25% 的群众认为一部优秀的城市宣传片应该根植于人们生活;22% 的群众认为一部优秀的城市宣传片应该完美显露城市个性;21% 的群众认为一部优秀的城市宣传片应该具有人文情怀;17% 的群众认为一部优秀的城市宣传片应该有唯美精致的画面;14% 的群众认为一部优秀的城市宣传片应该具有巧妙的创意。以上 5 个特点都有一定的重要性。

六、结 论

"后峰会,前亚运"时期,杭州城市内涵不断丰富,杭州市政府对杭州城市形象的塑造与城市品牌的维护的重视程度不断提升,关于杭州城市形象片的研究具有较高的现实意义。

在传统文化复兴与创新大数据蓬勃发展的时代,杭州立于世界舞台的前沿。如果我们将城市特色与新兴的媒介形式相融合,想必能更好推动城市形象的传播与发展。

"非遗保护"：文化多元下余杭滚灯的传承与创新

电子商务 1701 班：王慧卉　冯　怡　何　瑶　朱乐怡　李　凡

指导教师：陆　青

摘　要：非遗的保护和传承是文化软实力建设的一部分，许多非物质文化遗产虽然被列入保护目录却还是鲜有人知，并且逐渐淡出我们的生活。余杭滚灯是第一批国家级非物质文化遗产，有独特的艺术构思和典型的地方特色。非物质文化遗产是珍贵的、具有重要价值的文化信息资源，也是历史的真实见证。保护和利用好非物质文化遗产，实现可持续的全面协调发展意义重大。

关键词：文化传承　非遗保护　余杭滚灯

一、调查背景及目的

习近平总书记在主持中央政治局 2013 年第十二次集体学习时指出，提高国家文化软实力，关系到"两个一百年"奋斗目标和中华民族伟大复兴中国梦的实现。中国文化市场在全球所占比例极低，中国传统文化资源也还未转化成强大的文化软实力。

非遗的保护和传承是文化软实力建设的一部分，也一直都是国家最重视的部分。许多非物质文化遗产虽然被列入保护目录却还是鲜有人知，并且逐渐淡出我们的生活。余杭滚灯是第一批国家级非物质文化遗产，有独特的艺术构思和典型的地方特色。但是随着现代化的发展以及文艺多元化的影响，传统庙会大多消失，滚灯活动机会减少，濒临失传的边缘。除此之外，滚灯制作工艺传人已所剩无几。因此，抢救、保护余杭滚灯任务十分紧迫。

作为大学生的我们，选择从非遗保护与传承的其中一个具体事例入手，了解余杭滚灯文化，并结合相关采访研究余杭滚灯文化的传承方式，并以此呼吁大家保护非遗、重视中国文化软实力的建设。

余杭滚灯是余杭的文化金名片，历年来，余杭采取建立传承基地、确定传承人、成立区滚灯艺术团、创建基层滚灯表演队伍等多种途径,使滚灯得到有效传承。区政府专门出台政策,加大资金投入力度,落实保护措施,促进余杭滚灯保护的规范化、制度化。积极参与高规格文化活动,提升滚灯影响力,举办全区级滚灯大赛,提高滚灯普及率,实现培训常态化,促进滚灯发展。通过创编多种滚灯表演版本、升级改版道具服装音乐、从群众文化向专业文化和体育健身领域探索,对滚灯进行全方位创新。

二、调查经过

在做社会实践实地调研之前,我们先做了社会实践调研策划,每个人都将收集的资料以及每个模块的感想写了下来。然后,我们在 2019 年 4 月 19 日这一天组织了小组第一次全体会议。在会议上,我们讨论了要注意的具体事项和之后的大致安排。之后就是模块分工,每个人选择一个自己适合的模块,结合小组每个人的感悟进行模块撰写。然后由小组长进行整合,再交由老师进行查看,给出修改意见后再交由我们进行修改。每个人根据老师的指导意见对自己的模块进行修改并通过审核后,我们开始了实地调研。

5 月 10 日,我们首先去教务处申请了一份介绍信,以此表明我们的身份,方便我们调研过程中调查的顺利进行。然后,我们根据策划书进一步明确了调研地点,即南苑街道办事处、人民广场。其中南苑街道办事处是我们重点调研地点,因为那里是余杭滚灯的基地,有一个余杭滚灯的展览馆和表演队。而人民广场是我们的备选方案,它就在南苑街道边上,而且有一个江南水乡博物馆,里面也有余杭滚灯的展览物。我们提前与街区的部门进行沟通,得到发放问卷的许可以及访问的许可。然后做出具体的出行计划以及行程安排。在实地调研的时候,5 月 11 日我们在街区人流量较多的地方发放问卷,到当地的展览馆、博物馆进行参观,主要的观察对象就是余杭滚灯。另外,我们还对其中的相关人员进行访问以及问卷调查。在博物馆中,我们遇到的大多都是年轻人,在问卷调查时,发现他们对于余杭滚灯也不是非常了解,而且博物馆中,余杭滚灯的相关展示比较少,介绍也不是特别多。

第二天我们还通过电话、微信等方式对相关人员进行了电话访谈,更进一步地了解了余杭滚灯的情况。在这历时两天的实地调研中,我们收获了足够数量的问卷以及大量的实地数据,这为之后我们的社会实践报告提供了数据支持。在实地调研结束后,我们整理问卷数据以及访谈内容,并分模块撰写了最终的社会实践报告书。

三、访谈分析

(一)访谈目的

为了更深层次地了解文化多元下余杭滚灯的传承与创新,从与余杭滚灯表演最为贴近的表演者入手,对其生活及表演情况进行一定采访,了解余杭滚灯从业人员的生活现状、表演经历与感想。

(二)访谈对象:杭州市余杭滚灯艺术团团长贺金彪

团长贺金彪在 2009 年从舞蹈专业毕业后便投入余杭滚灯表演与余杭区非遗文化的传承与发扬事业。曾登上上海世博会、全国残运会的舞台,多次接受中央电视台采访,代表国家表演余杭滚灯,出访美国、新西兰、法国、约旦、以色列等国家,进行文化交流。

图1　贺金彪(左一)在准备滚灯道具

(三)访谈结果

通过对贺金彪团长的访谈,我们对余杭滚灯表演者的工作现状有了大致的了解,他们不仅将余杭滚灯作为自己的一份事业,也肩负着余杭区非物质文化遗产传承的重任。余杭滚灯看起来简单,其实其表演过程是十分辛苦的,包括道具的准备,舞蹈、杂技、武术动作的完美呈现。

2019 年 2 月下旬,余杭滚灯艺术团将"余杭特色演出"带到了宝岛台湾,受到了当地民众的欢迎和喜爱。此次文化交流,对于一支 20 余人的演出团队来说,无论是团队管理、演员安排、服装道具还是舞美灯光,都是一个不小的挑战。安装道具、熨烫服装、熟悉场地……到达目的地后团员们顾不上休息,就忙开了。"我们的团队成员什么都会,灯光舞美、服饰搭配、化妆演出样样都行,一出门,每个人都是身兼数职。"在最短的时间,想出最佳的解决方案,达到最好的演出效果,靠的是演员们日积月累的扎实排练和相互的默契配合。不同的演出地区之间山多路远,往往一天有六七个小时花费在路途中,有时在途中睡着了,一觉醒来,车子还在爬山,等到达目的地,又要强忍因着车造成的肠胃不适,投入演出的准备工作中去。民间舞蹈《余杭滚灯》《高头竹马》,戏曲舞蹈《梨园情》……"余杭演出"激发了台湾民众对余杭文化的浓厚兴趣。

提到余杭滚灯的传承工作,贺金彪团长对未来也充满了信心,他说:"因为取之于民、用之于民,老百姓对余杭滚灯有情感的。"余杭滚灯拥有 800 多年的历史,一开始是抗击倭寇的武器,在和平年代逐渐演变成节日祭祀和表演的道具,这是我们祖先辛勤劳作与智慧的结晶。在传承方面,迄今已建成包括浙江省良渚建筑所,浙江省第二监狱、第四监狱,余杭区残联,余杭区实验小学,余杭区临平第一小学,武警后勤部队等众多余杭滚灯传承实践基地与实习基地,在创新方面,后期将会打造余杭滚灯操,将余杭滚灯与广场舞结合在一起,在传承文化的同时,给余杭区中老年人提供锻炼身体的机会。

当厚重的思想理念以新颖的方式传播呈现,传统文化就有了更多人情味和亲和力,更能"飞入寻常百姓家"。做传统文化的传承者、传播者,是贺金彪和滚灯艺术团全体成员不变的初心,是激励文化战线工作者不断前行的背后力量。

四、统计数据

为切实了解余杭区居民对于余杭滚灯的了解程度,我们小组特地走访了余杭区并实地发放问卷,共计发放问卷 50 份,实际有效回收 36 份,有效回收率为 72%。

参与调查的民众中 20 岁以下所占比例为 6%,20—30 岁人群占比为 15%,30—40 岁壮年占比为 36%,40—60 岁中年占比为 38%,60 岁及以上老年人占比为 5%。参与调查的群众中有 85.2%的人表示听说过余杭滚灯,其中 30—60 岁的中年和老年人占比合计为 83%,而青年为 17%;没有听过余杭滚灯的人占 14.8%,其中 30 岁以下的青年为 96%,中老年人为 4%。从中我们可以分析出,现在余杭地区的年轻人对余杭滚灯的了解远远不如中老年群体,而年轻人的关注度又直接影响了余杭滚灯在未来的传承与发展。

在一众受访者当中,我们发现有 65%的调研对象表示在平时的生活中偶尔看传统文化表演,52%的人平时接触传统艺术表演的方式都是电视,有 43%的人是通过电脑,仅有 5%的人是从线下节目接触的。就对非物质文化的关心程度而言,53.2%的人表示关心,46.8%的人表示不太关心。在问卷调查中我们了解到在听说过余杭滚灯的人中,有95％的人表示其对艺术表演类的传统文化是比较感兴趣的,且乐意看线下滚灯表演;小部分人表示对于线下收费的传统艺术表演也愿意去看;有5％的人表示其对艺术表演类的传统文化不感兴趣,也不愿意花钱去看线下滚灯表演。通过问卷调查得来的数据,我们了解到在听说过滚灯表演的人群中,有62.5％的人是通过休息日和节假日的线下表演和街道宣传接触到余杭滚灯,还有37.5％人则是通过看电视节目知道了滚灯表演。可以看出线下休息日里的宣传还是有效的。在听说过滚灯表演的人中有高达95％的人知道余杭区文化馆与中泰武校合作编排的一套武术版余杭滚灯表演,但是知道《拯救余杭滚灯》这部纪录片的人却没有。在没听过余杭滚灯的余杭居民中,有85％的人表示其对艺术表演类的传统文化不太感兴趣,也不愿意花钱去看线下艺术表演,并且85.6％的人表示更愿意通过电视和 App 上的短视频来了解余杭滚灯。当问及是否会鼓励身边的亲人或朋友关注传统艺术表演时,有92％的人表示如果是偶然碰到的情况下会主动鼓励。

最后我们采集了群众对余杭滚灯在发展和保护上的看法,86.3％的人认为是宣传力度不够导致民众不了解,72％的人认为自己对传统艺术表演的兴趣不够,84.5％的人认为现在的滚灯表演与当代艺术发展没有很好地融合。也有12％的人觉得自己不清楚通过什么途径看。

从问卷得来的数据可知,余杭滚灯在宣传和推广方面仍有众多不足,许多余杭居民对滚灯表演仅是知晓,而不是详细了解,而且作为传承中的主体的一众年轻人对余杭滚灯的了解也远远不够。为了更好地保护非物质文化遗产余杭滚灯,有关部门应该加大宣传力度,将余杭滚灯与当地居民的生活相融合,与当代新的艺术表演形式相结合,考虑到当地居民的生活节奏和作息,并加大对外宣传力度,可以在当地定期举办滚灯演出,通过开办"滚灯节"等来增加知名度和活跃度。

五、调查意义

本次社会实践中我们出于对我国非物质文化遗产传承现状的担忧,以余杭滚灯为例,分析浙江余杭滚灯在被列入第一批非物质文化遗产保护名录后的发展变化,并且对其发展现状给出一定的建议及解决措施。从建设文化软实力和传承传统文化的重要性方面对余杭滚灯传承的现状做了调查与讨论。本次社会实践无论是对我们当代大学生还是对我国非物质文化遗产的保护都有一定的意义。

首先,我们根据现有资料在一定程度上分析了目前我国传统文化所面临的普遍问题。随着时代发展、科技进步,传统非物质文化发展面临着巨大的冲击。

对于余杭滚灯，改革开放以来，城市化进程不断深入，人们居住环境和生活习惯不断改变，"武灯"渐渐退出了人们的视线。群众现在见到的滚灯表演，大多是"文灯"。而随着现代化发展的脚步不断加快以及文化多元化、国际化的影响加深，传统庙会大多消失，滚灯失去了庙会的依托，表演的机会更少，濒临失传的边缘。随着时代的更替，最初时代赋予滚灯的意义已不复存在。人们对滚灯表演不再仅仅停留于对自然的敬畏，而更多地注重视觉、精神上的享受。如今，越来越多的人意识到这些传统民俗文化的意义和作用，开始在社会上呼吁对这些民俗文化的保护和传承，国家也陆续出台了这方面的相关政策，使得民俗文化减少的情况得到缓解。

其次，对于当代大学生来说研究非遗保护可以让我们在现代化的城市进程中溯本追源，不忘记中国优秀传统文化。并且在一定程度上可以加深我们对传统文化的认知和理解。对传统文化的发展与传承贡献自己的一分力量。

非物质文化遗产是珍贵的、具有重要价值的文化信息资源，也是历史的真实见证。保护和利用好非物质文化遗产，对于落实科学发展观，实现可持续的经济、文化全面协调发展意义重大。随着全球化趋势的加强和现代化进程的加快，非物质文化遗产的生存状况受到了比较大的冲击，所以加强我国非物质文化遗产的保护已经是刻不容缓。

要想传承非物质遗产首先要明白，任何一种文化，都会随着社会生产力水平的发展而不断发展，这是马克思主义的基本原理。所以对于余杭滚灯的发展和传承，创新对其的意义非常重要。从历史维度看，中国传统文化就是一个不断演变的过程。

从现实维度看，文化传承重在创新的原因在于，当今世界的多元文化并不是相互隔绝，各自发展传承的，而是在互相的冲突、竞争与融合中，推向前进的。而尤以冲突和竞争为主要方面，很多文化在强势文明的传播下消亡，这个时候就是投入大量资源保持文化的原汁原味，也可能徒劳无功。而创新的意义在于争取受众，以形式上的变化，换取内核精神的继续延续。这是现实，是必须面对的现实。另外，文化之间也有互相借鉴与融合，必须借鉴人类文明的先进成果。

所以，余杭滚灯不应该是一成不变的，而应该是在其本有的基础上不断发展的，融入先进的文化精神内核，在传播形式上更加多元化。我们希望文化创新能在一定程度上推动余杭滚灯的传承，可以使更多的民众了解余杭滚灯以及其他中国优秀的非物质文化遗产。

数字阅读环境对我国当代青少年阅读的影响调查报告

——基于丽水市三个县区普惠金融实施现状的调查分析

汉语 1701 班:来　蕾　蔡文涵　缪璐洁　刘耘赛　朱珊珊

指导教师:王华英

摘　要:移动通信进入 4G 时代之后,原本处于小众萌芽阶段的数字阅读逐渐步入大众视野,登堂入室,传统纸质阅读有式微之相,人们的心理、行为方式和生活状态都发生了相应的变化,尤其是身心正处于积极变化时期的青少年,其变化尤为明显。本次调查旨在通过对我国青少年在学习、工作之余对于(不包括教科书、教辅读物、期刊的)各类图书(纸质或数字)阅读现状的了解,进一步梳理我国青少年在数字阅读背景下的阅读状况、阅读行为、阅读需求、阅读兴趣、阅读方式和阅读感受的基本情况,深入分析背后的原因并提出相应的意见和建议。

关键词:青少年　数字阅读　阅读现状

数字阅读主要有两层含义:一是阅读对象的数字化,也就是阅读的内容是以数字化的方式呈现的,如电子书、网络小说、电子地图、数码照片、博客、网页等;二是阅读方式的数字化,就是阅读的载体、终端不是平面的纸张,而是带屏幕显示的电子仪器,如 PC 电脑、PDA、MP3、MP4、笔记本电脑、手机、阅读器等。随着网络、手机、掌上阅读机等数字载体的出现,数字阅读逐渐普及,在青少年群体中尤为流行,相比于传统纸质阅读,数字阅读的方式具有形象生动、环保、便于储存、查找方便、内容丰富、成本低廉等优点;但对于青少年而言,其负面影响也不容忽视,如影响其阅读习惯及思考方式、身体健康,使其难于专心阅读,等等。因此,我们希望通过该选题客观评价数字阅读对青少年的影响,分析造成数字阅读弊端的成因并从阅读群体、平台方、政策等各个角度找出减少其不利影响的对策措施,以在发展数字阅读优势的基础上,为青少年阅读带来更多的益处。

本次调查从 2019 年 3 月开始启动,由课题组在前期调研的基础上完成了问卷设计和发放方案;4 月由实践团在范围内的目标人群中进行问卷调查;5 月进行问卷复核、数据录入和数据处理工作并完成本次调查初步成果的分析。本次调查共发放纸质问卷 150 份,电子问卷 100 份,实际回收有效问卷 228 份(回收率为 91.2%);其中男性样本 65 个,占总样本的 28.51%,女性样本 163 个,占总样本的 71.49%;以文化程度进行区分,初中、高中、职高、高职、大专、大学及以上分别占到 25%、26.32%、2.19%、0.44%、3.51%、42.54%;以户口性质进行区分,除去不详的 1.75%,本省农业、本省非农、外省非农、外省农业分别占 18.86%、60.09%、12.72%、6.58%。

一、数据分析

本次调查旨在通过对我国青少年在学习、工作之余对于(不包括教科书、教辅读物、期刊的)各类图书(纸质或数字)阅读现状的了解,进一步梳理我国青少年在数字阅读背景下的阅读状况、阅读行为、阅读需求、阅读兴趣、阅读方式和阅读感受的基本情况。调查运用文献研究、问卷调查、访谈相关人员等方法,通过实践了解我国当代青少年数字阅读的现状和数字阅读环境对青少年产生的影响,深入分析背后的原因并提出相应的意见和建议。

本文将根据问卷数据从我国青少年对于阅读的基本认识、青少年的阅读兴趣、青少年对于纸质阅读和数字阅读的认知以及青少年关于阅读的消费状况和倾向四个方面进行分析,在总结研究发现的基础上提出针对性的建议。

(一)我国青少年对于阅读的基本认识

1.有 70.48% 的人认为读书对生活非常重要,有 25.99% 的人认为比较重要,认为不太重要及以下的人的占比为 0。可见,绝大部分人认为读书对于我们的生活而言有着重要的作用。

2.关于读书的目的,排名前三位的是增长知识、开阔眼界、提高修养;工作和学习需要;掌握实用技能。另外,还有小部分人是出于娱乐休闲与其他爱好,极少数人是将其作为生活习惯或是为了增加与别人的谈资,见图 1。在知识密集化、生活多元化时代,追求生活品位与品质,注重个人素质与修养,成为共趋性的倾向,"增加知识、开阔眼界、提高修养"和"掌握实用技能"正表现出这一倾向。

3.对于对自己读书习惯影响最大的人,有 58.51% 的人认为是家长、父母,有 45.81% 的人认为是同学、同事,有 42.73% 的人认为是老师、领导。另有少数人认为受偶像明星的影响(7.49%)。可见,大部分人认为身边的人对自己的读书习惯有着重要的影响。在日常生活中,人与人的交往活动直接影响着青少年的阅读习惯,而偶像明星的带动效应也将对青少年的阅读起着潜移默化的

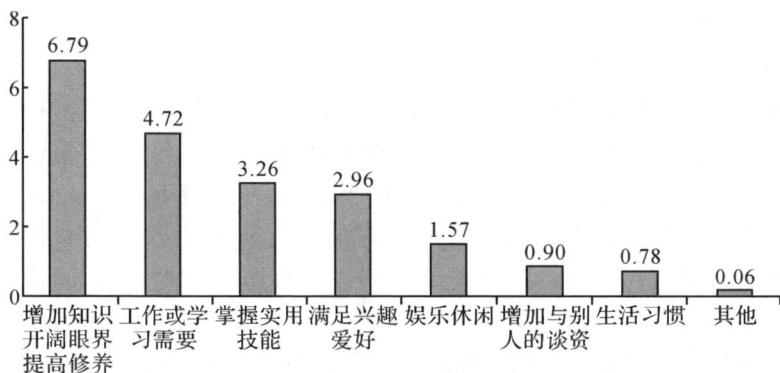

图 1　读书最主要的目的

影响。

4. 对于阅读方式的选择,63.88%的调查对象认为纸质阅读效果更好,30%认为两者差不多,只有 5.73%认为数字阅读更佳。另外对于阅读时间的分配,44.05%的人选择了纸质阅读时间长于数字阅读时间,40.97%选择的人数字阅读时间更长,14.98%的人认为两者差不多。可见,相比于数字阅读,目前纸质阅读仍是主流。相比于数字阅读,纸质阅读有着方便记笔记、对眼睛伤害小、无干扰信息等优势,尽管目前已经有许多电子产品的显示效果已经十分接近纸质书,但纸质阅读所带来的阅读体验,至今仍然是机器所不能完全代替的。另外,尽管数字化阅读不可阻挡地重构着每一个人对阅读的理解,但是,它真正能够改变的或许只是方式,而不是观念。纸质书依然是大多数人的阅读偏好,尽管数字化阅读越来越便利,人们可以随时随地进行海量阅读,但是,那些深植于观念中的传统阅读追求并未如想象般轻易地消失。

5. 对于每天平均阅读时长,就纸质阅读而言,大部分人每天平均阅读时长为 1 小时以内(70.49%),而数字阅读,大部分人每天的平均阅读时长为半小时以上(55.95%)。另外,总体来看,70%以上的人每天会花 15 分钟以上的时间进行纸质阅读,将近 10%的人几乎从不阅读。

通过以上分析我们发现,追求生活品位与品质,注重个人素质与修养,是知识密集化、生活多元化时代青少年阅读的共趋性倾向;而与工作、学习相关的选项也处于相当重要的位置。在面对阅读对于个人学习、工作、生活的意义时,绝大多数选择者所采取的态度是积极、正面的。对于青少年的读书习惯的养成,生活或工作环境的影响要远高于社交环境。认为"纸质读物"具有最好阅读效果的比例要大大高出认为"数字读物"具有最好阅读效果的比例;这一年龄段(其中多数处于学习阶段)对于纸质读物的"依赖"(或"利用")是明显的。同样,在时间分配上,选择"数字阅读<纸质阅读"的比例也要高于选择"数字阅读>

纸质阅读"的比例。

(二)青少年的阅读兴趣

调查对象对纸质阅读和数字阅读各有偏好,从总体数据来看并没有哪一方有明显优势。但专业类书籍多选择纸质阅读,武侠/玄幻/轻小说多选择数字阅读。从所列的影响最大或印象最为深刻的书目来看,具有下列特征的读物容易对青少年造成影响或留下深刻印象:经典类型;励志类型;少儿时代读过的;利用网络传播造成较大影响的。可见这一群体具有阅读兴趣广泛、阅读面分散、聚焦点多元的特点。

由此我们得出结论,只有具备通俗性、知识性、实用性、趣味性的图书种类,才有可能在阅读(尤其是大众阅读)活动中成为普遍选择并为阅读者所垂青的对象。"文学""武侠/玄幻/轻小说"的占比明确地表现出年轻人阅读的偏向与爱好,亦再次证明大众阅读的普遍现象和基本规律。另一方面,也反映出青少年阅读的视野和涉猎在某些方面相较于他们年长者的超越。在青少年群体阅读面宽泛而分散的前提下,经典类型、励志类型、少儿时代读过的、利用网络传播造成较大影响的读物最容易对他们造成影响或留下深刻印象。

(三)青少年对于纸质阅读和数字阅读的认知

1.受访对象选择纸质阅读的三个最主要的原因分别是:阅读习惯(55.95%),深度阅读的需要(39.65%),做读书笔记和记录的需要(35.24%)。而选择数字阅读的三个主要原因是:内容丰富(52.86%);获取便利(51.98%);方便检索,可利用碎片时间(34.8%)。

2.80%的受访对象在过去一年阅读了1—10本纸质书籍,有不到5%的人一本纸质书都没有读。纸质阅读依然是大多数人的阅读习惯,而由于调查对象是青少年,正处于高速学习的时间段,书本作为绝大多数知识的载体,便成了青少年选择的对象,青少年会根据实际情况进行阅读理解,不进行纸质阅读的人的数量就很少了。但是大多数人一年的纸质阅读量依然不高,这与中国国内重书本知识练习、轻课外知识阅读和兴趣培养的教育制度有关系。中国国民一年阅读书籍数量普遍较低。

3.对于数字阅读的载体,有80%以上的受访对象把手机作为平时进行数字阅读的最主要载体之一,另外,网络在线阅读(39.21%)、IPAD/平板电脑(30.84%)以及电子阅读器(22.19%)也是主要载体。绝大多数人选择手机阅读的原因在于手机较电脑、平板之类的数字阅读器更加小巧轻便,易于携带,可实现碎片化阅读。而手机自身的文章字体设置、格式排版又可实现轻阅读,即数字阅读的最大特点。可见,手机对于数字阅读的普及有着重大作用。

4.在调查对象认为当今数字阅读存在的问题中,获得票数最高的三个问题分别是:容易导致视觉疲劳(50.66％),难以筛选(37.44％),不适合深度阅读(34.36％)。

5.在调查对象认为当今纸质阅读存在的问题中,获得票数最高的三个问题分别是:携带不便(77.53％),书价太贵(52.42％),消耗纸张不利于环保(27.31％)。数字阅读影响的往往是阅读体验本身,纸质阅读影响的是阅读正式开展前的活动。数字阅读方面,电子设备的屏幕结构特性对人眼睛的影响是客观存在的,目前还无法减缓影响伤害,产生的问题也是显而易见的。另外网上信息良莠不齐,种类繁多,且有各种无关信息、弹窗等干扰阅读,所以数字阅读会有难以筛选和无法进行深入阅读的问题。而纸质阅读由于书本存在一定体积,携带不便。另外一本书的出版涉及多方利益考量,价格偏高;而大量纸书的印刷装订加速了木材的消耗,不利于环保。

通过以上分析,我们得出了以下结论。

除了通常的和阅读的质量、要求相关之外,对于方式、方法因素的考虑也在青少年选择纸质阅读的重要考量标准之中。被调查者每天接触纸质图书的时间基本上在1小时以内,值得引起注意的是,尚有将近一成的青少年处在对于纸质图书"基本不阅读"的状态。虽然青少年的阅读量总体要高于市民的阅读量,但是,调查数据依然反映出"阅读数量较少"的状况。对于"纸质阅读存在的主要问题"的思考,反映出青少年注视与关心问题的广泛,以及对于方式、方法因素考虑的侧重。

包罗万象的丰富内容、使用方法的先进和便利、快捷灵活方便的搜索、可利用碎片时间,成为青少年垂青数字阅读的最重要理由。而"手机"是他们在进行数字出版物阅读时使用最多的载体;如此高的选择率,是它们的低阅读成本,以及与互联网的结合使得阅读的交互性大大提升并满足了用户对于内容共享和多终端协调要求所致。

(四)青少年关于阅读的消费状况和倾向

1.对于纸质书籍或数字书籍的主要来源,排名前三的分别是:自行购买(78.41％),图书馆借阅(52.86％),免费数字阅读(41.85％)。可见,大多数人会选择自行购买书籍,而对于数字阅读而言,免费与付费对于群众是否选择购买影响较大。值得注意的是"免费数字阅读"(41.85％)与"付费数字阅读"(12.33％)选取率之间有着约30个百分点的较大差距,可以说明在"数字阅读"大面积普及,"阅读"成为时刻存在与进行的背景下,成本问题会成为非常重要乃至最终接受与否的考量因素,这对尚无固定收入的学生群体来说就更为关键,内容提供者、出版者、运营者如何在尊重版权与著作权、吸引读者和保障企业受益三方兼顾的前提下突破"瓶颈",将会有利于数字阅读的推进。

2. 对于购买纸质书的方式,选择实体店购买和线上购买的比例均为 50%。实体店购买存在种类不够、价格偏高、获取途径略复杂的劣势,然而可以保证正版,内容更权威;线上购买正与实体店购买互补,解决了实体店购买的弊端,却无法保证正版。书籍最大的特点即记载知识,内容的权威性与正确度对于青少年来说至关重要,然而青少年为无纳税群体,物质获得来自家长或奖学金,所以两相比较优势差不多,选择方式为五五开。

3. 对于调查对象了解图书信息的主要渠道,排名前三的是:熟人推荐(65.2%),畅销书榜(54.19%),媒体的书讯以及书评(31.28%)。这三种方式是影响最深刻的。青少年本身就处在教育体系之下,是图书信息主要受众群体之一,获取书榜和自媒体推荐的机会较大,身边的熟人也多会在第一时间告知,方便其学习。

4. 调查对象在过去一年中对购买纸质图书的支出,主要集中在 50—500 元之间。调查对象在过去一年中购买数字阅读的支出,主要集中在 50 元以下。其中 21 元以下的比例最高,达到 48.02%。传统纸质书籍涉及版权、知识产权、印刷费、宣传费等一系列相关名目,所以物质支出较高,而支出的具体数字多少又与进行的纸质阅读有关,纸质阅读越多,支出数字相对越高。而数字阅读的一大优势即价格低廉,获取数字阅读的途径又有相当一部分是免费的,且正处于深度学习状态的青少年更适合纸质阅读,所以总体而言,青少年在数字阅读方面的支出不如纸质阅读。

决定受访对象是否购买图书的主要因素为内容简介以及书名目录。由于内容简介和书名目录是了解一本书籍的第一道途径,从而决定了受访对象是否购买图书。

通过以上分析,我们得出以下结论。

在青少年文化消费中,图书这一块的消费需求,"自行购买"所体现的"刚性"特点相当强烈;而所阅读的图书的流动状况则说明在青少年阅读中不同级别、不同层次公共阅读场所与设施的所处地位,加强此方面的建设以促进图书流动,推动青少年的阅读与交流,显然是必要和重要的。同时,在"数字阅读"使得"阅读"成为时刻存在与进行的背景下,成本问题成为非常重要乃至最终接受与否的考量因素(对于尚无固定收入的学生群体来说尤为如此)。

从熟人推荐、畅销书榜以及媒体的书讯书评这一侧面了解图书信息,显然是青少年的主要渠道;在青少年阅读者那里,对于以宣传、推销作为主要特色的营销手段或是貌似中立的宣传手段的认可也有一定的比例。在影响图书购买的因素中,反映出图书目目或从权威角度对该书的价值做出评价的,在青少年阅读者那里占有重要地位。青少年购买的纸质图书中,从"实体书店购买"和"网上购买"的各占一半。自行购买纸质图书的支出,主要集中在 50—500 元之间。

与此形成明显比照的,调查对象在过去一年中购买数字阅读的支出,主要集中在 50 元以下。其中 21 元以下的比例最高,达到 48.02%。青少年在数字读物购买意愿上虽然比市民的比例要高出许多,表现出这一群体对于数字阅读以及为此支付更高代价的认同,但是就目前而言,数字出版物购买的非刚性和不确定性依然是明显的。

二、总结与建议

(一)总结

本次调查的结果说明,我国青少年日常阅读活动的主流是健康、积极、向上的;绝大多数人对于阅读的意义、目的、作用及其在个人生活、工作中的地位,采取了正面的认识与选择;他们将提升自身以及工作、学习、生活需要置于与阅读相关的相当重要的位置。在知识密集化和生活多元化的时代,青少年阅读表现出阅读兴趣广泛,阅读面宽泛、分散,聚焦点多的特点;在某些方面,他们的阅读视野、涉猎和追求,已经超过了较之于他们年长的群体。

在数字化传播对于阅读产生巨大影响的当下,具有追求新事物特征的青少年并未因为有数字化阅读而“冷落”传统的纸质阅读。除了因为被调查者中相当数量处于学习阶段而对传统阅读必须有所保证这一原因以外,也在相当高的程度上说明青少年的选择指向是与阅读的质量、要求密切相关的;而另一方面,具有包罗万象的丰富内容、快捷灵活方便的搜索、低廉便宜的成本等特点的数字阅读被青少年垂青也是理所当然的。

青少年的图书消费需求的“刚性”特点表现得相当强烈。无论是纸质读物还是数字读物,青少年的消费水平都要高于市民的平均水平。

(二)建议

青少年接收信息渠道、方式的增多,既带来了方便与丰富的优点,也产生了便捷的上网方式和娱乐功能导致放弃阅读而投入在线游戏的弊端。如何在多媒体信息传播条件下(包括传统阅读)有效地避免阅读的浅层化、浏览化、游戏化和庸俗化,乃是保证阅读有益性、有效性的重要问题。本质上说,这应该是一项综合性的“社会工程”,应该由教育管理部门、文明办、妇联、关工委、团队组织、学校、家庭、志愿者组织等形成合力,通过大力发挥青少年读书网站、各类图书馆功能,组织阅读沙龙、演讲与朗读、读书征文、咨询与讲座等等各种持之以恒、趣味盎然、富有实效的活动,在实践中切实地得到激发阅读兴趣、培养阅读习惯、克服阅读障碍、纠正不良阅读习惯、调整阅读内容、提高收集与处理信息能力的成效。

1.对于青少年自身来说,在数字阅读方面要有自我约束的自觉和辨别善恶的能力。数字阅读的固有弊端和人对纸质阅读的天然习惯使得数字阅读的深入度要远低于纸质阅读,青少年可根据数字阅读的便捷性进行适当数字阅读,并充分发挥数字阅读的检索文字能力,减少大量繁冗的人力查找工作,仍需自我约束,不可过分沉溺于娱乐性质的数字阅读,以数字阅读代替传统纸质阅读。同时,由于网络信息鱼龙混杂,青少年正处于成长发育的关键时期,信息接受度和举一反三能力较强,所以更需要有辨别善恶的能力,对网络信息进行筛选,拒绝不良信息,选择有益阅读内容。

2.对于文学工作者而言,应提高责任意识和自觉,不违法犯纪,不破坏市场环境,给予数字阅读的受众以积极引导。

3.对于监护人与教师而言,要发挥对青少年数字阅读行为教育引导作用。青少年情绪波动大,易受外界影响左右,监护人与教师有教育引导的义务,教育引导青少年选择健康积极的网上读物。可引导青少年制定相关计划,限制长时间数字阅读以达到护眼目的,同时可减少颈椎、手腕等部位的劳动压力,达成健康目标。最后做到纸质阅读为主、数字阅读为辅的理想的青少年阅读方式。

4.对于相关监管部门而言,要发挥积极能动作用,严厉打击网上虚假、犯罪、反动和引诱性信息。制定相关法律条文和出台相关政策,加强监控力度,净化网络空气。也要做出积极引导,让数字阅读市场出现多方面繁荣的状态,给予一定的技术水平和政策支持,提高相关从业者的福利,促进相关产业增长。同时,规范数字阅读环境,撤销盗版,并大力推行若干青少年免费借阅网站,以方便青少年进行合理有益的数字阅读。

关于临安鸡血石雕工艺及其发展现状调查

会计 1801 班:钱　楚　吴倩琳　丁静娴　于佳煜
指导教师:詹真荣

摘　要:鸡血石雕作为国家级非物质文化遗产,又展现着历史悠久的传统民间雕刻艺术,因此鸡血石雕底蕴之深厚值得我们去探寻其工艺以及发展现状。而我们选择的临安是鸡血石雕民间艺人较多、该工艺传承较好的地方。因此我们小组走入临安,采取面对面采访工艺大师、实地观摩和学习与问卷调查等多种方式相结合进行本次调研。经过理论学习与两次实地调研,再结合问卷数据分析,我们看到了手工工艺之精之美,品味该工艺体现的大国工匠精神,了解到原石的过度开采、现时代的资源保护压力以及学习该工艺人数的减少,其发展现状不容乐观,需要进行创新性传承与发展。

关键词:鸡血石雕　工艺　发展现状　传承

一、实地走访鸡血石雕商业街与文化街

2019 年 9 月底,我们调研小组全员讨论决定,分两次实地调研鸡血石雕商业街,向当地手工艺人了解该门工艺,观摩学习传统工艺,并在商业街进行问卷分发填写。为减轻路途装备,小组成员决议本次主要以电子版问卷为主、纸质稿电子问卷为辅进行调查。

(一)走访鸡血石商业街

本次实地走访我小组成员原计划前往临安区城中街进行调研。10 月 5 日 9 点半左右我们抵达临安区城中街,但当我们抵达时发现该街许多鸡血石店面均已关闭,并且备注转让店铺,这让我们小组成员大为惊讶。还有很多店铺虽然开张但是极少有客户进行光顾,里面的鸡血石雕摆件也较少,也没有手工艺人在进行雕刻,这给我们小组调研增加了难度。我们的问卷收集数量非常之少,了解到相关手工工艺方面的知识更是微乎其微,于是我们前往临安区长桥路——鸡血石文化街进行实地调研,长桥路上设立了很多手工艺人的雕刻工作

105

室以及店铺,可供我们进行更加细致全方面的调研。

(二)走访鸡血石文化街

在进入鸡血石文化街后,小组成员瞬间被浓浓的鸡血石雕氛围笼罩,一家接一家全是有关鸡血石雕的店铺。各店铺的名字更是吸引着我们:非常典雅并且具有很好寓意的如满堂红、鸿运轩、锦芳斋、红韵坊;直截了当的店面如采石坊、玉石源、惜石斋;还有很大的鸡血石田黄石销售中心,其也是由很多家手工艺人的工作室店铺组成的。许多石雕大师以及远近闻名的鸡血石雕店铺也都集中在此。小组成员感受着这浓厚的传统工艺氛围进行了接下来的观摩与学习。

我们两两一组,分组进入鸡血石店铺调研。柜台上的鸡血石雕摆件琳琅满目,那别致的红色吸人眼球。一般的店铺设计基本上都是前面主大厅为成品展示区,展示区内为各店铺的特色鸡血石雕成品,主要供游客或者客户前来观看与选购。侧厅为饮茶以及书法室,石雕传统手工艺人不仅仅注重石雕这一工艺,更是触类旁通。茶室可供顾客细细品味石雕之美:手捧小茶碗,饮一口淡茶而又更为仔细地观赏鸡血石雕,同时也提供了商务洽谈的场地。石雕离不开手绘,同样离不开书法,书法室为手工艺人的修身养性提供空间,同样也可以满足前来观赏石头人的需要。后面厅室为雕刻工作室和鸡血石原料仓库,而二楼为店主们自己的家,白天在一楼工作经营,晚上则在二楼休息。简单了解店铺过后,我们便在工作室近距离观看了雕刻大师的手工雕刻过程,大师耐心为我们讲解了切割章料、磨制、修光细刻等主要雕刻步骤,每一步骤的关键环节,我们发现雕刻技法所需要的工具也很有门道。我们小组成员还利用边角料感受了在石头上雕刻的感觉,也学习到不同的石头选择的雕刻题材不同,根据石头不同的质地所选的雕刻用刀也不同,磨光刀片以及砂纸都大有讲究。更是体悟到手工艺人们的不易,简单学习完该手工工艺便对各店铺的店家也就是手工艺人进行了问卷调查,也进一步了解了鸡血石雕的发展现状。

(三)实地走访感受

据了解,原来商业街的店铺也来到了鸡血石文化街进行发展,从中可以看出鸡血石雕的文化价值越来越被重视,其价值不再局限于商品交易,而是更多地与文化结合。的确在几千年中华文明长河中,石文化始终贯穿其中。石头被赋予了人格品性、灵性等精神意义,人们在石头上汲取到美、参知到宇宙自然的奥秘,积累下丰富的文化遗产。南宋诗人陆游说"石不能言最可人",我们在这次的实地走访中更是感受到了石雕的艺术,哪怕是原石,它的鸡血红也是如此地震撼我们。而在这里的手工艺人他们选择一辈子与石头打交道,将自己的心血都灌入石雕之中,一个个作品上那生动的形象仿佛也在述说着手工艺人的故事。石雕瑰丽、精巧而又多姿，在如此之久的传承中我们更是看到了大国工匠的品质。这次走访不仅让我们学到了很多资料上所不能学到的手工工艺知识，更让我们与众多的手工艺人交流沟通了鸡血石雕的发展现状、未来发展的趋势。作为非遗，鸡血石雕更多地融入了文化因素，打造的文化街更有助于各店铺之间资源共享，同时也满足游客以及客户多层次的需求，更是作为临安旅游特色街道，与旅游行业互促发展。政府也在大力打造临安的鸡血石雕品牌，弘扬鸡血石雕。在传承方面，国家级工艺美术大师钱高潮举办了拜师仪式等活动以更好地传承该石雕工艺，带动更多年轻人来了解这项工艺，临安博物馆等各石雕博物馆也逐步建成完工并向大众开放，甚至可以在专业人员带领下直接体验手工雕刻。本次调研为我们小组下一次调研做好了充分铺垫。

二、考察中国昌化鸡血石博物馆

中国昌化鸡血石博物馆是临安在 2019 年新增的一家鸡血石博物馆。作为临安博物馆的姊妹馆，展馆拥有着近 300 件藏品，对于临安鸡血石文化的宣传有着重要的意义。通过各方面考量，小组成员于 10 月 27 日赴中国昌化鸡血石博物馆进行参观和实地访问考察。

（一）实地参观与采访

10 月 27 日，小组成员到达博物馆，进行游览。该展馆面积较大，各类鸡血石琳琅满目，从序言、石文化、科普、历史、艺术五个角度向参观者全方位展示鸡血石的魅力。同时，展馆放置大量文字解说，方便参观者了解。随后，在对博物馆工作人员的采访中，我们了解到，鸡血石作为我国首选国石之一，素有"中华瑰宝""印石皇后"的美誉。而其中，又以临安昌化为最。昌化鸡血石的发现与开采有着源远流长的历史，故临安昌化的鸡血石文化有着深厚的底蕴。自 2008 年，"鸡血石雕"入选国家第二批非物质文化遗产名录以来，"鸡血石雕"得到了社会以及政府的极大关注，被列入政府的重要工作，其推广与传承得到了政府的大力支持。中国昌化鸡血石博物馆就是一个很好的见证。该博物馆投入大量资金，对鸡血石的知识普及以及推广起到了极大的作用。

当我们询问到博物馆经营状况以及鸡血石雕传承现状的问题时，工作人员如是说道："博物馆整体来说客流量还算乐观，但毕竟该工艺受众范围较小，推广工作还是不够到位，淡季时参观者还是较少的。现代大部分年轻人对于传统的石雕技术不会太感兴趣，有些甚至不会知道鸡血石雕这一手工工艺，很可能导致这一非物质文化遗产的失传。如果想要继续发展下去，我认为就要创新宣传方式，结合时代背景，用一个年轻人也会感兴趣的方式进行推广和宣传。"

(二)考察后感想

当日的参观者也为我们的调查提供了珍贵的信息。他们中的大多数人其实并没有特别了解鸡血石雕,来到博物馆参观也是为了利用休闲时间充实自我。但值得肯定的是,他们一致认为中国昌化博物馆很好地展现了鸡血石的魅力,给他们兴趣继续探索这一奇石。对中国昌化鸡血石博物馆的实地考察,让我们充分了解到了鸡血石这一矿石的珍贵性,以及鸡血石雕工艺传承的严峻性,对于我们探索如何传承鸡血石雕有着重要意义。虽然鸡血石雕工艺得到了政府的大力扶持,但宣传以及推广工作仍需继续加强,使社会公众能够广泛认识这一传统工艺是传承的第一步,为此,有关部门应该创新宣传方式,积极加强管理,为鸡血石雕的发展与传承创造良好环境。

三、"与鸡血石雕大师面对面"采访

杭州市临安区昌化西北的"浙西大峡谷"源头的玉岩山便是鸡血石原石的产地,而许许多多的手工艺人基本上都是土生土长的本地人。他们从小就接触鸡血石,稍大一些就跟年长的手工艺人一起学习石雕工艺,为此我们小组查找了许多临安工艺美术大师的资料,与各大师进行采访预约,综合考虑了我们小组计划的调研时间与大师的空闲时间。最终成功预约到钱争辉大师于10月27日晚进行面对面采访,耗时在一个半小时到两个小时之间;小组成员设计了采访问卷。

(一)走进大师工作室

大师基本资料:钱争辉,杭州市工艺美术大师,临安区民间艺术家。自小酷爱美术绘画,喜好雕琢。1993年,跟随中国工艺美术大师、国家级非物质文化遗产项目(鸡血石雕)代表性传承人钱高潮学习石雕,在创作昌化石雕时力求创新,潜心摸索,刻苦钻研,结合昌化石的独特性,因色取巧,因材施艺,利用石质的多种颜色进行布局、构思,尤其擅长仿古器皿。

主要采访内容:促使鸡血石雕行业从业者从事这一行业的动因;鸡血石雕的价值体现;作为鸡血石雕行业从业者,对于鸡血石雕行业发展现状和发展前景的看法。

(二)几点结论

其一,关于从事动因。(1)资源优势:临安是鸡血石矿产资源原产地,为临安鸡血石雕的发展提供了资源优势,为鸡血石雕行业从业者提供了从业的前提条件。(2)鸡血石雕价值高:鸡血石原料稀缺,加上鸡血石雕技法的发展与传承,使鸡血石雕迅速升值,为手工艺者提供了更多就业机会。(3)价值体现:鸡血石雕历史悠久。从战国时期至今,鸡血石雕已有 2000 多年的发展历史。清代中期,石雕艺人在鸡血石产地落户,逐渐形成鸡血石雕独具的艺术特色和传承谱系。天然血色是鸡血石最宝贵之处,鸡血石雕即根据材料的这一特点,因石配工,依血取巧。

其二,发展现状与前景。(1)现状:鸡血石原料面临短缺的窘境,作品同质化严重,鸡血石雕的价格下降,导致很多从业者转行。(2)前景:鸡血石雕作为一项非遗项目,在当地已经形成了一种成熟的文化体系,如今面临的种种冲击,通过创新,其前景还是乐观的。

(三)本次社会实践体会

其一,善于继承才能善于创新。鸡血石雕是一项历史悠久的非遗项目,鸡血石雕承载着厚重的传统文化。正如习近平主席所说:"我们要善于把弘扬优秀传统文化和发展现实文化有机统一起来,紧密结合起来,在继承中发展,在发展中继承。"鸡血石雕目前面临的问题我们不能回避,只能通过不断地在其立意和技法等方面进行创新,让这项历史悠久的艺术焕发新的生机。

其二,用心感受"工匠精神"。在鸡血石雕的传承过程中,诞生了一批工艺美术大师,他们不断雕琢自己的作品,不断改善自己的工艺。即使面对着鸡血石雕行业衰落的前景,他们也没有放弃对这一项传统文化艺术的热爱,始终想着为鸡血石雕的继承发展添砖加瓦。

在线教育对大学生学习影响的调研

物联网 1701 班:杨学康

指导教师:李梦云

摘　要: 在信息技术飞速发展的今天,教育再也不受三尺讲台之限,而远远走出课堂。在线教育便是一种热门的新兴教育形式。本调研希望了解新式教育对同学们的学习情况的影响,并通过调研将结果反馈给在线教育提供者、使用者,使得他们能够更好地优化、使用相关内容。

通过线上+线下问卷发放、学生访谈、阅读文献等方式展开调研,调研结果表明在线教育确实已经渗透到大学生学习生活的方方面面,对于学习成绩也有一定的影响。然而,在在线教育的推广、使用过程中,我们也发现了一些令人担忧的、不太理想的状况出现,对同学们的生活、学习产生了负面影响。希望本调研组的调研报告,能够给在线教育内容提供者提供改进的方向,优化产品;帮助同学们找到适合自己的学习方式,提高学习成绩。

关键词: 在线教育　教育产品　线上学习

一、调查对象

本调研主要针对对象为在校大学生,从调研的准确性和普适性来说,样本地域广度应当覆盖全国各地,年级应当覆盖从大一到大四的所有学生,但因本调研小组时间、能力有限,仅覆盖到了本校以及下沙大学城的小部分学校,从调研结果来看,同年级的样本数远远大于其他年级,因此可能会导致调研结果与实际结果有所偏差。

二、调查方法

本调研使用的调查方法包括实地调查法、文献查阅法、访谈调查法、问卷调查法。

（一）实地调查法

2019 年 5 月 15—18 日，我们陆续走访杭州三所高校，分别为杭州电子科技大学、中国计量大学、浙江工业大学。在当地同学的引导下开展调查。

（二）文献查阅法

本次调研共计前期查阅文献资料 13 篇，截取有效引用 3 处。

（三）访谈调查法

本次调研一共进行学生访谈 2 次，访谈 5 位同学，其中大一同学 2 位，大二同学 2 位，大三同学 1 位。调研报告呈现两份访谈记录，分别为大一、大二学生所述。

（四）问卷调查法

本次调研共实地发放问卷 103 份，其中回收有效问卷 95 份，线下发放问卷 80 份，线上发放问卷 23 份。

三、问卷调查结果及分析

本次调查男女比例基本控制在了 1∶1；年级分布为大一 16％，大二 82％，大三 1％，大四 1％。

截取部分问题做如下分析。

Q1：请问您是否曾有用在线教育进行学习的经历？

调查结果显示，几乎所有的大学生都使用过在线教育平台，仅有一小部分的同学未接触过在线教育平台或者相关的 App。

Q2：请问您是否愿意为在线教育内容付费？

调查结果显示，大学生对于付费内容还是持开放态度的。多数同学愿意为在线教育内容付费，占比约为 62％。

Q3：请问一般情况下，您使用在线教育平台的主要目的是？

由图 1 可知，大学生使用在线教育平台的目的大多为学校要求使用指定平台。众所周知，在我们学校的许多课程中也存在着许多要求使用的指定平台，诸如 Java 课程使用的慕课网、毛概课使用的浙江线上大学等。目的是自学相关课程薄弱知识点的同学占比也比较大。这一方面体现出我们的同学还是十分热爱学习的，另一方面体现出在线教育平台、App 类应用对同学还是有所帮助的。

令我们十分欣慰的是我们原本认为"课程学习之余提升自己的学科素养水平"选项的选择人数会是倒数第一，但实际上却不是。这就说明有些同学非常热爱学习，他们会利用课外的时间来学习自己喜欢的东西。

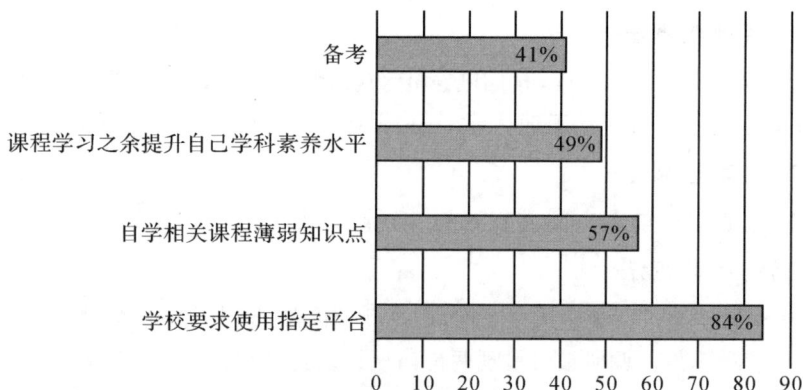

图1　使用在线教育平台的目的

Q4：您每周花在在线教育上的时间大致为多少？

调查结果显示，多数同学在在线教育上花的时间大概在两小时左右，将近四分之一的同学花 2—3 小时在在线教育上，而 10% 的同学花了 5 个多小时在在线教育上。我们也询问了选择该选项的同学，发现他们在在线教育上花的时间主要是用于自主学习，英语单词的记忆、科学书籍的阅读等都是在线教育可以提供给他们自由学习的东西。

Q5：您认为使用在线教育平台对您学习成绩的提升有帮助吗？

调查结果显示，大部分同学认为在线教育对于学习还是有所帮助的。但 67% 的同学选择的是"有一定帮助"而不是"有较大帮助"，这是我们想要了解的问题。我们特地找几个选择"有一定帮助"的同学询问了情况，发现多数同学并不觉得在线教育对于自己的学习成绩起主导作用，最终的提升还是要靠自己的课堂听课，因此他们选择了"有一定帮助"选项。

四、访谈结果及分析

以下是调研所得两份学生访谈记录，其中第一份为大一学生所述，第二份为大二学生所述。

被访谈人专业：物联网工程
年龄：21 岁
性别：男
访谈时间：2019-05-18
记录人：付祥敏

1. 请问您使用过哪些在线教育的平台或者应用?

答:有浙江线上大学、超星学习通、学习强国、中国大学慕课等很多在线教育平台,还有一些记不清楚了,但是,10种我觉得是有的。

2. 您认为在线教育相比于传统教育,所具有的优势以及劣势有哪些?

答:优势的话,就是时间上比较节省,签到作业网课都能刷,特别是请假什么的,用在线教育就会很舒服,直接可以使用,还有就是方便查阅,因为像什么作业批改啊,成绩显示都有记录,比较透明,最后就是签到这些功能更多样化了,点名上课起来回答问题,都直接可以操作,而不用按照名单上点,按名单老师点的时候就会比较"偏心",总是关照部分同学。

劣势,最大的问题就是很多很杂,如果使用很多的在线平台,虽然可以设置时间便签,但是还是会漏刷网课,忘做作业等情况会出现,还是希望市场上能有一款通用的App或者在线的教育平台,另外的主要是线上教育平台自身的问题。Bug很多,还会有操作不方便,我正好是学这一块的,我也比较懂那些后台的东西,所以,这些调试还是看平台自身。并不是很快能解决的,用户体验比较差,扯远了,最后就是想说不同平台参差不齐,良莠不齐,希望能好好改善。

3. 作为一名在校大学生,请问您觉得在线教育给您的生活以及学习带来了哪些方面的影响?

答:对生活、学习的影响都蛮大的,现在我觉得已经离不开了,如果一门课没有网课我会觉得很奇怪,相比线下直接教学,我也很难说哪个更好,影响肯定是很大的,有好有坏,具体的我也就不细说了。但是影响就是方方面面的。

4. 您对于学校开展的在线教育活动、方式有何感想?

答:线上教育活动,我不是很能想到,主要都是精细到这门课的,我觉得这个问题和上面很像的,感想就是能接受但是不喜欢吧,毕竟比如说军理课线下课,以前是大家一起在报告厅里听半天的讲座,现在是在网上看两个小时的视频,我不能说哪种更好,但是,我觉得线下教育效果更好,线上更方便,节约成本。

5. 在线教育相较于传统方式,您更喜欢哪一种?

答:我都是接受的,一定要说喜欢的话,我选择线上,方便才是我喜欢一门课首要的条件,所以我选择线上,线下毕竟定时定点,不太方便,有的时候确实是这样的,你也能理解我的,毕竟都是一个专业的。其他也就不说了,讲得蛮多的,就这样吧。

现对访谈内容做如下分析。

首先,该名同学使用过浙江线上大学、超星学习通、学习强国、中国大学慕课等不下10种在线教育平台。这里面反映出当前在线教育存在的碎片化问题。当前在线教育平台种类繁多,没有一个有正式资质担保的较为权威的平台。从另一个角度说,在线教育已经渗透到了这名同学学习、生活的方方面面。超星学习通、浙江线上大学等App以及平台都是学校指定的学习平台,在这一方面,学校的力度还是挺大的,许多平台都有优秀的教师录的视频,教学质量也有所保证。另一些平台诸如学习强国等则不是学校要求使用的 App，但是这位同学为了提升自己的政治素养，也选择在自己课余时间学习一些有关知识，这说明我们这些在线教育平台的存在是可以对民众的政治素养、科学素养的提升起到促进作用的。

根据第 2 题该名同学所做的回答，我们也可以了解到一些普遍的问题。确确实实，在线教育相对于传统教学的最大优势就是时间安排十分自由，可以在自己有空的时候学习想要学习的知识，在自己没有空的时候去做别的事情，确实提高了课堂效率，减少了许多不必要的时间开支。关于在线教育的劣势也十分明显。学校安排的不同课程使用的学习平台不一样，导致很多课程漏做作业的情况也十分普遍。在学期开始之初，我们对于一个学习平台不够熟悉，总是找不到一些作业或者测验的入口，导致了我们在学习、完成作业的过程中遇到一些麻烦，降低效率。而且一部分平台的兼容性也不够好，不能够适应大家不同的手机系统和电脑系统，带来较为不良的体验。

综合 3、4、5 三个问题，可以发现，学生对于教学模式还是持较为开放的态度的。可以选择较为传统的教学方式，也可以选择较为新颖的在线教育方式。但是前提是老师准备的教学内容都足够出色，足够吸引人。在遇到特定课程的时候也要具体问题具体分析，对不同课程选用不同的教学方式。只要能够达到较好的教学目标，瑕不掩瑜，所有的问题都是小问题，但是如果不能够达到教学目标，那么再新的形式也无济于事。

被访谈人专业：临床医学

年龄：20 岁

性别：女

访谈时间：2019-05-16

记录人：马慧敏

1. 请问您使用过哪些在线教育的平台或者应用？

答：这个我觉得有很多。像百词斩、墨迹英语等英语类的学习 App，以及慕课平台等。

2. 您认为在线教育相比于传统教育，所具有的优势以及劣势有哪些？

答：我觉得优势肯定是非常自由。你可以选择在平时下课的时候学习，也可以选择在你失眠的时候背一会儿单词。学习的场景也不仅仅局限于我们的课堂。我可以在我的宿舍学习，可以在公交车上学习，也可以在吃饭的时候学习。另外一点优势我觉得是可以锻炼我的自主性。平时学习都是老师催着的，老师催着学习、催着读书。但是当你自己想要坚持做一件事情的时候，情况就变得完全不同。比如我想学一门新的语言，就韩语吧，我很难在没有老师督促的情况下去记住很多单词、去学习。但是用那些 App 的时候，我还是挺认真的。一般的 App 都有打卡功能，我用的时间久了，自然而然自觉性就锻炼出来了。

关于劣势,我觉得我很反感的就是有一些老师把所有的课堂内容都放在网络上。有一些老师会在网络上布置很多视频,然后让我们纯粹地在网络上看视频自学。我觉得网络教育可以作为一项辅助的选择去帮助学校的课堂教学,而不是完全让学生依赖网络教学,解放老师。如果是那样子的话,我们的学校教育还有什么意义呢?还有一些活动我觉得也很麻烦,占用掉了我生活当中很大一部分时间。像一些应用比如易班,学校就会有教学任务下来,今天我们要评什么、明天我们要干什么很耽误时间。在 App Store 上这款 App 已经被打了很低的评分,但还是没有下架,实际上这款 App 并没有为我的生活提供多少便利,还让我花了很多时间在上面,我觉得这给我的生活带来了很多不方便。另外,我觉得有些网课价格实在是太高了。有些应用也确实没什么优质的内容,用起来效果也不太好。

3. 作为一名在校大学生,请问您觉得在线教育给您的生活以及学习带来了哪些方面的影响?

答:生活的话,我觉得网络的这些学习 App 已经深入我生活的每一部分了,很难区分我的学习和我的课余时间。像上课两小时,下课网课两小时这样,有时候我觉得还是挺累的。然后的话,有一些学科确实在网课上学习比较方便。比如学 C 语言的那些工科生,有一些网络平台可以直接验证程序的结果,我觉得还是比较方便的。因为对于他们而言,肯定就不是纸上谈兵看着书在课堂上就可以学好的,所以这个在线教育的话还是挺有必要的。

4. 您对于学校开展的在线教育活动、方式有何感想?

答:对于学校开展的教育活动,我不反对,也就是接受吧。我觉得使用一些 App,然后在上课的时候可以一键签到,很节省时间,可以多一点时间用在学习上面。别的好像也没有什么特别的地方。

5. 在线教育相较于传统方式,您更喜欢哪一种?

答:我是更喜欢传统方式的,因为我觉得传统方式并不牵扯到我的个人时间。我是一个对时间安排和利用十分敏感的人。我预留出来的时间给学习,那就一直会学习。但是网络教育的出现打破了一切的间隔。我在寝室的时候还要刷网课就觉得很累。因此我更加倾向于以前的教育方式。

现对访谈内容做如下分析。

这位同学其实是我们访谈当中比较少有的不太喜欢在线教育的类型。但是她说的也十分有道理。在线教育的普及,确实让我们的生活中闲暇时间与学习时间变得不那么分明。同样的类比,上班的时候就应该好好上班,下班之后再在微信群中接收到消息就会觉得十分疲乏。

原本的课时只有一周三节,但是算上网课的时间变成了一周六节,也确实令人头疼。至于她提到的易班类 App,在没有任何方便学习与课堂教学的情况下,让学生使用确实并不合情合理,应该取缔。

从发展的角度说,线上教育具有多种优势,在日后的教育体系中也会占有一席之地。特别是近两年,各大高校都在推动建立自己学校的慕课平台,教育的信息化势不可挡。

以下是调研所得两份老师访谈记录,其中第一份为外国语学院李老师所述,第二份为信息与电子工程学院朱老师所述。

年龄:29岁

性别:男

访谈时间:2019-05-15

记录人:付祥敏

1. 请问您对于在线教育的高速发展有什么看法?

答:在线教育的高速发展目前看来是大势所趋,热度只增不减,各科目基本都可以实现在线教育,发展前景不错。

2. 您认为在线教育相比较于传统教育,所具有的优势以及劣势有哪些?

答:优势在于灵活性,学生、老师双方可以自己选择适合的时间完成任务。劣势在于,弱化了课堂情感交流,不利于师生间及时有效地反馈。

3. 您觉得在线教育对于学生、教师会产生哪些有利或者不利的影响?

答:对学生自律性要求比较高,如果学生自律性不高,那么学习效率堪忧。对老师也是督促,须按部就班完成课程安排。

4. 您觉得在线教育课堂推行到现在,我们的教学课堂有什么变化?

答:最大的变化是线上、线下教学结合变得越来越多。

5. 整体而言,您觉得在线教育有何深刻意义?

答:在线教育是对传统课堂的改革,更是突破,它打破具体区域限制,将授课时间与地点变得更加灵活。

年龄:27岁

性别:女

访谈时间:2019-05-15

记录人:马慧敏

1. 请问您对于在线教育的高速发展有什么看法?

答:在线教育正处于高速发展的阶段,使得教育的模式更加多样化。不管是学生还是老师都可以拥有更多的资源。

2. 您认为在线教育相比较于传统教育,所具有的优势以及劣势有哪些?

答:资源更多,学生学习的方式有更多的选择。劣势:如果学生的自觉性不够,学生学习的效果会很差,会出现很多学生混学时的情况。

3. 您觉得在线教育对于学生、教师会产生哪些有利或者不利的影响？

答：对老师来说，有利的是上课的方式更多，教学内容可以用不同的方式展现，一次性做好在线课程的内容可以省时省力。不好的地方是不能像传统的课堂教学那样，在授课的课程中，可以根据学生的反应来进行及时调整，让学生能够更好地吸收知识。

对学生来说，就是通过在线课堂，能够学到很多书本以外的知识，能够随时随地进行学习。不好的地方是需要学生有更好的自觉性以及自我管理能力。

4. 您觉得在线教育课堂推行到现在，我们的教学课堂有什么变化？

答：在我看来，整体变化并不是很好。

5. 整体而言，您觉得在线教育有何深刻意义？

答：我本人也会通过各种网站来学习，当认真地静下心来去学习的时候，学习的效率很好。将来在线教育是一种趋势，但是我还是认为传统的教学模式应该占主导地位。

现对访谈内容做如下分析。

从李老师的问答中，初步可以看出在线教育其实是我们无法回避的发展趋势，在线教育最重要的一点还是学生的自觉性问题。离开了教室就是学生的自由活动时间，如果我们任由学生自己安排，有些同学可能就会因为自觉性不够而完不成学习任务，达不到学习的效果。因此在在线教育大面积推行情况下如何提高学生的学习自主性，让学生充分利用课堂以及课外的学习时间去在线教育平台学习相关知识是必须要解决的问题。而想要让学生爱上在线教育平台，光靠老师把视频放在教育平台上让学生爱上这个网站是不现实也是不可能的。也许在线教育平台、学校的负责人应当去一些现在的网络公司学习观摩如何将一个网站做得足够吸引人。一些策划也可以和一些著名的网络公司联动，从而提高平台自身的生命力。

根据朱老师的回答，在线教育对于学生反馈收集比较困难这一点十分重要。以往的教学方式中，老师在课堂上可以通过观察学生表情的变化等方式来判断学生对一个知识点的掌握程度，从而决定讲课的快慢。但是在线教育的教学内容、教学重点都是通过以前的经验来安排的，如果以后在线教育占到了教育的大部分内容，那么如何判断学生的接受能力，如何安排教学内容也是一个难点。我们必须解决在线教育的教学反馈问题，才能够更好地帮助学生掌握知识。

五、调研总结

通过上述多种方式的调查，综合所做的分析与讨论，我们得到结论如下。

（一）学生接受在线教育比例较高，花费时间较长

从调研数据来看，90％以上的同学均表示接受过线上教育，使用过相关软件以及平台进行过学习。大部分同学每周花费在在线教育上的时间均在 2 小时左右，2—3 小时的也有近 25％。说明大家在学习的时候，还是花费了许多时间在在线教育上的。

（二）在线教育主要扩展动力为学校推广

在调研问题"您使用在线教育平台的主要目的是？"中，84％的同学选择了"学校要求使用指定平台"，这说明多数情况下，学生都是为了完成学校老师布置的课后任务而选择线上学习的。

（三）在线教育对学生学习具有一定帮助

在所有问卷填写对象以及访谈对象中，仅有不到 5 位同学认为在线教育对于学习成绩的提升丝毫没有帮助，而绝大部分的同学都认为在线教育对于学习成绩的提升还是挺有帮助的。

（四）在线教育亦是双刃剑，有利也有弊

经过调查研究，现整理在线教育优势与劣势如下。

1. 在线教育优势。

时间分配自由，地点随意。不像课堂教学具有固定时间、地点，在线教育可以选择在有空的时候学习，不会与其他时间冲突。

可以反复学习，自主性强。遇到不会的知识点可以反复观看网课视频，不像从前需要找老师询问问题，有利于培养学生自主思考的能力。

具备讨论区，可以与其他同学讨论相关知识。在课堂上往往讨论的时间较少，学生讨论的积极性也不高。但是在讨论区，学生有充足的时间去讨论相关知识。

帮助老师减轻教学负担。大学许多老师上课时间较长，往往会较为疲惫。在线教育是一种课堂教学的有效补充。

2. 在线教育劣势。

在线教育使用的电子设备容易使人分神。过去的课堂没有手机等电子设备，现在许多的课堂也在禁止学生使用手机等电子设备，但是在在线教育的方式下，电子设备是其中必不可少的一环，在在线教育学习过程中，不可避免地都会使用手机、电脑等电子设备，学生很容易就让别的应用提醒分神，导致学习效率降低。

在线教育内容良莠不齐。学校提供的教学平台质量相对来说较好。但是在课外自己学习的时候，就没有太多的质量较好的平台可以选择，甚至有一部

分平台质量较差,还充斥着各种广告。

在线教育形式固定,缺乏灵活性。在在线教育过程中,若真正遇到了自己不懂的问题,很难通过传统的寻找老师的方式解决疑难问题。

某些在线教育平台对内容监管不到位,甚至存在黄色诱导内容,在该方面还需要平台监管者加大监管力度。

在线教育很难把握、捕捉学生的学习进度和学习情况。在传统的教育形式中,老师可以通过学生的面部表情等方面觉察到学生对于一个知识点的把握情况,因此可以讲解重点,课堂变得有轻有重。但是在线教育平台不具备这样的能力去捕捉学生的表现,因此很难做到对于一个学生的个性辅导。

在线教育使得学生学习与休息变得模糊。许多网课视频任务看似并不复杂,其实需要学生在休息的时间花时间去做任务,对学生来说是一种心理羁绊。

在线教育对于老师来说是减负的同时,对于学生而言可能是一种变相增负。有一些曾经是老师的任务被转嫁到了学生头上,诸如上课放视频让学生自学,让学生之间互相批改作业,等等。

(五)在线教育对学生的生活方式产生了影响

从前学生的学习与休息是分开的,但是在现阶段,网络教学使得两者界限变得模糊。老师布置的网课可能要在刷牙洗脸的时候学习,老师布置的单词记忆任务可能要在公交车上完成。曾经属于我们单独的小空间消失了。

四、社会建设调查篇

SHE HUI JIAN SHE DIAO CHA PIAN

绍兴嵊州地区城乡公交一体化状况调查

法语 1701 班：杨培萱　钱丽灵　黄　亚

指导教师：陈绍博

摘　要：城乡一体化发展战略是全面建成小康社会和社会主义新农村的重大战略举措，又是从根本上消除城乡二元结构和解决"三农"问题的治本之策，而城乡公交一体化又是城乡一体化的重要部分。近年来，城乡公交一体化逐渐在各个乡镇得到了落实。以绍兴嵊州地区为例，嵊州客运西站开设了从嵊州开往石璜、长乐、崇仁以及各乡镇的公交。为更好地了解城乡公交一体化在嵊州市的落实以及嵊州居民与乘客对改革后的城乡公交的体验、意见与建议，我们小组于五一放假期间来到了嵊州当地，开展了一系列的调查与访谈，对不同职业与不同年龄段的人进行了访问，收集了他们的意见与建议，并进行整理。调研结果可促进城乡公交一体化更好地落实与发展。

关键词：嵊州　公交　城乡一体化

一、调查概况

调查时间：2019 年 5 月 1—3 日。

调查对象：嵊州市居民与城乡公交乘客。

调查方法：线上问卷调查，线下问卷调查与访谈。

调查内容：嵊州地区城乡公交一体化的落实，嵊州居民和城乡公交乘客对公交改革前后的看法以及对改革后城乡公交的意见和建议。

二、调查组织过程

第一天：抵达嵊州，去组员家路上，因不了解当地情况，听组员详细介绍；来到组员家，和组员父母聊，深入了解体系改革。

第二天：坐全路线公交车，观察路线图谱及区域情况，访谈乘客、车站工作人员、司机。在嵊州街头发放问卷并当场收回。

第三天:在组员家所在村落及附近邻村进行访谈,发放问卷,并当场收回。与政府工作人员进行访谈(未成功)。

三、调查结论

(一)问卷结果

在参与本次问卷调查的对象中,18—60岁的人占比较大,即农民群体与普通白领群体,18岁以下(学生群体)及60—70岁的人数(退休人员)也比较多。

每周一次及以上坐公交车的人最多,坐车频率每天一次与每月一次的人也不在少数。只有很少一部分人每年一次或几乎不坐车。坐车频率为每周一次的人中,存在部分恶性的由于不需要付钱而坐车玩的老人,但大部分人是职业所需;由于农民一般都有自己的车,所以除非是进入市区,一般不需要乘坐公交,山区的学生也大部分选择住校,所以坐车频率为每周一次或每月一次的人较多。

70%的人认为城乡公交改革后带来了便利,但也有部分人认为没有带来便利或根本没有区别,在对于带来的便利,大部分人认为更经济,时间更固定。

在站点的设立方面,大家褒贬不一,认为站台的固定带来便利的人数与认为站点的设立带来不便的人数呈现五五开的比例。同时城乡公交政策改革后,对于司机的态度是否发生了变化,近乎一半的人认为司机的态度发生了变化,而且是倾向于变恶劣,另一部分人认为没有变化或者没有感觉。

绝大部分人都进行了办卡,60%的居民都有办理普通卡,一方面是因为办卡可以避免没有零钱的尴尬境地,另一方面是因为普通卡有8折的优惠。超过60岁的人就可以办理老年卡或者老年优惠卡,这会有更大的优惠力度,少部分不办理公交卡的是偶尔回老家过节并且可以用支付宝的人。

在对于目前的公交体系的总体评价方面,63%的人认为还是带来了便利的,26%的人认为没有带来便利,而剩余的人认为并没有什么变化。带来的便利主要是更经济、坐车更规范、时间更固定,大部分的人认为带来的优点是更加的经济。而带来的不便之处主要是站台太远、等车不便、公交间隔时间太长、不必要的乘坐变多、造成资源浪费,也有少部分人感受到司机的态度发生了变化。

(二)访谈结果

1.老年人。

老年人普遍认为城乡公交一体化为他们的出行带来了极大的便利,并且在享受公交卡优惠政策的情况下,极大地增加了外出的次数,而且由于现在公交车上年轻人一般情况下都会让座,所以基本每次出门都有座位。

2.司机。

城乡公交改革后,工作量减少了。以前每天要开好多趟,现在每天只需要在固定的时间发车,公交时间间隔也变长了。现在是按月领工资,所以也不用担心乘客的数量会影响自己的收入。

3.学生。

对于老家在山区的同学来说,有部分同学表示出行明显地没有以前方便,班次的减少与时间的固定导致出行时间受限。而且车上的老年人数量剧增,由于限座,自己往往没有座位,甚至有的时候因为人数过多而出现司机不让上车的情况,而又没有其他的班次,导致没车坐。而且司机态度明显变差。当然还是从公交卡的改革中得到了好处的。

4.公交站工作人员。

城乡公交改革后公交站的工作人员明显锐减,不需要售票员的同时,公交车站的工作人员需求量也少了,更多的人只是来办理公交卡业务,所以工作也清闲了不少。

(三)总结

城乡公交一体化作为城乡一体化的重要组成部分,消除了城乡交通的二元分割,方便城乡居民出行,促进城乡之间的交融,在一定程度上缩小了城乡差距,推动了城乡社会经济的共同发展。在落实的过程中,确实带来了诸多便利,包括更经济、时间与站点更加的固定、减轻了司机与公交站工作人员的压力。但同时,也带来了部分弊端,如班次的减少、司机态度的变化、某些老年人的恶性利用政策。城乡公交一体化的落实与发展将是一个非常漫长而又任务艰巨的过程,也希望在之后的发展过程中,城乡公交体系能够根据目前调查反馈出的潜在问题做出一定的改善,有积极的回馈,使市民更好地体验到城乡公交一体化带来的便利。

四、调查效果及体会

关于城乡公交一体化的本次社会实践,根据已收到的有效调查问卷中所显示的数据,以及与当地居民、工作人员、公交乘务人员的简短访谈中所了解的情况,我们可以说这次社会实践调查所呈现的结果内容,也就是说调查效果是非常不错的,因为我们成功达到了预期目标。

也就是根据对通源地区多个村落的走访,根据在嵊州市区到市区外公交线路的多次往返乘坐中与当地老年居民、中年居民和青少年居民的交谈以及问卷调查,根据在嵊州西站与乘务人员的交谈,根据在嵊州三个主要的中心商务区发放的调查问卷,我们了解到城乡公交一体化建设已经相对完善地落实,给多数人也已经带来了便利,只是它在上线的同时伴随着部分职位人员的下岗,以及部分地区车次路线的改变和减少,这些略造成了一部分人群的不便。

在本次社会实践中,我们的体会是,实践活动,对于现在的当代大学生来说是十分重要的,一是锻炼我们的实践能力,这也是这项活动开展的初衷;二是增加大学生与社会的交流,使得学生不再死读书,读死书,而是在实践中发现自身与社会的联系和羁绊,发现真理的所在;三是学会感知社会,体验社会,真正参与到社会实践中去,让我们自觉地去感受更广阔的人生,让我们于无形中见识到更多形形色色的人,有助于我们在未来更好地融入社会中去。

中华人民共和国成立 70 周年背景下新农村变迁情况与居民满意度调查

——以杭州市钱塘新区河庄街道蜀南村为例

哲学 1701 班：赵嘉宁　王惠燕　张孝发　王　硕　孙膺贺　褚钇彤
　　　　　　钟洺乐　刘　丹　杨虹贝　娄嘉萱

指导老师：崔　杰

摘　要：本次社会实践着眼于中华人民共和国成立 70 周年社会变迁的历史大背景，以杭州市钱塘新区河庄街道蜀南村村民为调查对象，基于深度社会调查访谈和真实取证，从多维度、多层面系统地分析"新型城镇化"战略进程中新城镇居民的生活满意度。采取问卷统计与实地面对面访谈相结合的方式，揭示当地居民对新型农村城镇化建设下居民生活的满意情况和新农村变迁的实际影响范围及成果的反馈。本次调研基于杭州市钱塘新区和河庄街道 70 周年不断发展与当下的新型农村城镇化建设对当地居民生活的影响的实际情况，探究中华人民共和国成立 70 周年变迁对普通百姓的深刻影响。

关键词：新农村变迁　居民满意度　蜀南村　社会调查

一、引　言

(一)调查的背景

　　党的十六届五中全会明确提出"建设社会主义新农村是我国现代化进程中的重大历史任务"，并把社会主义新农村的目标和要求概括为"生产发展、生活宽裕、乡风文明、村容整洁、管理民主"。新农村建设涵盖了政治、经济、文化、教育等诸多领域，内容丰富、含义深刻，这也是新时期"三农"工作的行动纲领。由于农村城镇化过程中涵盖了以上诸多领域的内容，因此，加速农村城镇化建设，便成为构建社会主义新农村的有效途径。

　　而蜀南村，随着大江东新城的加快推进，其各项社会事业在过去几十年间得到飞速发展。因其独特的人文风貌和村庄发展的先进性，蜀南村先后获得杭州市生态村、卫生村、文明村、敬老爱老示范村等荣誉。由此可见,蜀南村是当代中国社会主义新农村建设的典型范例。

(二)调查的目的及意义

为实际了解蜀南村居民在新型城镇化建设下的生活状况和满意情况,我们在蜀南村展开了实地调研活动。整个活动在蜀南村行政服务中心和蜀南村居民区展开,以蜀南村的当地居民为调研对象,同时对当地政府的工作人员就新农村变迁情况进行访谈和咨询,深入了解蜀南村新型农村城镇化建设情况与发展历程,以及当地百姓们对这70年来社会生活变迁的记忆与感受。

二、居民调查分析

(一)调查区域

蜀南村现属于钱塘新区,区域内江东大桥东接线穿村而过,将村庄南北分离。全村共有农户664户,其中新农村小区308户,人口2996人。党员85人,分设两个党支部,分别是农业支部和两新支部,均归蜀南村党总支管理。全村现有工业企业20余家,其中规模以上企业4家,均位于江东大道北面。2018年实现农村经济总收支9亿元,农民人均收入39301元,实现村集体可支配收入1244万元。全村男60周岁以上、女50周岁以上居民养老保险已实现全覆盖。先后获得杭州市生态村、卫生村、文明村、敬老爱老示范村等荣誉。

(二)调查对象和方式

在新农村建设的推进下,蜀南村逐步分化为两个区域,第一个为拆迁安置社区,这个区域主要供住房被拆迁的村民居住,道路修建和基础设施较为完善,是蜀南村村民的主要集中地区;第二个为未拆迁或拆迁中区域,此区域房屋多在拆迁中或还未规划拆迁,相对而言房屋老旧,布局较为混乱,道路修建不够完善。

我们在两个区域中进行随机抽样问卷调查,同时对该村前几任干部和部分村民进行访谈。调查方法为抽样问卷调查法。

本次调查共计发放问卷174份,其中有效问卷174份。

表 1 样本特征描述列表

统计特征	分类指标	人数	有效比例
性别结构	男	70	40.23%
	女	104	59.77%
年龄结构	25 岁以下	10	5.75%
	25—35 岁	22	12.64%
	35—45 岁	34	19.54%
	45—55 岁	24	13.79%
	55 岁以上	84	48.28%
文化程度	未上学	36	20.69%
	小学	52	29.89%
	初中	40	22.99%
	高中	16	9.19%
	大专	20	11.49%
	本科	10	5.75%
职业构成	务农	16	9.19%
	打工	50	28.74%
	企业务工	20	11.49%
	个体户	16	9.19%
	事业单位	6	3.45%
	其他	54	31.03%
	（空）	12	6.90%
政治面貌	党员	20	11.49%
	团员	14	8.05%
	群众	128	73.56%
	（空）	12	6.90%
民族构成	汉族	152	87.36%
	少数民族	10	5.75%
	（空）	12	6.90%

根据基础数据的整理和分析可以发现。

1.本次调查的受访人群主要集中在 55 岁以上,占总人数的 48.28％,其次是 35—45 岁,占总人数的 19.54％,从中可以看出,本次调查的受访群众基本为中老年人,可见村中常住居民以年龄偏大者为主。

2.本次调查的受访人群学历构成基本集中在初中及以下,仍存在部分学历在高中及以上的人,可见村中居民受教育水平普遍偏低,在走访中我们也发现当地居民存在很大一部分人不会讲甚至听不懂普通话,在对外沟通和交流时存在阻碍。

3.受访群众的职业构成较为复杂,打工居多,占总数的 28.74％,其次是企业业务工,占总数的 11.49％,另外其他未列出的职业从业人员(月收入来源基本依靠保险和政府补贴)占到总数的 31.03％。

4.受访群众月收入集中在 3500 元以下,占总数的 60.92％;月收入在 3500—5000 元和 8000 元以上的人较少,但从个人收入来看,依据国家划定的低收入群体月收入在 2000 元以下、中等收入群体月收入在 2000—5000 元、较高收入群体月收入在 5000—10000 元、高收入群体月收入在 10000 元以上的标准,蜀南村居民以中低收入群体为主。

5.受访群众政治面貌以群众为主,占总人数的 73.56％;党员和团员较少,分别占总人数的 11.49％和 8.05％。

6.受访群众的民族以汉族为主。

(三)居民生活 70 年变迁情况调查

1.调查问题:您觉得与 10 年前相比,变化最大的是_____[多选题]。
调查结果如表 1 所示。

表 1 10 年变迁情况调查

选项	小计	比例	
吃得更好	120		68.97％
穿得更好	116		66.67％
住得更好	136		78.16％
出行更方便	138		79.31％
文化生活更丰富	98		56.32％
炒股	12		6.90％
其他	40		22.99％
本题有效填写人次	174		

从调查结果来看,10年间居民生活的各个方面,总体来说都是有所提升的。接近3/4的人认为自己生活的各个方面(吃穿住行)有了很大提升,相比之下56.32%的文化生活认同暴露了在新农村中,居民们对于文化生活的关注程度还有待进一步提高。炒股所代表的是理财的意识,而理财意识在新农村中也是较为薄弱的一点,6.90%的比例更多说明的是居民们对正确理财认识的缺乏。

2.调查问题:您现在出行的主要交通工具是_____[多选题]。

调查结果如表2所示。

表2　现在出行所用交通工具统计

选项	小计	比例	
自行车	12		6.9%
公交车	34		19.54%
电瓶车	118		67.82%
地铁	20		11.49%
私家车	76		43.68%
出租车	6		3.45%
本题有效填写人次	174		

出行以电瓶车和私家车为主,直接反映出行方便,说明经济水平提高了。电瓶车67.82%的使用率说明的是居民们平时外出主要以购买日常生活资料为主,但是地铁、公交的使用率偏低说明了居民们中距离旅行的缺少,可能是因为距离地铁站相对较远,公交线路比较缺乏。私家车43.68%的使用率说明了居民们收入水平提高了,并且对于远程外出旅游的需求在增长。

3.调查问题:您家25年前拥有_____[多选题]。

调查结果如表3所示。

表3　25年变迁情况调查

选项	小计	比例	
收音机	102		58.62%
电视机	112		64.37%
洗衣机	68		39.08%
电冰箱	50		28.74%
自行车	118		67.82%

选项	小计	比例	
空调	8		4.6%
微波炉	6		3.45%
电脑	2		1.15%
小轿车	2		1.15%
手机	46		26.44%
其他	36		20.69%
本题有效填写人次	174		

4.调查问题:您家现在拥有_____[多选题]。

调查结果如表 4 所示。

表 4　25 年变迁情况调查

选项	小计	比例	
收音机	68		39.08%
电视机	154		88.51%
洗衣机	150		86.21%
电冰箱	146		83.91%
自行车	120		68.97%
空调	136		78.16%
微波炉	114		65.52%
电脑	132		75.86%
小轿车	116		66.67%
手机	144		82.76%
其他	36		20.69%
本题有效填写人次	174		

从过去的物资稀少,到现在的应有尽有。在表 3 和表 4 的对比中我们更容易发现经济快速发展的痕迹以及科学技术的突飞猛进。在过去,只有电视机、收音机、自行车等稍微亲民一些,但是近几年,人们想要的,基本都有了,并且电子产品的种类也呈现出多样化,而电子产品的更新换代速度也在不断地加快,电子产品的普及,一方面体现了现代科技的发展,另一方面说明村民自身收入

的增长导致购买力的提升,从而生活水平增长。

5.调查问题:您认为蜀南村发展变化最明显的是_____[多选题]。

调查结果如表 5 所示。

表 5　蜀南村发展时代调查

选项	小计	比例	
70 年代	2		1.15%
80 年代	2		1.15%
90 年代	12		6.90%
10 年前	72		41.38%
近几年	96		55.17%
本题有效填写人次	174		

大部分人回忆起来,都认为在近 10 年左右,村子开始有了很大的变化。这是政策开始影响到村子,持续推进以人为核心的"新型城镇化",各类拆迁开始实施的时候,政府征收的用地进行基础建设,改善了村民的生活环境,并且拆迁给村民提供的补偿也令村民的生活水平得到提高。说明政策的实施促进了村子的经济发展。

(四)居民现在生活满意度调查

1.调查问题:蜀南村每月都有文艺演出或村民文化活动吗?[单选题]

调查结果如表 6 所示。

表 6　居民现在生活满意度调查

选项	小计	比例	
经常有	48		27.59%
偶尔有	52		29.89%
没有	14		8.05%
说不清	60		34.48%
本题有效填写人次	174		

经调查统计,超半数的村民表示蜀南村每月都有文艺演出和村民文化活动,但同时仍有 8.5% 的村民表示蜀南村没有文艺演出或村民文化活动,有三分之一的人则表示不清楚。

可见,蜀南村的文化活动建设已经比较成熟,但受益人群、参与人群仍然有限,并且村委会在文化活动的宣传上力度比较薄弱,加上部分村民的文化意识仍旧偏弱,没有认识到文化活动的重要性,或表示根本就不知道什么是文艺演出或村民文化活动,村庄还应加大宣传,多与村民交流,丰富村民文化生活,提高村民的思想文化水平,加强精神文化建设。

2.调查问题:您认为土地是以前家庭承包好还是现在集体经营分红好?[单选题]

调查结果如表7所示。

表7　您认为土地是以前家庭承包好还是现在集体经营分红好调查

选项	小计	比例	
家庭承包好	16		9.20%
集体经营分红好	86		49.43%
说不清	72		41.38%
本题有效填写人次	174		

在政府长期工作下,绝大多数村民都认为土地还是集体经营分红好,政府给补贴,还提供失地农民养老保险。但也有比较大一部分人说不清土地是以前家庭承包好还是现在集体经营分红好,他们表示家庭承包和集体经营各有优点和缺点。少数上了年纪的村民的"务农"思想根深蒂固,坚持认为还是家庭承包好。但随着蜀南村的发展,这类人群数量也在持续减少。

3.调查问题:您对现在的生活满意吗?[单选题]

调查结果如表8所示。

表8　现在生活满意度调查

选项	小计	比例	
非常满意	50		28.74%
基本满意	118		67.82%
不满意	6		3.45%
本题有效填写人次	174		

极少数的村民还对现在的生活不满意,认为还有提升空间。而绝大多数村民都对现在的生活状况感到基本满意或是非常满意。由此可见,"新型城镇化"更着重强调内在质量的全面提升,推动城镇化由偏重数量规模增加向注重质量内涵提升转变,着重"以人为本",以实现真正意义上的"人"的城市化为目标,蜀南村不断发展"新型城镇化",村内近几年快速发展,优化改革,村民生活水平得

到提升,村民物质文化等各方面的生活需求基本上还是满足了的,村民们也对此表示认可。

三、居民深入访谈分析

1.您家是否都有社会保险和医疗保险?如果有,是什么时候开始有的?您对目前的社会保险和医疗保险满意吗?

对于这个问题,在采访蜀南村村民过程中我们了解到,大部分失地村民都有社保和医保,并获得了失地养老保险,对失地养老保险这个政策也表示满意。但也有个别村民表示,养老保险太贵买不起,自己只有农村保险,而且农村保险的额度也并不能完全满足家中的需求,还存在家中有两位老人但能上保险的只有一位的情况,他们表示,"家中两位老人,只有一个老人能上保险,希望都能有保险""保险嘛,每个月有是有,要是能再多点更好""看病太贵了,医保不太够用",等等。从走访结果来看,失地养老保险这个政策在蜀南村的落实比较到位,但由于条件比较复杂,每月保险金相对于生活成本来说数额较少,导致部分村民对此政策不够满意。

我国关于失地养老保险的相关规定有,失地农民指因政府统一征收农村集体土地而失去全部或部分土地,且征地时对所征土地享有承包经营权的人员。年满 18 周岁的失地农民可自愿参保,年龄以居民身份证登载的出生日期为准,征地时间以征地批文为准。对于男性年龄在 60 周岁以上、女性年龄在 55 周岁以上的失地农民,地方社会保障部门根据每年养老保险金水平,按 15 年期限,从政府土地征用收益中扣除一部分资金用于养老保险费用的支付,个人不负担缴费。从失地的当月起,开始领取养老保险。对于男性年龄在 45—60 周岁之间、女性年龄在 40—55 周岁之间的失地农民应加入城镇灵活就业人员养老保险项目中。灵活就业人员养老保险缴费年限与失地农民实际年龄之间的差额即为实际缴费年限。每年所需缴纳的费用由政府、集体、个人三方共同承担。政府负担的部分从政府土地征用收益中扣除,再加专项的财政拨款,集体承担部分从土地补偿费和集体经济积累中提取,失地农民个人缴纳的部分每年定期自我支付。具体比例要合理,政府出资应在 50% 以上,集体出资应在 30% 左右,个人出资在 20% 左右,坚持政府保障为主、个人保障为辅的原则。失地农民达到缴费年限后,可以领取养老保险金。对于男性 45 周岁以下、女性 40 周岁以下的失地农民,当地社会保障部门的主要任务是促进劳动力再就业,应从集体获得的土地补偿费中,提出一部分就业培训专用资金,使失地农民掌握新的劳动技能,增加就业机会,加快就业进程。当这部分失地农民自谋职业后,应参加城镇居民养老保险项目,凭借失地农民身份证明,享受一定的养老保险缴费的优惠待遇。同时也应特别注意农村低保人员失地后的养老保险安排，对于失地低保人员，社会保障部门应不分年龄差别，对其实施城镇最低生活保障。

从以上规定可看出，国家对失地农民采取补偿和促进再就业并重的方式，对年龄较大、丧失劳动能力的失地农民以保险补偿为主，对年龄较小、具备劳动能力的失地农民以促进再就业为主。但现实生活中仍然存在很多问题，比如有的家里老人人数多，每户只有一位保险名额的话数量太少；有的农民文化水平太低，或者短时间内无法掌握新的劳动技能，失地后很难找到新工作谋生；当下物质生活成本不断上升，保险金额较少导致农民生活拮据；等等。政府应针对这些现实问题对养老保险政策进行适当放宽和调整，或者采取其他方式进行失地补偿，提高失地农民生活水平。

2.您家是什么时候住进现在的楼房的？房子有没有产权证、契证或者土地证？

关于"何时入住现在的楼房"这个问题，村民们回答不一。据统计，大多集中在3—10年前。由此可见，蜀南村在2008、2009年之后发展较快，村民的居住条件在近10年间得到较大程度上的改善，生活水平在近10年里也有很大的提高。

对于"是否有产权证、契证或土地证"这个问题，大多数村民的反馈是："房子都是自己家里盖起来的，没有房产证，地契有的。"近10年搬迁的基本都有产权证，而统一建造的新农村的居民们，都是有房产证的。此外，有的村民并不清楚自己有哪些证。

村民自建房屋，有土地证没有房产证一直是农村的常态。私建的房屋虽然没有房产证，但在居住和补偿上都不会有问题，只是无法去银行抵押贷款。因此不做投资的话就没有太大问题。但是农民自建房屋，不利于农村建筑和设备的统一规划，易增加管理上的困难。而在新型城镇化建设下的新农村，房屋都是统一修建，不仅提高了外观上的统一和谐，也有利于进行统一规划和管理，向现代化管理模式靠近。此外，拥有房产证在投资等方面也比原来的土地证更加方便，体现了新农村城镇化的进步性。

而对于那些搞不清楚自己有哪些证的村民，村委会可以组织相关人士对这些村民进行知识科普讲解，使其对产权知识有基本了解，提高村民素质，这样也有利于村民以后遇到相关问题时可以维护自身的产权利益。

3.您家还保留有自留地吗？如果有，有多少面积？如果没有，是一直都没有还是从什么时候没有自留地的？您认为村里的土地应该怎么使用？

从村庄统计资料中我们了解到蜀南村人均占地面积为267平方米/人。

关于"家里还有自留地吗"这个问题，我们走访了蜀南村的村民，在走访过程中我们了解到，蜀南村新型城镇化建设中土地集体经营做得比较彻底，大部分村民家里都已经没有自留地了；部分村民表示家里还有一点点自留地，而且每一户的自留地面积大小都差不多，面积都比较小，在 30 平方米左右，村民可以在这部分自留地上自主种菜，用于自己吃或者售卖。但也存在部分人家无劳动力可用，加之地卖不出去导致的自留地闲置情况。此外，还有极少部分村民有很小一部分自留地用于环境绿化并自我管理。

对于那些家中无自留地的居民，我们继续提出"什么时候开始没有自留地"这个问题，部分村民表示自己家一直以来都没有地，大部分村民则表示自蜀南村进入新型城镇化的时代开始（10 多年前蜀南村拆迁），近十几年来土地陆续被收走，有人是七八年前被收走的，有人则是四五年前被收走的。

土地被集体收归之后，以集体经营的方式进行统一管理，多用于外包或是居民公共事业。为进一步调查居民对土地集体经营政策的满意度，我们继续发问，关于"村里土地应该怎么使用"这个问题，大部分年纪大且没有工作的老人还是希望每户家庭能保有自己的自留地，他们表示："年纪大了也找不到工作，自己种种地一年也能有几万块钱的收入。""现在集体把地收走了，一年一亩也就补贴个 1500 块钱，太少了。"相比之下，中年人与青年人对于新农村建设的接受程度更高，他们表示自己不会种地，也另有收入来源，土地还是收归集体好。还有一些人家里没有劳动力可用，他们则是希望自留地收归集体后，政府能够规划得当，将土地用于建房子、建公园、造路、搞发展，使得各方面配套的公共设施得以跟进，促进村子发展，特别是医疗和教育。"政府如果有好的规划，用自留地能得到比较好的收益，再给我们分红就好了。""如果集体分红的收益能比自己种菜的收益高，那当然是集体规划好。"可见村民对于自留地建设和发展还是保有较高的期待的。

在走访的过程中我们简单了解了蜀南村周围村庄的土地使用方式，他们表示自己村庄的土地采用的是土地流转的经营方式。所谓土地流转，就是指土地使用权流转，土地使用权流转的含义，是指拥有土地承包经营权的农户将土地经营权（使用权）转让给其他农户或经济组织，即保留承包权，转让使用权。可以通过转包、转让、入股、合作、租赁、互换等方式出让经营权，鼓励农民将承包地向专业大户、合作社等流转，发展农业规模经营。

蜀南村许多村民也表示，希望政府可以采取土地流转的方式，让有需要的村民、农户、经济组织等自行承包土地，自己自由使用创收，这样将大大增强土地利用的灵活性，使得土地及村民的利益最大化，也能更好地协调和解决。

4.您家里有被集体或者政府征收过土地吗？集体或政府有没有对征收土地进行补偿？补偿多少？您对补偿满意吗？

关于"家里有没有被集体或政府征收过土地"的问题,大部分村民都做出了肯定的回答,仅有少部分因其并非蜀南村原住民而并没有拥有过自己的土地,集体征收土地,根本目的其实也是提高土地利用率,改善村内的建设,从而推动蜀南村的发展。

至于"集体或政府有无对征收土地进行补偿",村民基本表示了肯定,土地的征用给村民们带来了大量的资金,关于政府征收土地及补偿问题我们采访了村委负责人,他表示,政府将土地收走,此土地为集体所有土地,补偿给村集体 5 万元/亩。农户得分红为 1600 元/亩·年。另外,根据 2% 的份额给予村级留用地 9.3 亩。通过这样的分红补贴方式,给村民直接带来了资金,增加了村民收入,令村民的生活在这 10 年之间无论衣食住行还是其他方面都得到了提高,村民生活质量水平得到提升。

大多数人对于土地的征收还是比较满意的,但仍有不满的声音,在运行的过程中我们也发现了其中存在着许多问题。政府和集体给予的补偿是 1600/亩·年,或者给家里年满 60 周岁的其中一位老人购买失地农民养老保险,但是土地收归集体的时候,如果当事人还没有年满 60 周岁,就不会获得购买养老保险的资格,部分村民认为补偿金额没有达到自己的期望。

5. 您认为以前自己种地好还是现在集体分红好?您更喜欢以前的农村生活还是现在的生活?您对村里的建设和发展有什么希望和建议?

关于"土地究竟是自留好还是收归集体好"这个问题我们对蜀南村的众多村民进行了走访调查。大部分受访群众认为集体分红比以前自己种地好。此部分受访群众的收入来源基本依靠打工或者社会保险,家中基本上没有劳动力务农种地。在此受访群体中,年轻人大都没有学习过务农,并且认为务农太过辛苦,所以认为还是集体分红好。上了年纪的村民则表示,年纪大,精力不如从前,所以自己种地比集体分红好。

还有另一部分受访群众认为土地自留更好。此群体多数是中老年人,他们向我们反映因为自己年龄限制,找不到合适工作;儿女又因工作或孩子入学等原因,不在身边陪伴;土地收归集体之后给予的补贴过少(1600 元/亩·年),不如自己种地所创造的收益。因此这部分受众群体认为自己种地好。并且在保守思想"土地就是命根子"的影响下,他们认为无论政府给多少补贴都不能接受集体分红。

也存在小部分村民说不清,认为自己种地和集体分红差不多。随着时代的发展,村子里的年轻人受"家家都要有土地"观念的影响逐渐减轻,对"自己种地和集体分红"抱着无所谓的态度。

关于"更喜欢以前的农村生活还是现在的生活"这个问题,部分人对现在的生活感到满意。他们认为,现在的生活基础设施都因不断建设而完善,房屋等的安全程度也都得到了更多的保障;此外,随着科技发展,文娱生活也愈加丰富,带来与以前截然不同的生活方式。但持有这部分观点的村民,以年轻人居多。

相较于年轻人,大部分蜀南村的老年人持有相反的观点,他们更喜欢以前的生活,他们认为村里基础设施的建设格局,把原来的居民关系打散,拉远了距离,使村里的人们联系互动减少,关系日渐疏远。他们还认为以前家家户户都有自己大面积的院子,离各家各户的土地也近。而现在现代小区建设中,政府限制了房屋大小,心里就产生落差。但随着蜀南村的发展以及人口的年轻化,预估会有更多人喜欢现在的生活。

四、结论与建议

(一)结论

1.中华人民共和国成立 70 年来村民生活发生巨大变革。

中华人民共和国成立至今,中国社会生活发生巨大变革,尤其是 20 世纪 90年代以后,随着改革开放的深入,中国特色社会主义建设进入全新阶段。近年来,随着大江东新城的加快推进,蜀南村各项社会事业发展也翻开了崭新的一页。50 年前,蜀南村还是过着传统农村生活,日出而作日落而息;20 年前,蜀南村开始出现自行车、收音机、电视剧等现代化设备,尽管村内道路还是以泥土路和石子路为主,但村内居民的生活和出行便捷程度已有了较大的提升。

近年来,新农村战略不断推进,我们现在看到村庄内街道整洁、绿树成荫、设施齐全、环境优美,自来水、天然气、有线电视、电信、电力等管线全部实现地埋,农户生活污水进行集中纳管处理,村内道路实现硬化、绿化,并统一安装LED 路灯。村内对村民的精神文化建设也极为重视,积极开展各种文化活动。

另一方面,在调查和走访过程中,我们发现大部分村民尤其是老年人都有着稳定的保险保障,生活有基本保证,这也是推进小康社会建成过程中带领群众走向富强生活的重要一环。

2.村民思想文明建设有待加强。

经调查,我们发现,尽管村庄硬件设施和物质生活条件有了大幅度的提升,村民们对现在的生活也基本表示满意,但在思想文明建设方面,村庄虽然有开展面向村民的文艺活动,很多村民却表示不知情、不了解,村民的参与度并不是很高,甚至有部分村民根本不知道文化活动。究其原因,除了政府宣传力度不够大之外,村民本身的精神文化建设意识不够强也是其一。

3.不同人群对新农村土地变迁政策的态度不同。

在新农村建设过程中,蜀南村道路修建和基础设施越来越完善,村民收入也越来越高,物质生活得到了满足,近年来政府对人民的精神文化生活越来越重视,蜀南村的各种文化活动也应运而生。这一切工作都建立于土地重新收归集体这一措施的基础之上,只有将土地重新收归集体,政府才能更好地基于大方向的统一规划进行科学性的建设。然而,对于这一措施不同的人有不同的看法,中老年人思想较为保守,始终坚持着"土地就是命根子"的观念,因而对这一措施持反对或是不理解、不支持的态度,对土地收归后的补偿措施也存在部分不满。而年轻人则思想较为开放,对政策的理解能力较强,而且大部分年轻人有稳定的工作收入来源,并不完全依赖土地谋生,对于自留土地的依赖性有限,对于这一措施表示出基本满意的态度。

总体来说,随着新农村建设工作的开展,蜀南村村民的物质和文化生活都得到了更好的保障,大多数村民对现在的生活持满意态度,但也希望生活能变得更好。

(二)建议

1.环境方面。一方面,蜀南村制伞业等手工业发达,应运而生开办了很多工厂,环境污染不容忽视。例如废水污水的排放、废料的处理问题等还没有得到妥善解决。村民希望政府能够在发展的同时注意环境保护。另一方面,近年来为响应国家号召,蜀南村进行垃圾分类的试验。但村民反映,垃圾车在把垃圾装车的时候,总是把村民辛苦分类好的垃圾混淆成一堆,直接降低村民参与垃圾分类的热情。所以村民希望完善垃圾分类配套设施,提高垃圾处理能力,并且建议可以在垃圾分类这方面加大奖惩力度。此外,还有居民表示,希望村里在铺设绿化带时能将相应的除虫措施跟上,夏天的时候绿化带带来的大量蚊虫也对居民生活造成一定影响。

2.交通和路面建设方面。蜀南村还处于规划建设的阶段,许多建筑物刚刚规划建立起来,导致很多地方仍在施工,路面建设未完成,交通情况也不容乐观。村民们都很担心路上的交通安全问题,因此村民们都希望政府能加强交通安全方面和道路规划建设方面的工作。另外,村民们也因此而失去了散步休闲娱乐的场所,所以更希望政府能加速完善人行道路建设和居住环境建设工作。

3.老龄人口就业问题。蜀南村人口偏老龄化,老年人口众多,老年人因年龄限制,往往找不到合适工作。希望政府能解决老年人的工作问题。

最后,较为年轻的村民表示,村子要发展,"村子只要能够好好规划,发展得好,我们老百姓肯定支持政府政策。都是为了我们这个蜀南村好。希望我们蜀南村越来越好"。

关于当代保健品发展及接受度的调查

——基于丽水市三个县区普惠金融实施现状的调查分析

食品科学与工程 1701 班:吕欣晨　车瀚钰　孟康丽　王佳颖

指导教师:胡乃岩

摘　要:我国保健品需求量近几年增速较为突出,但仍旧存在着诸多问题。本文以调查当代保健品发展为主题,通过调查"各类保健品在当代的发展"以及"各年龄段人们对保健品的接受度",对当代不同年龄的群体对保健品的认知、态度、需求等方面予以调查分析,得知大众对于保健品的理解比较理性,对于保健品的购买也基本做到按需求购买,由此提出相关建议措施。

关键词:保健品　各类人群　消费者　需求

当前国内仍处于保健品消费的初期,发展空间巨大。目前中国营养与保健食品行业市场规模达 5000 亿元,预计 2023 年将达到 2 万亿元。近几年,我国保健产业产值约占国民生产总值的 2%。我国保健品需求量近几年增速较为突出,一方面,随着生活水平的提升,居民对身体提出高质量要求;另一方面,年轻人工作强度不断提升,营养补充以及抗疲劳需求越来越明显。从治疗向预防消费诉求的转变、健康意识的提升、健康需求的精细化,以及消费者对高品质保健品的追求等多种因素的共同作用,刺激了我国营养保健品的销量。

尽管我国保健品行业比起前几年有了突飞猛进的发展,但仍旧存在诸多问题。低水平的重复现象严重、法律法规不完善、假冒伪劣保健品泛滥等,使得人们对保健品失去信任,质疑其功效,但因预防调节的需求而选择购入国外的保健品。除此之外,一些保健品广告中虚假宣传、夸大宣传的现象误导了人们对于保健品的认识,将保健品与药品画上等号。

为此通过调查"各类保健品在当代的发展"以及"各年龄段人们对保健品的接受度",能够帮助我们:1. 了解当代各类人群对保健品的认知和态度;2. 通过问卷的统计和分析向我们呈现不同年龄段人们的生活状态;3. 了解人们对保健品功能的需求,为今后功能食品的研发提供一些方向;4. 发现当代保健品发展中存在的问题并提出想法或解决方案。

一、调查对象与方法

本次项目分为两个模块:"各类保健品在当代的发展"以及"各年龄段人群对保健品的接受度"。调查主要采用(线上、线下)问卷调查和实地商超、药店调查的访谈方式。调查内容主要包括:各年龄段人群对保健品的认知与接受度;商超、药房货架上所卖保健品的名称、品牌、功能、价格、生产日期等信息;药店相关人员对于保健品的看法等。(线上、线下)共发放问卷 100 份,收回有效问卷 63 份。调查的实体药店是位于杭州下沙的致民医药连锁、优嘉大药房、仁泰医药(25 号大街连锁店)、正京元大药房(下沙第一药店),对收集的数据采用问卷星软件进行统计分析。

二、调查结果分析

(一)线上线下问卷调查分析

被调查人群中女性比例为 74.6%,男性比例为 25.4%。年龄段主要集中在 16—25 岁,比例为 71.43%;45—60 岁以上为 12.7%。学历大多为大专或本科,比例为 57.14%;中专或高中、本科以上均占 17.46%。

1.频率。

参与的调查者中 69.84% 的人购买过保健品,30.16% 的人未曾购买过保健品。

绝大多数人偶尔购买保健品,比例为 68.25%;20.63% 的人从不购买保健品。

由于被调查人群年龄段主要集中在 16—25 岁,比例多达 71.43%;45—60 岁以上的人群占 12.7%,故而在经过线上和线下的问卷调查后,我们调查分析得出大家对于保健品的理解是很理性的,没有过于夸大的肯定,也没有过于夸大的否定,对于保健品的购买也基本做到按需求购买。

大部分人购买过保健品,但是购买频率不高,购买后服用频率一般。

在参与的调查者中有 30.16% 的人未曾购买过保健品,69.84% 的人购买过保健品。而在购买者中,68.25% 的大多数人只是偶尔购买一次保健品。在购买者当中,53.97% 的人服用一次的时间差甚至超过一个月,只有 25.4% 的人坚持每天服用。由此可以看出,大部分人在购买保健品时或存在因某些原因冲动购买或者当作临时急用品的情况,因此后续服用的坚持性比较差。

中老年人购买和服用保健品的频率要比青少年高出不少,中老年人购买人群占据 3/4,有超过 1/3 的人每天会服用一次保健品;而在青少年中购买频率虽然不低,但是服用频率却很低。由此数据可以得出,中老年人对于保健品的需求要高于青少年。

2.购买保健品时的选择(考虑保健品的功能)。

由图 1 可以看出,市面上保健品中人们所考量的产品功能十分多样,其中人们重视选择具有增强免疫力、美容美颜、缓解视疲劳、改善睡眠质量等功能的保健品。而且最重视增强免疫力。

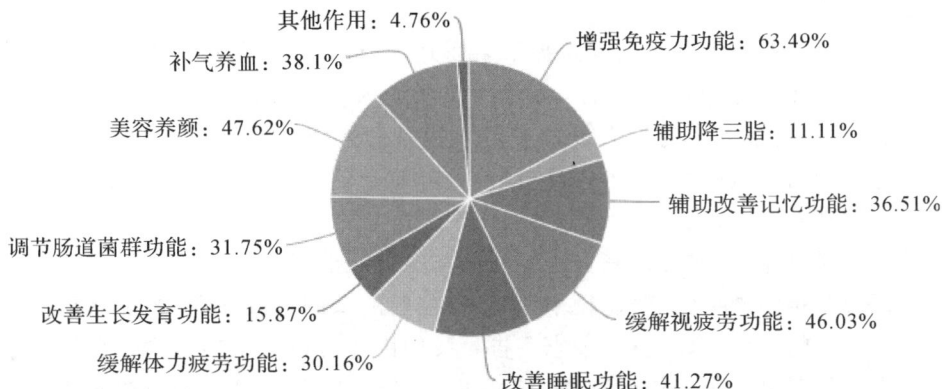

其他作用:4.76%
补气养血:38.1%
美容养颜:47.62%
调节肠道菌群功能:31.75%
改善生长发育功能:15.87%
缓解体力疲劳功能:30.16%
增强免疫力功能:63.49%
辅助降三脂:11.11%
辅助改善记忆功能:36.51%
缓解视疲劳功能:46.03%
改善睡眠功能:41.27%

图 1　购买保健品时的选择

人们主要选择具有提高免疫力功能的保健品主要有以下原因:中老年人群体中,由于年龄较高,按照自然规律,身体代谢能力和免疫能力都不可避免地一天天下降,患病患癌的风险极高,所以这个群体除了加强日常锻炼,改善饮食习惯之外,还依赖能增强免疫力的保健品来提高免疫力,让身体有多重保障。在青少年、青年群体中,按理说在这个年龄段人体的免疫力处于鼎盛期,然而由于事业处于上升期,需经常熬夜加班,或者在日常重压下的工作或学习后为了娱乐放松而熬夜,导致身体免疫力下降,经常生病,所以为了提高免疫力而选择具有此功能的保健品。

选择具有美容美颜功能保健品的人群大多是青年、中年女性,这两个年龄段人群较为重视皮肤保养,重视外在形象。

选择具有缓解视疲劳功能的保健品是因为现在电子产品风靡,人人几乎时时刻刻都会使用电子产品,此外日常高压下的学习和工作也会导致视疲劳,而且基数增多,平均年龄降低。

选择改善睡眠质量的保健品的原因:现在社会高速发展,社会竞争压力大,人们常常会出现焦虑、急躁、不安等情绪,这些情绪往往来自生活、工作、学习,人们不得不面对。面对人与人或人与事的各种转变,心境也会因此受到影响,从而可能造成失眠。而有些年轻人经常通宵不睡、玩手机等。这些都是造成睡眠质量降低的原因,所以人们选择具有改善睡眠质量功能的产品。

3. 了解途径

47.62%的人通过亲朋好友介绍;39.68%的人通过医生推荐;33.33%的人通过社交平台明星宣传或推荐;31.75%的人通过电视广告;通过报纸、杂志和健康栏目的人均占 23.81%。

不同年龄段的人了解市场上正在销售的保健品的途径有所不同,各有其所偏重的方式。

在调查中有将近一半的人选择了亲朋好友介绍,其次是医生推荐和社交平台明星宣传或推荐及电视广告,各有约 1/3 的人。但是在具体的年龄段分析中,我们可以观察到中老年人最依赖健康栏目的推荐介绍,其后是医生推荐和亲朋好友介绍。从中我们可以看出这类人群对于健康的关注度还是很高的,他们会经常观看健康栏目,增加自己对于健康养生的了解,在购买保健品方面会听信健康栏目介绍,或者是来自医生和亲友的可靠推荐。

而青少年的购买、了解途径中,除了最主要的亲朋好友介绍,紧随其后的就是社交平台明星宣传和电视、杂志广告。我们由此可以分析出青少年群体对于网络电视等明星广告宣传的追捧、信任度比较高,从中体现出了明星效应在青少年群体购买中的重要作用。

被调查者中 44.44%的人认为保健品是可调节人体机能的食品,33.33%的人认为保健品是一种营养品。

4. 认为保健品在当代发展中存在的问题(填空题)。

大多数人认为虚假保健品以次充好,保健品市场鱼目混珠、泥沙俱下,消费者鉴别能力不足,市场监管力度不足。还有一部分人认为保健品好的太贵,假的太多,认为价格虚高。少部分人认为保健品的功能太过类似。

(二)各大商超、淘宝、代购所出售保健品调查

1. 线下。

超市中的保健品大多包装精美,因为来超市购买的大多数消费者是为了送礼,在提示牌上,除了提示保健食品销售专区,还提醒消费者保健品不能代替药品。超市中出现最多的保健品就是铁皮枫斗、脑白金和各类补血补气产品,种类较单一,都是广告力度大、大家耳熟能详的老牌子。

2. 线上。

淘宝上保健品种类极其丰富,其所具有的功效也十分广泛,其销售的国内产品大都有蓝帽子(得到国家药品监督管理局批准),也有一些是没有蓝帽子的。虽然产品介绍、制作精美,但发现价格高、销量较低,除此之外大多为国外产品。其中销量较高的是具有美白淡斑功效的外国葡萄籽产品、保护心脏血管改善心慌的辅酶 Q10 和鱼油这三种产品。

代购所卖的保健品就较为单一了,多为抗老、美白产品,以及一些国外才能买到的贵妇产品,通过对这些品牌进行搜索发现它们都是国外的知名产品,通过国内明星及网红推荐,得到了大多数年轻人的购买及青睐。

(三)药店访谈结果分析

与超市中所卖的保健品不同,我们所去的两家药店所卖的产品包装都比较简单,一些产品会在旁边贴上详细功效,多是一些补充蛋白质、维生素、矿物质的膳食补充剂。且在提示保健食品区的牌子上均提示保健品不得代替药品。

在访谈过程中,店员也提到由于保健品不能入医保,老人大多不会选购保健品,顾客们送礼的话会买一点,平时不会,当然还会有家长为家里的小朋友选购相应的补充剂,但总体来说,药店内的保健品销售情况并不是很好,从这一点可以看出,人们前往药店购买保健品多是送人,还有一部分是为了自用(这与超市中的情形有所不同),如为家庭成员购买补充剂,因为药店中有相对专业的店员为其讲解功效,消费者能够更有针对性地选购保健品,自己服用时更加安心,且与超市不同的是,药店内出售的保健品包装较为简单,功效等标明比较明显,没有过多地诱导消费者进行消费。

三、对策与建议

针对调查中存在的问题,可以从生产者、消费者、市场监管三个方面提出对策,以提高保健品行业市场的稳定性。

(一)从功效宣传转向保健品知识宣传及品牌宣传

随着保健品生产企业之间的竞争日益激烈,保健品的功效宣传呈现出"趋同化"和"泛滥化"的趋势。经过了多年的洗礼,消费者的消费理念日渐成熟和理智。消费者不再轻易相信保健品的供销宣传,而是越来越重视对保健知识的学习,通过自己获得的保健知识去辨别形形色色保健品的"真伪优劣"。同时消费者对保健品的品牌意识越来越强,对于难于辨别"真伪优劣"的类似的保健品,消费者更加认同具有品牌优势的保健品。未来如果仍将重点放在功效宣传上并对其进行夸大,认为消费者仍处于盲目追求功效的阶段,欺骗消费者,那么最后将失去消费者的信任。

(二)保健品应当以科学合理的价格面向市场

随着人民生活水平的提高和保健意识的加强,保健品将由奢侈消费品向普通消费品转变,成为人们日常生活中的普通消费品。在这一转变过程中保健品价格成了关键因素。对于求实、求廉心理很重的中国消费者,价格高低直接影响着他们的购买行为。

国务院办公厅下发的《关于进一步深化基本医疗保险支付方式改革的指导意见》中明确规定"公共卫生费用、与疾病治疗无直接关系的体育健身或养生保健消费等,不得纳入医保支付范围"。

目前保健品被定位为高档奢侈消费品,其价格较昂贵。从经济学的角度来看,保健品属于需求弹性较大的产品,即价格的降低,将会导致保健品需求量的成倍增加。目前大多数保健品在价格上还存在比较大的降价空间,如果保健品企业实行低价策略,实行规模经营,保健品生产企业由此所获得的规模效益不仅可弥补降价所造成的损失,而且企业的利润也会增加。

合理的有利于营销的价位,应该是适众的价位。所谓适众,一是产品的价位要得到产品所定位的消费群体大众的认同;二是产品的价值要与同类型的众多产品的价位相当;三是确定销售价格后,所得利润率要与经营同类产品的众多经营者相当。

(三)引导消费者树立正确的保健意识和健康观念

成熟的产业离不开成熟的消费者,但目前消费者对保健及保健品缺乏必要的知识,不恰当地否定真正的保健品的作用。因此,今后的保健品广告宣传要从功效宣传转向保健知识宣传,以保健知识宣传和品牌宣传为核心,提高消费者的保健意识,赢得消费者的青睐。

(四)严厉打击虚假、违规促销等不法行为

虽然在超市与药店进行调查时并未发现假冒伪劣产品,主要是因为其是安全、正规的渠道,处于严格监管之下,而在其他渠道如网购、朋友推荐等购买的保健品中仍存在大量虚假宣传、鱼目混珠、以次充好的现象,问卷调查数据显示大部分人对保健品市场表示不信任。

为此相关职能部门应联合执法,做好监管衔接。

1.从源头上堵住假劣保健食品流向。

2.在销售中要求明码标价,杜绝价格"天花乱坠"现象。

3.在广告中打击虚假浮夸、"忽悠、蒙骗"等种种不实的宣传活动。

4.严查冒牌"名医""专家"的非法诊疗行为。

健康中国,关爱自己

——关于大众对自身健康以及营养师的了解状况的调查与分析

食品科学与工程 1701 班:盛祎婧　蒋梦琪　徐　强　泮宇翔

指导教师:胡乃岩

摘　要:国民营养与健康状况是反映一个国家或地区经济与社会发展、卫生保健水平和人口素质的重要指标。良好的营养与健康状况既是社会经济发展的基础,也是社会经济发展的目标。传统上,大部分营养师都集中于医院等医疗机构从事临床营养的管理服务和膳食指导工作,其服务对象主要针对医院的病人,普通人相对较少。以健康中国作为大背景,对大众健康和营养师这个行业进行调查分析,提出对当前现状的一些分析和建议。

关键词:自身健康　营养师　健康中国

目前,营养师对大众的服务方式仅限于大规模的讲座或授课。在目前"精准营养"的大范围下,传统的营养师服务方式缺乏服务的精准性,对具有特殊营养需求的对象的针对性服务不够。普通人群缺少一个与营养师及时建立联系与沟通的桥梁,而出于大部分人群普遍存在的亚健康状况考虑,这个桥梁是非常必要且迫切的。如何正确地进行健康保养始终是大众的一个盲点。

一、调查对象与方法

本次调查主要采用问卷调查和个别访谈方式,以浙江工商大学为辐射点对周围大学的学生和老师,及生活在下沙附近的成年人进行调查。调查内容主要包括:体检年限跨度、在健康方面的投资、对自身健康的重视程度、对营养师行业的了解四个方面。线下问卷 111 份,线上问卷 240 份,样本基数是 351 份。将收集的数据输入问卷星网站中进行分析。

二、结果与分析

(一)调研数据分析

结合本次线上及线下的所有调研数据可得到以下分析结果。

1.在本次调查的所有人群中,一年或一年以上体检一次的人数最多,而在"经常感到身体不适"的人群中,选择一年以上体检一次的人数最多,占该人群的57.1%,"偶尔会感到身体不适"的人群选择一年体检一次的比例同样达到了47.3%。说明在我国,大部分人群对自身身体状况的了解意愿不强,即使在明显感觉到了自己的身体状况出现了问题的时候,也没有及时地去体检。

2.在如何通过饮食调节自身问题中,选择"有针对性地进行饮食搭配"的人数最多,说明正确的饮食搭配是符合人民群众需要的;但同时,"不太了解"的人数比例也较大,表明还存在较多的人膳食营养搭配的知识匮乏,论证了推广普及这一知识理念的重要性。

3.在了解自己体检报告的渠道选择中,更多的人选择去医院了解,其次是上网自助查询。说明如果与医院或体检公司合作,则该平台能获取到数量最为广泛的材料,同时营养师也将有广阔的市场前景。

4.在对自身健康状况投资意愿的调查结果中,不论是男性还是女性,每年愿意投资500—2000元的人的比例都在50%左右,而在愿意投资2000元以上的人群中,男性的比例略多于女性;从不同年龄层次来看,31岁以上的人群在2000元以上的投资中所占比例更多,15—30岁的人群中超过50%的人选择了500—2000元的投资意愿。

(二)整体分析

1.整体来说,人们体检意识不强,这也暗示着中国亚健康人群的存在。

2.多数人都知道应根据身体情况来调整自己的饮食,但事实上科学与否无法得到判断。

3.提及营养师的较少,但同时也暗示着在正规平台推广营养师的重要性。

4.多数人愿意对自己的身体进行投资,中年人对自己的身体投资数额较大,该平台对象应多向中老年人,以及成长时期的儿童、青少年开放。

三、结语

中国社会(人群)在经济腾飞的40多年中发生的食物及饮食结构的快速变化,对国民营养与健康的影响广泛而深远。健康中国战略的实施,在新的历史方位下对我国食品产业的发展提供了前所未有的机遇和挑战。主要表现为,食品供给、消费方式,特别是食品产业模式等均发生巨大变化,传统的资源主导型食品生产完全转变为由市场需求主导。"食以安为先"的基本食品安全问题如假冒伪劣、危害物控制等已经得以解决,食品产业和政府监管机构的工作重心正在从确保食品安全、粮食安全向关注营养安全、倡导饮食健康转型,而消费者也越来越意识到,食品不仅要"安全",更要"好吃"和"营养健康"。

随着我国国民经济的发展、人民生活水平的提高,生活不再是解决温饱问题,而是关心如何健康饮食,预防慢性非传染性疾病的发生。目前,我国是全世界营养不良人口最多的几个国家之一,最新调查数据显示,与膳食有关的"四高"(高血压、高血脂、高血糖、高尿酸)人群发病率逐年上升,患者出现低龄化趋势。大量研究表明,膳食营养与慢性病的发生有密切关系,营养不均衡、膳食结构不合理是导致肥胖、糖尿病、高血压、血脂异常等疾病的重要危险因素。

目前我国营养师行业的资源配置情况存在明显不足。有人对北京市二级医院营养师现状进行调查发现,无营养科和营养师的二级医院占调查总数的70%。其中城区无营养科和营养师的二级医院占 24%,远郊区县占 46%。最需要营养师的医院尚且如此,其他地方可想而知。调查表明,我国绝大多数学校、幼儿园、餐饮连锁机构、养老院、社区、机关、企业、部队等基本上没有专职的营养师。

正确看待健康和调节健康的途径,以身为本方能有长久的生产力。

关于共享出行溃败与新生的调查

食品卓越人才(食工+食安)1701 班：

王花香　马佳宇　卢雨洁　何文清　刘诗语

指导教师：刘　艳

摘　要:城市交通压力是每个城市政府都头痛的问题,政府推行的许多政策也无法从根源解决出行问题。现今,共享出行进入人们视线,已经发展成为一个行业。可是城市中的各种共享出行方式面临诸多问题,例如运行环境、人性弱点、车辆维护等等。所以,我们小组成员决定就关于共享出行溃败与新生的主题开展调研活动。2017 年 5 月,我们小组的社会实践进行了二次,分别是5 月 2 日在永辉超市,5 月 16 日在云水周围的社区。我们通过与市民访谈、问卷调查等方式进行了实践,对象涉及学生、个体户、工人、知识分子等多个群体。本次实践调研旨在通过调查研究,整理共享出行存在的问题,分析产生的原因,并提出改进的策略。

关键词:共享出行　溃败　新生　实践调查

共享出行是指以打车软件、共享单车为代表的一大批创业项目。城市交通压力是每个城市政府都头痛的问题,随着私家车的增多,城市交通拥堵已成为常见问题,外地牌照限行、单双号限行等措施也无法从根源解决出行问题。但是自 ofo 和摩拜打响共享出行第一枪后,国内共享出行市场迅速被点燃,短短 4年时间骑共享单车、开共享汽车已经成为我们日常出行不可或缺的一部分。同时,共享出行普及价值还在于创造出了新的移动支付消费场景。虽然共享出行对移动支付场景带来的价值巨大,但繁荣过后的一地鸡毛却让更多的用户对共享出行这个新事物打上了一个问号,到底靠不靠谱? 事实上,作为共享出行最早的试练者,网约车江湖也动荡不安。突如其来的安全事故,不仅打乱了滴滴出行的扩张步伐,也使得其在"烧钱"补贴中缔造的网约车帝国,面临着新旧势力的交错局面,原有的平衡状态变得异常脆弱。尤为重要的是,在网约车合规性"大限"将至下,随着大批不合规司机及车辆的清理,网约车的 C2C 共享理念很高程度被消解。共享出行的存在是以个人诚信为纽带,以企业条例为约束。所以,我们小组成员认为共享出行的溃败与新生值得深思,决定就共享出行目前在城市里的使用情况及人们的使用感受开展调研活动。本次实践调研旨在通过调查研究,整理共享出行存在的问题,分析产生的原因,并提出改进的策略。

一、研究对象与方法

(一)研究对象

本次调研对象主要以杭州市江干区云水社区居民、宝龙周围相关居民为主,主要涉及社区居民(其中云水社区居民多为在家安度晚年的老人)、商店个体户、外地工人、知识分子等多个职位,此外,还有少数对象为宝龙附近大学的学生。在本次调研中我们小组共发放 200 份问卷,共回收 185 份问卷,其中有效问卷 181 份。

(二)研究方法

自行设计调查问卷,内容包括对不同共享出行方式的看法、对各共享出行服务的满意程度等。采取随机抽样的方法,对不同文化程度、不同年龄段的居民进行调查。对于不识字或者眼睛看不清楚的老年人,采取给他读题目、讲解题目的方法进行调查。在问卷填写过程中同时会询问一些有关的问题,采用非正式的采访方式。与线下调查同时进行的还有问卷星的线上调查,线上调查由于扩散的范围有限,只限定于特定的人群内调查,调查的对象主要包括在校大学生以及家长。

二、调查结果分析

(一)调查结果

我们小组在这次社会实践中,主要是以问卷以及简单的口头采访的形式,在下沙附近的生活区中对不同阶层和年龄层的人们,以及附近大学生做了关于共享出行方式使用现状的调查。问卷的内容是先由小组成员在网络上搜索相关资料,再进行设计,使其更贴近下沙居民及附近大学生的生活。

本次问卷是以匿名的形式调查社会群众对共享出行使用现状的认知,我们小组将调查的人群主要集中在社会人员以及当地居民两类人群上。问卷的开头我们将被调查者的身份进行分类,并提问答卷人员对共享出行的使用情况,以及列举几个共享出行出现问题的案例,最后提问他们是否了解如果在共享出行的使用过程中出现问题该如何维权解决。据统计,大多数人都经常使用哈罗等共享单车和滴滴出行,目前比较少使用共享汽车等,并通过网络或者听别人说而得知了一些案例,对如何维权持有未知态度。针对我们此次调研反馈回来的问题,现做以下分析。

我们成功回收有效问卷 181 份,其中在校学生占比为 21.00%,自由职业者占比为 27.1%,上班族占比为 47.5%,其他职业占比为 4.4%。此次问卷调查覆盖了不同职业的受访者,数据具有一定的可信度。

在受访的 181 人中,有 23 人常用共享汽车出行,45 人常用共享电动车出行,145 人常用滴滴出行,124 人常用共享单车出行。由此看出,滴滴出行和共享单车出行是比较受欢迎的共享出行方式。

在受访的 181 人中,有 84.53% 的人认为共享出行会在不久的未来被全民使用,这一定程度上反映了社会大众对共享出行发展的信心和共享出行良好的未来趋势走向。

(二)现状分析

1. 提升交通工具周转率,实现交通活动与物质消耗脱钩。

随着生活水平的提高,居民的交通出行需求也必将出现升级趋势,从安全、可达等基本需求提升为追求快捷、舒适、智慧、私密、个性化、可移动性高、灵活多样等需求。共享交通可以通过提高交通工具及设施的周转率与分享率(即提高单位交通工具及设施的服务能力),在不增加或少增加交通工具与设施供给的基础上,满足快速城镇化进程中居民日益增长和升级的机动化出行需求,实现交通活动与物质消耗的脱钩。此外,共享交通可以实现交通工具供给与需求之间的有效配置,一方面提高交通工具及设施的利用效率,另一方面减少闲置交通工具对资源、能源与城市空间的浪费。

2. 符合绿色、环保的生活观念,完善公共交通系统。

共享出行的出现,有效改善了环境和交通问题,进而成功提升了城市形象。首先,随着机动车保有量的迅速增加,城市交通拥堵问题日趋严重。交通拥堵会造成机动车长时间怠速行驶,怠速行驶状态下排放的污染物比正常行驶高出数倍。因此,缓解交通拥堵也是减少城市大气污染的有效措施之一。共享交通有助于控制机动车保有量增长,提高公共交通与非机动交通出行比例,推进智能交通管理系统应用,有效缓解城市拥堵,减少机动车怠速和低速行驶造成的污染。

3. 随时取用,破解市民出行难题。

居民对汽车拥有的需求并不是刚性的,但对交通出行的需求以及需求的升级是刚性的。共享出行的操作方法简便:使用者通过手机号和验证码在 App 客户端登录之后,利用车辆定位信息找到停放在附近的出行交通工具或打车出行。

(三)存在问题

用"一半是海水,一半是火焰"来形容现在的共享出行行业非常贴切。现在,车企纷纷布局共享出行,作为企业转型重要战略;而此外,许多共享出行公司倒闭,盈利模式待解,其主要问题如下。

1.使用者行为无法规范,各方面体制亟待完善。

共享出行问世时间不长,相关法律法规、管理条例、使用者和竞争者行为准则均有所欠缺,除了在管理上有很多不足之外,共享出行弱监督甚至无监督的运营模式并没有能力保证使用者的人身安全和车辆安全。

2.基本设备不够完善,后台管理系统待优化。

GPS定位不准确,支付平台功能不完善,拼车、滴滴存在安全风险都会影响共享出行的用户信任度,降低顾客满意度,不利于企业高效发展;共享出行车辆停放区域的建设未到位的情况依旧存在。

3.盈利模式屡弱,企业运营入不敷出。

共享出行建设企业资金来源为融资和投资,共享出行的发展超前于时代。共享意味着所有权和使用权的有偿分离,但在资本驱动下流转得毫无节制,服务组织的效率很低,用户对共享精神的热诚很快被糟糕的使用体验所掏空。给人的感觉是,滴滴和Uber根本无法有效管理司机,共享单车始终在蓄意毁损和破坏性使用之间反复折腾。共享出行车辆本身使用寿命有限和定期维护、人为破坏严重等缺陷带来了高昂的车损折旧费用,用户取车用车不固定,其需求波动不可避免。可见,共享出行建设企业收支不平衡现象严重,日益膨胀的使用者群体在消耗成本资源时,并不能创造足够的收入价值。

(四)对策建议

1.完善顶层设计,结合新业态特点,政府加大管理。

调研中发现网约车领域的法律规范尚不完善,导致政府监管执法缺乏有效依据;共享出行虽具有公共服务属性,但并未享受相应政策扶持和补贴。所以需将共享出行方式明确纳入城市公共交通体系筹发展,可尝试采用政府向共享出行企业采购服务的形式促进其健康发展;建立个人共享出行的租用信用体系,加大惩处力度以减少失信行为;通过征求市民建议的方式,出台并实施针对共享出行行业行为规范条例;完善相关的法律法规,真正做到有法可依、有法必依、违法必究,公安部门、交管部门等政府部门介入管理,按照相关规定对违法违规用户进行惩罚,以此约束用户行为,促使整个共享出行行业良性发展。

2.完善基础设备,优化后台管理系统。

企业自身在追求低成本的同时必须保障产品的质量,定期对存量车进行安全抽查,对故障车及时处理,为车辆购买保险;对共享单车基础设施如单车停放区域、公路单车道等进行建立与维修;科学地投放单车,对共享单车进行大数据挖掘,合理地规划停车区域,实现信息的流通和车辆快速调配。

企业软件开发人员在前期研发过程中对 App 软件进行充分的测评工作,不断优化界面设计,选择合适的操作系统。在后期 App 软件投入使用中,定期对服务器进行升级和维护,及时发现漏洞并不断完善软件系统。

3.形成跨领域多方面盈利模式。

线上注重与社交网络、电商平台的合作,通过与社交网站合作提升品牌知名度,通过在 App 上推送广告、销售硬件、出售大数据挖掘等经济副产品等方式获得盈利;线下通过单车集中停放区域、单车车身的广告投放获取赢利,将共享单车由出行领域扩大到旅游领域、健身领域。

实行"两个翅膀"的技术赋能,一方面是互联网技术发展,为用户体验以及车辆的使用效率进行技术赋能;另一方面就是开源节流。

4.出行配套需"合脚"。

共享出行不仅是车企与出行公司之间的合作,更涉及充电、车险等多方面相关配套的配合。目前共享出行普遍存在出行模式"跑得快",相关配套"跟不上"的问题。这需要出行公司与配套企业深度融合,打造与共享出行公司"合脚"的产品。

(五)结语

综上所述,共享出行在各大城市迅速普及并且得到市民广泛的认可,为共享经济的发展注入了新的活力,所以,共享出行的前程可谓光明。但其快速发展的背后,仍存在不可避免的一些问题约束其发展,因此,在制度体系、基本设备、盈利模式三个方面综合考虑并采取相应改进对策,探索更加清晰的商业模式,是共享出行赢得长足发展的必由之路。

三、体会与总结

虽然调查的过程不是很顺利,但是帮忙填写问卷的人对共享出行的关注度还是很高的。学生对于共享出行的关注度特别高,这与共享出行和他们生活息息相关是分不开的。个体户对共享出行这一问题的关注度尤其低,他们忙于生计不愿填写问卷,并且觉得因为不常用,所以这一问题与自己没有什么关系,这种想法让我们觉得公民对社会动态的关注度是远远不够的。

2018 年,中国确定的环境日主题是"美丽中国,我是行动者"。就在这一天,作为全国首个部省共建美丽中国示范区,浙江有了新行动:一场生态环境保护大会,为全省生态文明建设理清思路、制定目标、部署任务。进入新时代,生态文明建设正处于压力叠加、负重前行的关键期,已进入提供更多优质生态产品以满足人民日益增长的优美生态环境需要的攻坚期,也到了有条件有能力解决生态环境突出问题的窗口期。

天更蓝、地更净、水更清、空气更清新、城乡更美丽、人民更幸福,这是浙江绘制的美好蓝图。为实现这一目标,浙江布局了蓝天保卫战、碧水行动、净土行动和清废行动。打好这四场战役,才能高标准打赢浙江的污染防治攻坚战。

通过此次调研,小组成员认识到共享出行还有很长的路要走,这条路需要走得更好,提升大众对其满意度。共享出行的现状还算差强人意,但公司在产品质量与产品创新、服务态度、产品维护与投放等方面还需要更加完善。期待着共享出行的明天,能更好地为大众带来便捷,更好地参与到"美丽浙江"建设的战斗中来。

浙江新高考政策满意度调查

——基于杭州市高中及高校的数据归纳调研报告

英语 1701 班：林　磊　吴艳群　杨露倩　陈铠烨　袁雨薇

指导老师：邱　环

摘　要：本文对浙江省杭州市的高中新高考改革进行调查研究，以问卷调查、访谈等形式深入了解高中学生、教师及家长对新高考改革及实施现状的满意度，并对问卷及访谈情况进行分析，从而提出切实可行的建议和措施，最后汇总整理相关问题和建议形成一份详细的调研报告，以此促进新高考改革推进，协助构建更加公平公正、科学高效的高校考试招生制度。

关键词：新高考改革　社会满意度　教育公平

2019 年 4—5 月，为了解浙江新高考政策满意度和现状，为新高考政策优化提供民意信息基础，我们小组对杭州市高中师生（含家长）、大学生进行了问卷调查、个别访谈。本次，共发放问卷 275 份（考虑路程问题，兼顾多个学校的取样原则，含部分电子问卷），回收了 256 份问卷，实际有效问卷为 224 份，访谈人员共 25 人，重点访谈 10 人（其中学生 5 名，家长 3 名，老师 2 名）。通过联络个别高中老师，我们有幸进入杭州四中和在校高中生进行深入交流。本调查采用访谈法和问卷调查法。调查对象主体是高中生，家长、教师意见作为第二角度补充参考。实地调研地点为杭州四中和杭州西湖区、江干区附近社区。

一、调查的基本情况

访谈学生包括高中生与大学生群体，由于新高考政策自身也处于不断调整中，针对前期和现行的政策，涉及的群体和政策内容相应有所不同，调整前的学生群体对于调整后的政策应当有不同的理解，以此作为补充。高中生访谈群体主要是杭州四中学生，大学生访谈群体主要是浙江工商大学大一学生。访谈内容主要是对于当前新高考政策的理解以及认为其存在的问题和对自己的影响等。

（一）受访者对新高考改革的基本观点

1. 赞同取消文理分科，实行英语一年两考。

72％的受访者赞同取消文理分科，实行英语一年两考。多数人认为取消文理分科能够提高学生的学习兴趣，让学生拥有更多选择空间，过去直接选择文理，很容易就局限了学生未来的专业选择和就业选择；并且一年两考能减少偶然失误的影响，在一定程度上对学生更加公平。

2. 全新的招录方式得到好评。

55％的受访者赞成高考录取不分批次，受访者认为这有利于考生选择专业。79％的受访者赞成高校采取综合评价的方式择优录取考生，认为这样可以改变"唯分数论"，在综合评价的招录形势下，学生的综合素质被赋予了更强的表现形式，三位一体的重要性持续拔高，这对于培养专业人才有着一定的积极导向作用。

（二）高中生对新高考改革的认知及参与状况

1. 基本情况。

（1）多数同学对于本次新高考改革政策认知度较高、支持率较高。

图1显示，77％的学生能够理解本次改革的理念和目的，而也有超过80％的学生了解改革中的"7选3的考试方式""学业水平考试要求"等内容，但仅有一半学生赞同新高考改革，其中"取消文理分科"和"多次考试"的形式只有一半的支持率（54％、54％）。说明高中生对新高考改革政策的内容有比较深刻的认识，只是部分政策内容的支持率并不很高。

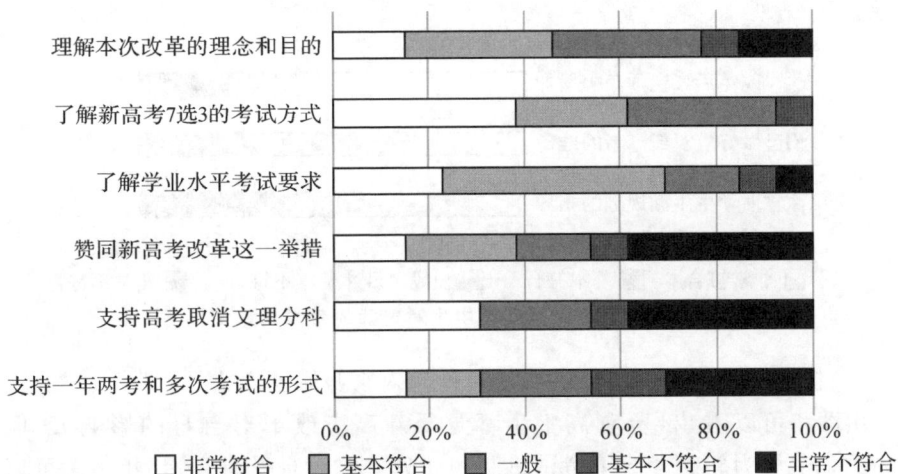

图1 高中生对新高考改革政策的认知度及支持率

（2）多数同学认为高中对于本次新高考改革政策积极响应。

从图2可以明显地看出来所有学校都对高考改革有足够的重视，也有92％的学校做出了相应的课程调整。但在课程结构是否符合新高考、有利于学生应对新高考的问题上，学生的满意度（图中的非常符合及基本符合）均只有54％，说明学校的课程结构还有待进一步提高。此外，学校对学生进行相应指导的程度也需要加强，以使学生更好应对新高考。

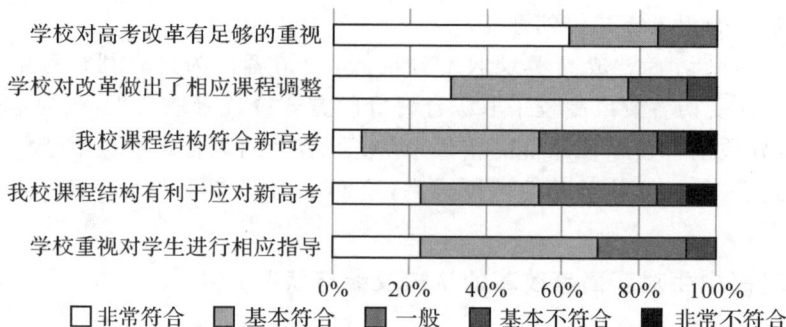

图2　新高考背景下高中生对学校相关措施的满意情况

（3）多数同学认为本次新高考改革政策下教师教学负担增加。

图3表明，有超过85％的学生认为，新高考改革后，老师的负担增加了，说明学生能够站在老师的角度思考问题。同时这一比例也符合教师对新高考增加自身负担的清楚认识。在69％学生看来，老师们已经对新高考背景下的教学任务做好准备，同时有62％的学生认为，老师们注重对学生生涯规划的渗透和指导。

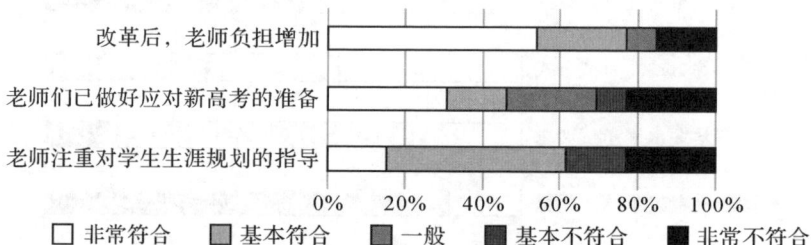

图3　新高考背景下高中生对老师的教学满意情况

（4）多数同学认为本次新高考改革政策对自身影响极大。

由图4可以看出，所有高中生都觉得新高考改革对自身的影响大，但仅62％的学生认为新高考改革考试机制和评分方式对自己有利，一年多考可以减轻压力。另外，新高考"7选3"的考试方式，让大部分（77％）的学生认为增加了其自主选择权。再者，有62％的学生认为新高考方案有利于自身发挥特长，进行职业规划,且自身已经具备选择选考、学考科目的能力,新高考方案也增加了考上高水平大学的概率。但目前仅有 54% 的学生能够完全适应目前的学习步骤。对于新高考改革的发展前景,仅有 46% 的学生给予肯定态度。

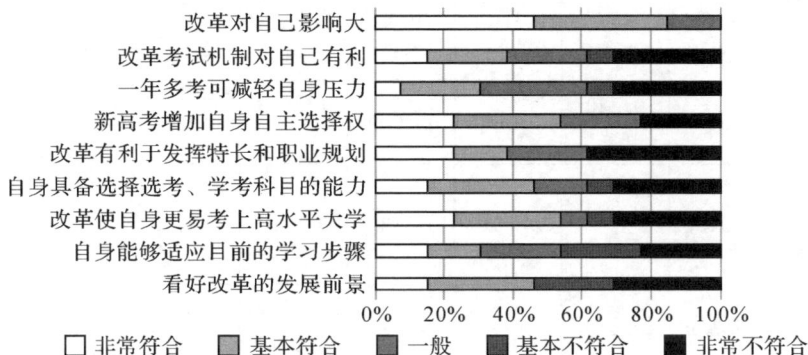

图 4　新高考背景下高中生对自身所受影响的看法

（5）多数同学认为本次新高考改革政策下选考科目选择困难较大。

图 5 显示,学生在科目的选择过程中,最大的困难是所喜欢的科目与将来的就业相冲突,说明学生对于以后专业与就业不对口的情况比较担心,也可以在一定程度上反映出这部分学生是根据自己的兴趣选取的科目。此外,31% 的人表示不知道自己喜欢什么。

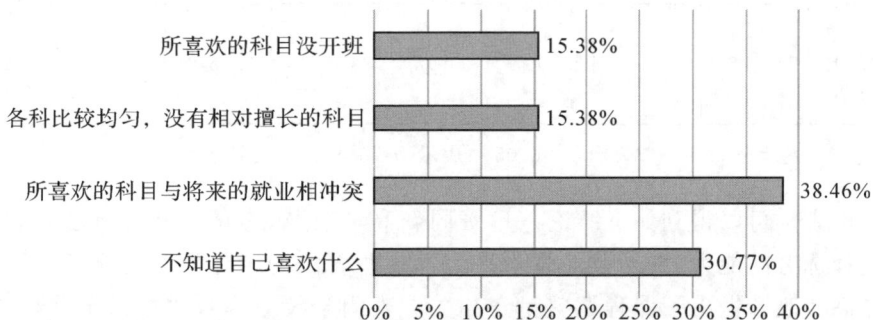

图 5　在科目的选择过程中学生的各种困扰占比情况

2. 单因素方差分析。

为探究学校对高考改革的重视程度、学生对课程改革满意度、老师对学生的指导力度等因素与学生认为自身受改革影响的程度之间是否有显著影响,将这些因素分别与学生受影响的各因素做卡方检验与 spearman 相关性分析,结果如表 1 所示。

159

表1 高中生对新高考改革认知及参与状况的单因素方差分析

社会融合	学校对高考改革做出了课程调整		老师注重对学生生涯规划的指导		支持高考取消文理分科		支持一年两考和多次考试的形式	
	Pearson值	相关系数	Pearson值	相关系数	Pearson值	相关系数	Pearson值	相关系数
赞同新高考改革	25.567**	0.320 n.s.	19.067*	0.630*	17.673 n.s.	0.861**	28.817**	0.743**
考试机制对自己有利	20.313*	0.503 n.s.	20.764*	0.813**	29.322***	0.910**	23.201 n.s.	0.779**
一年多考可减轻压力	16.701 n.s.	0.476 n.s.	24.375**	0.843**	25.224**	0.849**	19.229 n.s.	0.758**
改革有利于发挥特长	9.244 n.s.	0.515 n.s.	11.844 n.s.	0.596*	23.653***	0.970**	18.344 n.s.	0.651*
具备选择选考的能力	20.854*	0.371 n.s.	22.208**	0.612*	27.950***	0.908**	24.917*	0.611*
更易考上高水平大学	24.826**	0.423 n.s.	25.097**	0.614*	33.313***	0.954**	24.194*	0.646*

注:***表示 $p<0.01$, **表示 $p<0.05$, *表示 $p<0.1$, n.s. 表示 $p>0.1$。

由表1可以得到如下结论:(1)赞同新高考改革、考试机制对自己有利、具备选择选考的能力、更易考上高水平大学这些看法的卡方检验均显著,且与学校对高考改革做出了课程调整呈正相关。表明学校对高考改革做出课程调整后,学生能逐渐适应新高考模式,但该相关关系不强,说明学生接受新高考还需要一个过程,而学校的课程改革也需要在这一关键的过渡时期做好。(2)赞同新高考改革、考试机制对自己有利、一年多考可减轻压力、具备选择选考的能力、更易考上高水平大学与老师注重对学生生涯规划的指导的卡方检验均显著,且为显著的正相关关系。说明新高考改革背景下,若老师们注重对学生生涯规划的渗透和指导,学生会大大提高对新高考的认可度。(3)考试机制对自己有利、一年多考可减轻压力、改革有利于发挥特长、具备选择选考的能力、更易考上高水平大学与支持高考取消文理分科的卡方检验显著,且为显著的正相关关系。说明选考机制的到来,让学生觉得在科目组合上更加自由,相应的学习、考试压力也减轻。

(三)大学生对新高考改革的认知及参与状况

1.基本情况。

(1)多数学生对于新高考改革方案的内容有一定的了解。

图 6 显示,80.6%的大学生认为自己对新高考改革方案的内容有一定的了解。超过 85%的大学生赞同新高考改革这个举措和新高考取消文理分科、一年两考和多次考试的形式。92%左右的大学生肯定一年多考和多次考试的形式以及综合素质评价的方式,认为这比原先"一考定终身""唯分数论英雄"的方式更加公平合理。73.3%通过原高考方式步入大学的大学生倾向于新高考方案。以上说明大学生对新高考改革政策有较高的认知度及支持率。

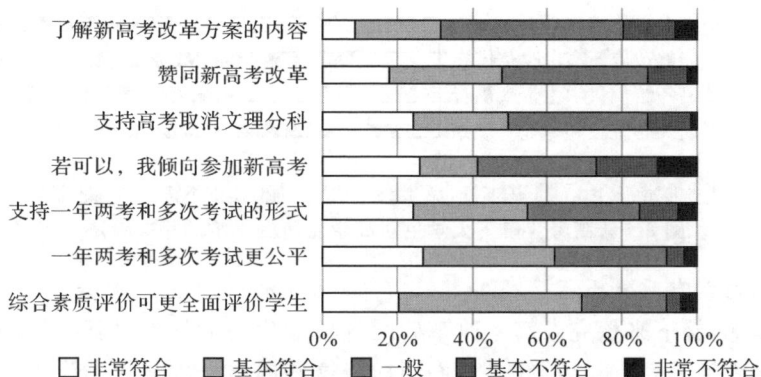

图6 大学生对新高考改革政策的认知度及支持率

(2)多数学生认为自主招生有利于高校选拔学生。

图 7 显示,93%的大学生认为自主招生有利于高校选拔学生,同时 92%的大学生认为取消文理分科会影响一些专业的招生。82%的大学生指出自己所在的学校招生有做出相应的调整与改变。据此,我们可以了解到大学生认为新高考改革对于高校招生有较大程度的影响。

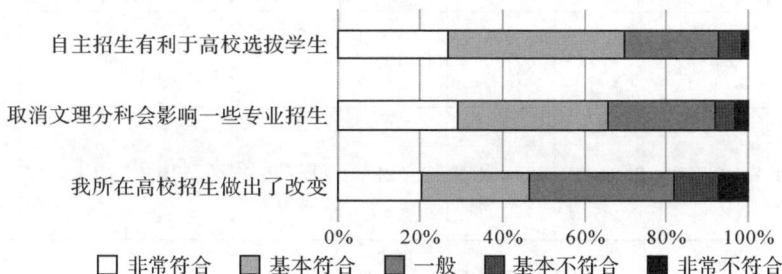

图7 大学生对高等院校招生认知情况

(3)绝大部分大学生认为新高考对于中学生有利。

约一半的大学生认为改革考试机制对学生是有利的,但有42％左右的大学生对此的态度不甚明朗。超过大半的大学生认为新高考方案使高考生在科目选择上有更自由的选择余地,认为这有利于发展个性,且对偏科学生有利。一半的大学生认为新高考方案有利于中学生培养兴趣爱好。73％的大学生认为自己在高中阶段对大学院校、专业没有过多的规划。对于一年多考的方式是否能减轻中学生压力的问题,大学生群体中肯定、否定的声音各占一半。

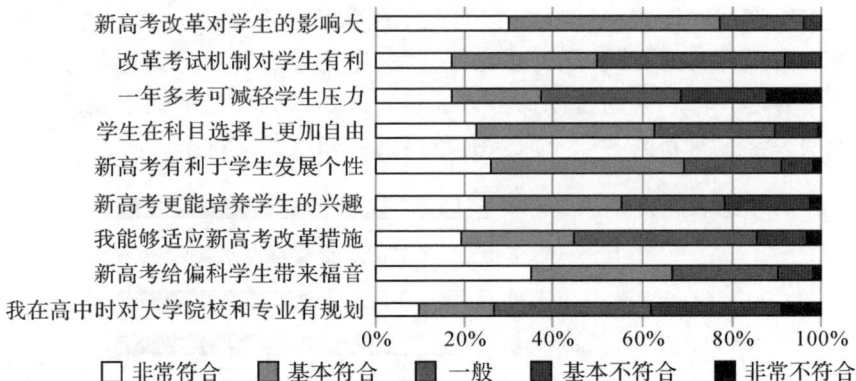

图8　新高考背景下大学生对高中生所受影响的相关看法

2.单因素方差分析。

同样地,接下来探究新高考改革后的各项变化与大学生对新高考的认知及参与状况之间是否有显著影响,我们同样将这些因素分别与大学生对新高考的认知及参与状况做卡方检验与 spearman 相关性分析,得到如表2所示结果。

表2　大学生对新高考改革认知及参与状况的单因素方差分析

社会融合	改革考试机制对学生有利		一年多考可减轻学生压力		我在高中时对大学院校和专业有规划		自主招生有利于高校选拔学生	
	Pearson值	相关系数	Pearson值	相关系数	Pearson值	相关系数	Pearson值	相关系数
赞同新高考改革	150.331***	0.777**	65.869***	0.397**	28.025**	0.113 n.s.	80.642***	0.389**
若可以,我倾向参加新高考	81.933***	0.610**	53.404***	0.392**	44.796***	0.345**	51.630***	0.327**

社会融合	改革考试机制对学生有利		一年多考可减轻学生压力		我在高中时对大学院校和专业有规划		自主招生有利于高校选拔学生	
	Pearson值	相关系数	Pearson值	相关系数	Pearson值	相关系数	Pearson值	相关系数
支持一年两考和多次考试的形式	53.866***	0.455**	66.867***	0.497**	57.140***	0.229*	78.306***	0.263**
一年两考和多次考试更公平	47.218***	0.444**	59.159***	0.458**	63.736***	0.268**	44.269***	0.361**
综合素质评价可更全面评价学生	61.236***	0.517**	40.147***	0.423**	52.542***	0.244**	131.560***	0.510**

注：***表示 $p<0.01$，**表示 $p<0.05$，*表示 $p<0.1$，n. s. 表示 $p>0.1$。

由表 2 可以看出：(1)大学生认为改革考试机制对学生有利,和新高考一年两考和多次考试的形式、综合素质评价等机制有一定关系,因此大多对此呈肯定态度。(2)在高中时对大学院校和专业有规划的大学生,更倾向于参加新高考,这主要是新高考取消文理分科,采用"7 选 3"的考试方式,更有利于有自我规划的学生进行自由选择。

二、新高考政策存在的问题

(一)学校管理混乱

选考"7 选 3"有 35 种组合,在杭州四中的师生访谈中,他们提及了新高考下,选考科目的调整和搭配使得更多的师资力量配给了相对更少的学生,导致师资力量严重不足,同时也存在物理学科选择人数过少,师资力量浪费,物理学科优质师资被迫转教现在热门的技术学科的情况。(选科中,学生考虑的是如何拿高分,所以会规避物理这类竞争压力大的选课,转报之前相对冷门的学科,如技术)并且我们得知目前没有学校可以经得起这样大的一个班级安排。而普遍的解决措施,即走班制,对于学校的管理来说是一个比较大的麻烦。再者,由于资源有限,很多时候学考和选考的学生要坐在一个班级里听课,这就给教师分类教学造成困扰,因为有些知识是学考的学生不需要掌握的。同时,学生又认为走班制不利于教师解答问题,日常也很难去找到自己的任课教师。

(二)赋分制也无法实现公平

我们可以看出,高考分数不完全是自身能力的体现,也开始讲究田忌赛马式的策略。同时,有些学校还会形成恶性竞争,为了不让其他学校的学生取得好的成绩,而安排一些自己学校的学生参加考试,充当分母,如杭州四中的高三学生参加选考时,学校强令高二学生不得参加本次选考,以免相互竞争。

(三)新高考并未真正实现减负与发展自身兴趣

新高考的初衷是让学生能够减少一次定终身的高考的压力,而给学生更多的考试机会、更多的选择机会。随着三位一体招生的普及,学考的地位也一下子提高了。即使是杭州四中这样的省级一类名校学生,在选择选考科目的时候,也同样是考虑分数问题,而不是未来的兴趣和专业问题,因此也造成了选科的严重不平衡。

三、建 议

(一)学生层面

1.作为一名学生,必须夯实所有学科基础,不让任何学科成为"短板"。

2.学会做选择。根据刘宝剑(2015)的调研,有了这种组合选择后,在浙江省 2014 级高中生的组合里面选择理化生的占 13.16%,继续选择政史地的占 7.87%,78.97% 的学生走到了文综和理综外面。周彬(2016)也提出"有选择性的教育就是好的",但是调查发现 85% 的高中生对未来职业方向没有细致的规划。因此高中生必须要在全面了解新高考的情况下,学会综合考虑后慎重选择。

3.英语作为比较特殊的一门科目,应该引起足够重视。一年两考的考试模式,既是机遇也是挑战,不只是学生需要特别重视,教师的教学也应当有所调整,只有这样才能够适应这一巨大调整。徐海鹰、卢起升和邵国希三位名校校长提出,新的考试模式下,学生自主学习能力必须不断加强。

(二)学校层面

1.提高教育供给端的质量、效率和创新性,要努力在培养方式、学段衔接、专业部署、课程设置、考试评价、就业指导以及社会主义核心价值观的践行等众多领域发力。

2.丰富教育供给结构,为学生提供丰富、多元、可选择的教育资源、教育环境和教育模式的新供给侧结构,替代和打破原有单一的培养模式、统一的课程资源、僵化的考试评价供给结构。

3.给予及时有效的生涯规划教育。此项教育是在供给侧改革下新高考改革必须要做好的一项。学校开设生涯规划课,开展对家长、学生的专题培训和讲座,让学生对个人学业、职业及人生等有初步规划。

(三)家长层面

1.不断与孩子进行学习上的交流与沟通,尤其是在高一即将选科的时候,需要与孩子、教师进行深入探讨,毕竟选科后就很难进行调整了,所以,务必与孩子保持真诚交流,了解孩子的真实想法,他(她)对于未来就业的考虑,他(她)目前各个学科的成绩状况,切忌自问时一问三不知,孩子独立选科后又去强硬干涉甚至责问,家长要与孩子保持真诚交流,更多的时候需要作为可以提供咨询的朋友。

2.根据《关于进一步减少和规范高考加分项目和分值的意见》,高考加分项目已大幅缩减,因此高考分数至关重要,高考的公平性也在稳步提升,需要帮助孩子树立对于高考的敬畏心理和拼搏意识,这样会有利于孩子保持学习热情。

3.特别关注孩子兴趣培养,在当前选考制下,选考科目的难度逐渐回升到了老高考,因此,对于学生的能力提出了更高的要求,唯有兴趣才能够让孩子保持自主学习热情,不会感到厌倦。

4.在选考前,家长可以适当地帮孩子找外面的老师进行辅导,由于考试存在一定的复习重点,而学校教师不一定有额外精力进行复习备课,所以家长可以自主寻找合适的外援教师资源帮助孩子合理备考。

四、总 结

从原来高中里面只有两大学科到如今浙江省考生的多种组合,学生有充分的选择空间,我们认为有选择性的教育就是好的。从这个层面来讲,新高考促进了教育公平。但是从上述研究报告中我们也看出来了,要把这种选择执行下去"任重而道远",而且非常困难。这种教育公平不仅是价值观念上的公平,还有技术的问题。只要不断优化和改进,学生、家长以及老师对于浙江新高考政策的满意度才会显著提升。

关于下沙街道居民个人信息安全意识调查

英语 1701 班:邱轶彬　苏　婷　龚一鸣

指导老师:邱　环

摘　要:随着科技的发展进步,我们充分享受到了信息时代带来的便利。然而,在信息化对人们生活的影响力日益彰显的同时,个人信息的严重泄漏问题也随之而来。络绎不绝的骚扰电话、短信诈骗甚至个人的信用卡被盗用……这些事件不仅涉及个人的名誉,而且扰乱了正常的生产生活秩序,长此以往,必将给社会带来安全隐患,影响和谐社会的构建。此篇报告根据社会实践的调查得出的下沙街道居民信息泄露情况、个人信息安全意识,分析该情况出现的原因,还有群众对街道宣传个人信息安全保护情况的评价程度,以及搜集人们对提高个人信息安全意识的建设意见。

关键词:信息安全　信息泄露　影响因素

一、前　言

在信息化对人们生活的影响力日益彰显的同时,个人信息的严重泄漏问题也随之而来,不仅涉及个人的名誉,而且扰乱了正常的生产生活秩序,给社会带来安全隐患,影响和谐社会的构建。

由于部分公众对个人信息的保护意识不强,对保护个人信息的认识不到位,所以虽然大多数人意识到个人信息泄露的严重程度,但相当高比例的人群不知对此如何防范。在现代社会,对公民个人来说,维护自身的信息安全有着特殊的意义。综合以上几点,我们可以清晰地认识到个人信息安全的重要性,并且随着信息时代的发展,它的重要性还在不断增强。所以,调查居民个人信息安全意识,了解到居民缺乏信息安全意识的痛点,并提出改进措施,增强居民信息安全意识在此时也显得尤为有价值。

我们小组由此展开本次社会调查,首先撰写实践策划书,并设计问卷,在杭州市下沙街道(包括大学城附近、周边居民楼、商业街及广场)进行问卷调查,主要覆盖金沙居社区和云水地铁站附近等地。

我们进行实地调研两次，抽样调查附近居民 200 人左右，并成功回收 156 份问卷。之后我们整合分析数据，结合相关文献，大致了解下沙街道居民个人信息安全意识情况，并分析总结出提高居民个人信息安全意识的措施。

希望通过此次实践活动可以从人民群众的角度，整合群众的想法，向社区文化宣传建设提出改善建议，从而促进居民的个人信息安全意识得到全面提高，减少个人信息泄露的现象，避免诈骗等骚扰情况的发生，使居民的生活得到更好的改善。

二、问卷结果呈现分析

（一）个人信息泄露已经成为普遍现象

通过调查，我们发现，受过信息安全威胁的比例较高，被调查者受到的信息安全问题威胁非常相似，如"垃圾骚扰短信"和"骗子短信电话"，分别有 89％和 80％的人经历过，经历过"账号密码被盗取""手机信息遭泄露"的人群也占到了 43％。这表明，个人信息遭到泄露的方式多种多样，并且大多数情况下本人不清楚究竟是哪个渠道泄露了自己的信息。结合其他问题，我们有道理猜测，这些信息泄露的情况过于普遍，所以人们降低了对这些情况的警觉性，认为这些情况很"正常"，这是一个不好的趋势，不利于个人信息安全保护意识的提高。

根据"你认为自己身上是否有信息泄露现象"的调查结果，绝大多数调查者表示有过这类现象，占近 80％，而"否"和"没注意"分别只占 6.9％和 13.7％。这说明，在当下的社会形态下，个人信息遭到泄露已经是一件非常普遍的事情，其带来的危害必然不容小觑。然而，结合社会的实际情况，由于部分公众对个人信息的保护意识不强，所以虽然大多数人意识到个人信息泄露的严重程度，但相当高比例的人群不知对此如何防范。这也是本次课题的重点研究区域，即让居民们在了解到信息泄露的危害同时增强自身的信息安全保护意识。

大概有 65％的人群在各平台设计密码时会选择自己/他人生日、电话号码等简单的、易被他人破解的字符作为自己的密码，这大大增加了个人信息泄露甚至被盗取的概率，显然在这一方面，居民的警觉意识还不够。

数据显示，156 位被调查者（71.23％）基本不更改自己的平台密码，其他的更改频率分布相对平均，但是就算更改，频率也不高，这可以反映出他们在各平台的防范意识还不够，保护个人信息的认识不到位，给个人信息被盗取埋下了隐患，给犯罪分子留下了可乘之机。

绝大多数的人当在网络上遇到需要填写个人信息的情况时，会选择性填写，占到了 78％，剩余的 22％中 17％也选择了如填写虚假信息、不填的方式来保护自己的个人信息安全。所以我们认为,居民对于要求填写个人信息这类比较明显的获取信息方式,还是拥有基础的防范意识来保护自己的信息安全的。

数据显示,在网络上要求填写个人信息时,70%左右的调查对象都会使用软件的查看授权须知,仅有少数的调查对象从不使用查看授权须知。由此可见,居民在这一方面的信息安全意识还是比较高的,懂得如何有效防止信息泄露。但每次都查看授权须知的居民仅占4%,因此居民的信息安全意识还有待提高。

(二)居民对我国个人信息保护的了解程度普遍一般

在对于我国个人信息保护的法律法规的了解程度方面,我们可以看到大多数的人选择了"不太了解",占比达到了58.9%,而"大致了解"占34.25%,人数远远少于不了解的人,"非常清楚"的人更是仅有3位。所以我们可以从中看出个人信息安全保护的宣传力度大大不够,没有普及到大多数人,同时宣传的深度也需加强,大多数人只是浅浅地了解,并不清楚它的具体内容。而要从内提升个人信息安全意识,了解相关的法律法规是必要的,下沙街道的居民在这一点上做得明显不足。

调查显示,83.5%的人认为网站/软件收集个人信息是为了进行信息交换贩卖,70%的人认为是为了拉取广告商,56%和35.5%的人分别认为是为了了解用户习惯提供服务和进行诈骗犯罪活动。多数人认为信息交换贩卖是网站收集信息的主要目的表明,多数人对于自己个人信息将会遭到泄露的情况是知晓的,甚至保持一种默认的态度,在这种情况下却仍然坚持使用,这表现出个人的权利被轻视,同时这也不利于培养个人信息安全保护意识。

从数据分析中可以看出,大部分居民对自己的信息安全意识还是比较认可的。90%的受调查者都给了自己及格及以上的分数,而给自己打分为优良或优秀的也占35%,仅有少部分即10%的居民认为自己的信息安全意识不强,未能达到及格分数。这样的结果值得欣慰,但还远远不够,为了更有效地保卫个人信息安全,居民还需要更加努力提高个人信息安全意识。

(三)大部分居民有一定的防范意识并做出措施,但不够彻底

在关于做过哪些防范措施的问题中,我们很欣慰地看到,所有人都采取了措施来保护自己的个人信息,占比最高的是"修改密码",占到了63%,其次是"清除浏览记录"和"对应用软件进行隐私设置",占比为56%,其他的数据分布也较为均衡。所以居民在保护信息安全方面采取的措施比较广泛,且基本都有意识地去保护。

通过数据分析我们可以看到,56%的居民在面对信息或隐私被某程序侵犯时会选择停止使用该软件。但仍有38%视情况而定,这在一定程度上可以理

解,有些软件了解信息只是为了更好地向使用者提供专属的服务,但若因此伤害到了使用者的正当权益,就需要引起注意了。而剩下的 5% 左右的居民则信息安全意识不高,需要认识到信息泄露的危害,并加强防范。

三、提高个人信息安全意识的建议

通过对景冉佳园和云水苑的访谈调研进行分析,我们对提高个人信息安全意识提出以下建议。

(一)对个人的建议

多关注个人信息安全意识方面的社会新闻,对该方面引起高度重视。当陌生人询问个人信息时提高警惕,不随意泄露个人信息,不轻易相信他人。在网络平台上更要时刻注意,在要求填写密码或身份证等隐私问题时都要再三确认其安全性。不贪小便宜而随意下载不安全软件或填写不明问卷等。在遇到个人信息被泄露时要及时向有关部门求助,并提醒周围的人。总之,只要做到时刻注意就一定能防患于未然。

(二)对相关政府部门的建议

有关部门应加紧调研,把信息安全意识纳入公共文化体系建设中,并把工作重点下移,更多地让普通居民认识到个人信息安全的重要性。可以在社区内部多举办有关讲座,社区管理者要多了解社区内部人员情况,及时科普有关知识。同时也要严格惩处泄露他人信息或隐私的人员或集团,做到杀一儆百,不让非法分子有非分之想。同时加强行政监管,对违反的进行行政处罚。

(三)对相关企业的建议

企业在软件及硬件的开发设计上,要更加注重对用户隐私的保护,防止不良分子对个人信息的窃取,加强软件应对黑客攻击及反窃取的能力。

(四)对立法部门的建议

通过立法出台有关个人信息安全的国家技术标准,给已有的普遍分散的立法以操作的标准,制定最低标准个人信息保护法,明确规定相关个人信息采集的原则、用法以及负面清单。防止个人信息被滥用,建立完善的法律体系,提供法律支撑。

杭州公交站台的区域特色设计研究

——基于公交站台文化传播与服务功能的融合

新闻 1701 班：詹莉琦

指导教师：石敏敏

摘　要：公交是都市内主要的交通运输方式，公交站台作为公交系统的重要组成部分，直接关系到广大乘客能否方便顺畅乘坐公交。科学合理的站台智能设计不仅可以为乘客提供良好的服务，还能提升城市公共交通能力。本文在对杭州公交站台实地调查后选取下沙高教园区域进行更细致的调研，想从内在服务和外在服务两个方面来考虑全面提高乘客的使用体验。内在服务指的是从整体造型上和内容播放上提高乘客的城市归属感，让乘客达到心理舒适的状态。外在服务指的是从细节设计、设备使用等方面提高乘客的外在舒适感。

关键词：公交站台　下沙高教园区　问题与措施

在城市化的进程中城市基础建设发挥越来越大的作用，地铁、公交的建设让人们的出行更加方便，杭州作为旅游城市更是在这一方面加大了建设。然而在对杭州下沙公交站台的建设研究中发现，它仍存在诸多问题值得探讨。如公交站台的文化传播性不强，公交站台的功能性不够，有许多地砖已经破损，等等。我们希望通过对下沙大学生、居民、附近店铺老板、公交集团职员等的调查访问以及实地调研，了解目前公交站台的发展现状与存在问题，再针对问题提出解决措施。

一、杭州公交站台的研究现状

我们小组运用文献调查法，通过查阅相关资料，了解了国内外公交站台研究现状的相关知识。

(一)国外研究现状

目前在国外的许多城市一系列的创意公交站台产生，它们是根据城市区域特色设计出的有新意的产品，如 Curitiba 公交车站、摩洛哥风格公交车站、球门公交车站、草莓公交车站等。它们的产生让市民有很好的公交体验,在这个过程中它们已不仅仅是一种服务,更是一种文化。

(二)国内研究现状

中国城市的公交站台设计千篇一律,少有创新,大多注重实用性,对于市民来说除了实用并无其他特别之处。通过文献查找我们发现国内的研究偏向于功能性、安全设计、广告投放等方面,但是对文化性这方面的研究却比较缺乏,在众多文献中我们发现只有一篇基于地域文化特色的武当山特区公交设计是与文化性关联比较强的。

杭州是一座历史名城,也是一座现代名城,已经形成了自己独特的城市文化,近年来礼让斑马线活动已让杭州在全国广受好评。但是相比国内其他一些城市,杭州公交站台文化并没有得到足够的认识,没有自己的文化特色,还未在城市景观中发挥应有的作用。因此,本项目拟通过对杭州的公交站台文化进行实地调研,结合杭州市公交线路和城市规划的现有状态,设计新的、服务功能更强的、文化内涵更加丰富的公交站台,以此增强人们在城市日常生活中的文化体验,强化人们对城市的文化认同和归属感。

二、项目背景

早在 2013 年国家就发布了《交通运输部关于推进公交都市创建工作有关事项的通知》,且近年来随着“公交都市”一系列政策的相继出台,例如 2017 年,交通运输部发布通知,公布“十三五”期间全面推进公交都市建设第一批创建城市名单,有张家口、三亚、成都等 25 个省(区、市)的 50 个城市入选,各地政府对于智能公交的重视程度与日俱增,相关政策推动了公交产业的蓬勃发展。

在基于地域文化的公交站台改造上学者们发表许多的论文,比如基于攀枝花市地域文化的公交站台设计,但是具体实施的却少之又少,在针对地域中的区域的文化构想方面更是空白的。

三、杭州公交站台发展现状与存在问题

1. 相较于萧山的公交站台,下沙区的始发站与终点站的公交站台更为齐全,有雨棚、座位、宣传栏等设施。

2. 公交站牌的破损较为严重,有的地方的线路图不能清晰显示,给乘客带来极大不便。公交站台的地砖也多破损,导致整个美观度不够,即便想要向相关部门反映,也不知道渠道。

3. 绝大多数的公交站台的座椅都是钢质结构,钢制的座椅实用性不强。特别是在冬天,行人在等公交时,坐上去会有刺骨的冰冷感。在夏日,也会因太阳

直射温度过高,不适宜行人坐着候车。

4.公交站台的信息化程度亟待提高。在实地调研过程中,只有在靠近西湖景区的公交站台才有智能化信息显示系统,告知行人相关线路公交站台发站、到站的实时情况,而下沙这边只有纸质的线路贴在牌上,需要改进。

5.整体造型上体现不出下沙的文化特色,即开放性和可能性。大多数的公交站台都是一模一样的,以节省成本为主,没有具体的区域特色。

6.垃圾箱的摆放也存在问题,有的站台没有垃圾箱,致使人们不方便扔垃圾;有的站台虽有垃圾箱,但没有摆放在正确的位置,放在中间会使整个站台的异味加重,对乘客等候的心情造成影响。

7.公交电子显示屏的广告多为社会主义核心价值观或者商业广告。同时公交站台也贴有小广告,它们的内容有些并不健康。

四、公交站台问题的解决措施

(一)公交站台解决措施

1.视觉,捕捉乘客目光。

增加下沙文化特色,打造符合区域特色的公交站台。现有市面上的公交站台与中国传统校服一样,其外貌是最易遭客户诟病之处,其色调又以单一金属灰,或通体绿色居多,显得非常古板冷漠。

2.触感,提升乘客舒适度。

实木打造,增加座椅舒适度。传统市面上的公交站台会缺少凳子,就算配备凳子的公交站台,绝大多数的凳子材质为不锈钢,抑或是喷漆铁质材料。这很高程度上为了减少成本而脱离了客户的实际体验。金属材料在夏天容易吸热,乘客坐在发烫的凳子上,先不论舒适度如何,这对乘客的身体也是不利的。另外,在寒冷的冬天,冰冷的凳子也起不到"坐"的作用,乘客宁愿站着,也不愿体验那"透心凉"的刺骨感。而实木的凳子能解决这个问题,同时实木与实木之间的空隙也能减少成本。

3.维护,愉悦乘客心情。

破损的地砖、破旧的公交线路都会让乘客的心情烦躁,在这方面应该由专门的人员对公交站台实行监管,使公交站台在破损时能被及时发现,从而使整体形象一直保持完美。

4.科技,提高站台信息化。

在互联网的时代,信息化成为重要的诉求。人们普遍希望公交站台能有更方便的功能。在电子显示屏中我们可以加入查询路线、导航、一键叫车等功能使它成为智能化公交站台,让互联网从公交站台这个媒介深入人们生活。

5. 文化, 宣传下沙景点。

公交站台是一个媒介, 它承担着宣传文化的职能。在电子显示屏里可以加入景点介绍、宣传片等内容, 使乘客在等车的时候了解下沙的文化, 增加文化认同感和归属感, 同时也是宣传下沙的好机会。

6. 管理, 维持站台好氛围。

公交站台的广告一直是盈利点, 但是广告的宣传作用不容忽视, 对于广告也要进行筛选。对于不明人士贴的小广告需要有人进行定期的管理, 一经发现不良广告, 应该立即清理并对贴的人进行警告。

(二)公交站台整体设计

1. 产品设计。

基于区域文化的新型公交站台, 是根据下沙高教园区特点进行智能化改造的全新公交等候枢纽。从外部设计到内在交互商业化设计都进行了创新, 为等候中的乘客提供贴心舒适的关怀, 同时为商家提供盈利平台。

外部设计方面包括创新设置了顶棚太阳能板、悬挂式指示牌、可调节式座椅、交互性多媒体屏幕和智能化站牌。让乘客在等候时感受到设计的温暖, 消解等候的无聊。

  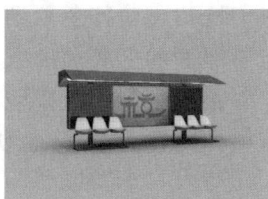

图 1　场景图　　　　　图 2　侧视图　　　　　图 3　整体效果图

整体距离:站牌与站台主体相距 1.5m, 与凳子位于同一水平线上;垃圾桶位于靠近车流的方向, 且与凳子相距 1m;以顶棚的长度为参照物, 凳子与站台主体相距 0.45m;站台主体位于整个地面三分之二的位置(靠近车流的方向)。

表 1　公交站台材质

顶棚	太阳能光伏板	镀锌材料
站牌	镀锌材料	钢化玻璃
凳子	实木	铝制材料
主体	镀锌材料	

显示屏设计:广告显示屏设计方面, 站台后部主题由三个部分组成, 分别为两块广告屏和一个杭州"杭"字标识。两块电子屏幕可以显示广告或其他相关

信息,也可以用以宣传公交和下沙。

比起简单的广告板,传递信息的方式更加灵活、生动。中间的"杭"字寓意为杭州,意在传播杭州的整体形象,将亭台的形象融入其中,彰显杭州的历史文化底蕴。垃圾桶放在公交站台右边外侧,既保证了站内候车区域的卫生和候车环境,也避免了查看公交站牌信息的妨碍。

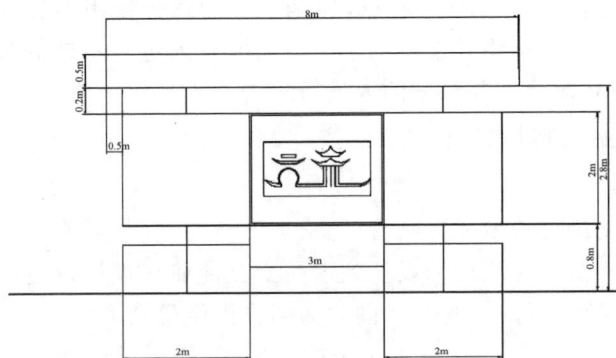

图 4　设计图

顶棚设计:顶棚设计方面,整体为不等腰梯形,梯形下底面呈船状弧形,寓意为杭州文化特色西湖古船,并且可以放置经过本站公交线路示意图。梯形平行于地面的上底面的太阳能板可以在正午时分发挥最大的利用效率。

腰部倾斜的太阳能板在清晨、傍晚时分可以更好地发挥利用效率。太阳能板整体构造为伞状,也代表了杭州天堂伞的特色工艺品。

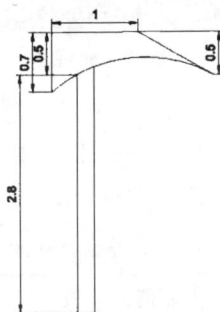

图 5　顶棚设计图

站牌设计:站牌设计理念为"弄潮儿"。在下沙这样一个学生众多、人才储备众多的地方,可能性、开放性则是下沙高教园区文化的一大特点。弄潮儿,顾名思义即走在时代前端,为社会发展奉献一份力,顶部取自 2022 年亚运会的会徽"潮涌"的一部分,彰显杭州的文化特色。电子显示屏下面是一个滑板和人,人手上拿着杭州公交的宣传标语。下面为潮的形状,与上面的滑板、人正好构成人在弄潮。整个构思映衬了主题。

造型主体为"人",体现以人为本、车让人的美德,同时也是给独自等车的人送去一份温暖——在深夜仍有一个"人"陪你。

背面在电子显示屏的地方则是播放各种经过公交车的路线图,其他不变。电子显示屏的内容包括重大通知、宣传片、公交路线、下沙有名景点等。

图6　站牌设计示意图

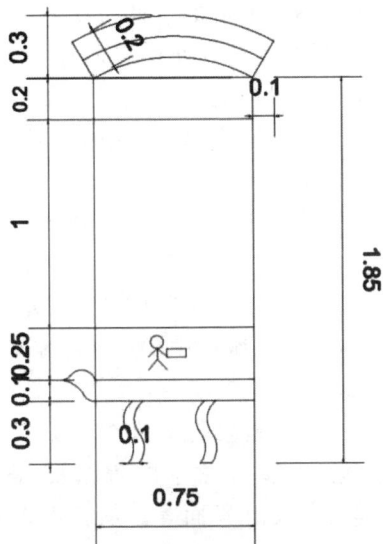

图7　站牌设计侧视图

长椅设计:基于新型杭州公交车站台所设计的公交等候长椅,主体部分由复合双层座椅、连动固定装置与支撑架组成。突出功能特点是可在设定范围内按挡位上下移动。便于不同身高体型的人群更舒适地坐下等候,变换的座位也引起乘客的兴趣,增加公交站台的乐趣。材料上层为透明玻璃钢,下层嵌有铝制基座,重量轻,耐腐蚀,成本较低。

为回应"弄潮儿"的设计元素,产品在正常使用时会表现得高低错落,配合有通透的座椅,表达如水浪一般的设计寓意。

图8　吉祥物

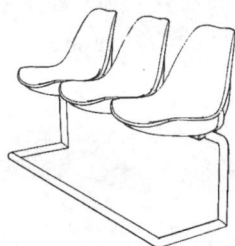

图9　座椅设计图

2.产品优势。

(1)利用空闲空间实现电力自给自足。

安装在顶棚的不同角度的两块太阳能电池板顶部可以在正午时分发挥最大的利用效率。腰部倾斜的太阳能板在清晨、傍晚时分可以更好地发挥利用效率。

(2)适合不同人群的可调节座椅。

基于新型杭州公交车站台所设计的公交等候长椅,主体部分由复合双层座椅、连动固定装置与支撑架组成。突出功能特点是可在设定范围内按挡位上下移动。便于不同身高体型的人群更舒适地坐下等候,变换的座位也引起乘客的兴趣,增加公交站台的乐趣。

(3)服务性与区域文化结合紧密。

公交站台不仅有功能性也有文化性,在享受服务所带来的愉悦性的同时也提高了城市归属感、区域归属感。同时不再重点着眼于杭州、上海等大城市,而把目光更多放于大城市中的各个区,使区域细分,让公交站台更好地发挥自己的服务功能。

(4)电子显示屏功能大大提升。

电子显示屏除了之前的查路线、查公交卡余额外增加了区域宣传片、重大通知、一键打车交互界面等。从各个方面通过电子显示屏这个媒介进行倾向乘客的服务性改善,让这个媒介充分发挥它的信息作用。

五、结 论

国内城市居民人均候车时间普遍在 20 分钟左右,在一些特别拥堵的城市甚至会超过 1 小时。对于普通市民来说,出行乘坐交通工具时,最关注的是:车在哪? 什么时间到? 随时随地精准掌握公交车辆行驶途中的相关信息:时间、路况、发车频次、车辆在途数量,实时公交和智慧出行会有效减少城市的无效人员拥堵,提高社会整体运转的效率,从而增强人们的整体幸福感。我们希望对杭州下沙公交站台发展现状与存在问题的调查研究,能为公交站台行业的发展提供一些有用的建议,为改善乘客的乘坐心情与体验提供一定帮助,也让杭州这个城市有更好的精神面貌。

关于湖州罗师庄新居民子女社会教育状况调查

——基于"阳光假日小屋"活动

环境 1702 班：彭　婷　周　鑫　王海燕　任俞娇

指导教师：吴太贵

摘　要：外来务工人员子女作为一个特殊群体，他们的教育问题早已得到广泛关注。罗师庄"阳光假日小屋"公益活动以农民工子女集中居住的社区为依托，以社区内固定的活动场地为阵地，以青年志愿者为主要力量，在周末为外来务工人员子女提供爱心捐赠、自护教育、学业辅导、亲情陪护、感受城市等多方面的服务内容，杜绝了孩子们周末无人照料、存在安全隐患的情况，给了孩子们良好的素质教育，为"小候鸟"们提供一个舒适、安全、快乐的空间，解决了家长们的后顾之忧，促进了社区的安定和谐。

关键词：外来新居民　务工人员子女　子女教育　社会工作

一、调研背景

(一)子女教育

　　知识改变命运，教育影响着一个人的一生，接受良好的教育可以帮助一个孩子身心健康发展，更好融入社会。教育分为家庭教育、社会教育和学校教育。学校教育是由专业人员承担，在专门的机构，进行目的明确、组织严密、系统完善、计划性强的以影响学生身心发展为直接目标的社会实践活动。家庭教育是有意识、主动的教育过程，它往往发生在家庭生活中，施教者是父母，受教者是子女，家庭成员间在持久的互动沟通过程中，有意识或无意识地彼此产生影响和受到教育。最关键的是在家庭生活中父母对孩子的教育，家庭教育为社会教育和学校教育奠定了基础，家庭教育是终生教育，它在子女刚出生的时候就开始对子女个人产生非常重要的影响。社会教育是指旨在有意识地培养人、有益于人的身心发展的各种社会活动；狭义的社会教育，是指学校和家庭以外的社会文化机构以及有关的社会团体或组织,对社会成员所进行的教育。良好的社会教育有利于对学生进行思想品德教育,有利于学生增长知识、发展能力,有利于丰富学生的精神生活,有利于发展学生的兴趣、爱好和特长。社会教育直接面向全社会,又以社会政治经济为背景,它比学校教育、家庭教育具有更广阔的活动余地,影响面更为广泛,更能有效地对整个社会发生积极作用,通过政治、道德教育,促进社会安定与进步。而且现代人的成长已不完全局限于学校,必须同社会实践相结合。社会教育更有利于人的社会化。

(二)外来务工人员子女教育困境

外来务工人员这类庞大群体的出现是中国城市化过程中一道独特的风景,作为一个特殊的群体存在于大中城市的角角落落,有着数千万未成年的子女,这些孩子是一批游走于城乡之间的特殊群体,他们的教育问题也是这些新居民的心头之痛。外来务工人员因为家庭经济情况、工作等,不能给予自己的子女良好的社会教育和家庭教育。由于经济拮据,不能让孩子们参加各种各样的社会活动,因此孩子的社会教育有所缺失。外来务工人员工作时间紊乱以及巨大的工作强度导致很多孩子放学回家以后,没有爸爸妈妈的陪伴,只有很少的时间与父母相处,久而久之孩子的心理出现问题,父母和孩子关系疏远,家庭教育也有所缺失。外来务工人员的工作性质决定了他们经常举家搬迁,孩子频繁转学,跟不上新学校的教学进度,学校教育也受到影响。

(三)罗师庄社区概况

由于罗师庄社区具有独特的地理位置,长年以来吸引了众多经营者的目光,中机南方、思念食品等优秀企业纷纷进驻。在这片并不大的区域内,居住着2万余人,其中90%以上都是外来务工人员,他们来自全国26个省18个民族,复杂的人员构成,让这个社区的治安变得很差,经常发生打架斗殴事件,百姓怨声载道,被当地人称为"铜锣湾"。外来务工人员的孩子在这样的社区长大,一些孩子没有礼貌,性格暴躁,在学校不好好学习,经常和同学们打架,把社区里的公共设施拆了当废铁卖。同时社区里经常发生溺水和交通安全事故。

二、调研方法

(一)实地调研

2019年4月27日,小组成员跟随带队老师来到浙江省湖州市罗师庄进行实地考察,参观了当地的工厂、社区环境等,重点参观了阳光假日小屋活动的相关情况。

(二)座谈会调研

在马长林警官的协调下,我们有幸邀请到"春天里"人才中介负责人盛先生、阳光假日小屋企业资助对接人沈小姐、当地小学老师张丽以及一位参加了阳光假日小屋活动的孩子的家长与我们开了一次座谈会,通过与他们长达两个半小时的交流,了解到了很多当地的情况、孩子们的教育问题,以及阳光假日小屋活动的整体情况。

三、罗师庄外来务工人员子女社会教育探索之路

(一)"阳光假日小屋"概况

阳光假日小屋是由社区民警马长林牵头,在湖州市团市委和相关企业的支持下开展的公益活动。2012年7月"阳光假日小屋"在湖州市龙溪街道党群服务中心正式开班,它以农民工子女集中居住的社区为依托,以社区内固定的活动场地为阵地,以青年志愿者为主要力量,在周末为外来务工人员子女提供爱心捐赠、自护教育、学业辅导、亲情陪护、感受城市等多方面的服务内容。宗旨是为"小候鸟"们提供一个舒适、安全、快乐的空间。

"阳光假日小屋"成立以后大受欢迎,原本只打算在寒暑假开班的"阳光假日小屋""被迫"变成每个周末都开班。很多志愿者主动来到"阳光假日小屋"开展志愿活动,为小朋友们讲解安全自护、英语、科学、绘画、书法、手工制作等知识,丰富的课程让孩子们沐浴在新鲜与开心的氛围中。

截至2017年10月,5年以来,罗师庄社区的"阳光假日小屋"招待小朋友万余人次。目前,"阳光假日小屋"每月志愿者参与人数达68人次,志愿服务时间达360余小时。

(二)"阳光假日小屋"活动的深刻意义

1.促进孩子们身心健康发展。

参加"阳光假日小屋"活动的孩子们可以参与到具有教育意义的活动中去,比如得到学业方面的辅导,来自各行各业优秀志愿者也让他们更多地见识到整个社会,开阔了眼界。"阳光假日小屋"提供爱心捐赠、自护教育、学业辅导、亲情陪护、感受城市等多方面的服务内容,为孩子们提供了良好的素质教育,包含了学校教育、社会教育和家庭教育。

2.解除了家长的后顾之忧。

令家长们惊喜的是,通过参加"阳光假日小屋",孩子们都发生了可喜的变化,变得更懂事,会主动帮家长做事,懂得感恩,积极参加各类社区志愿者活动。

当地的居民大多工作都很忙,白天没有时间照看孩子,因此在几年前经常有孩子们放学后溺水、发生交通事故的情况出现。家长们迫于生计没办法照看孩子,可在工作的时候也总是提心吊胆、忧心忡忡。"阳光假日小屋"为"小候鸟"们提供一个舒适、安全、快乐的空间,解决了家长们的后顾之忧。

3.促进社区和谐——家长也成了志愿者。

家长们得到了来自社区的关爱,家长们也纷纷行动起来,响应马长林警官的号召,成为志愿者,组建了一支1000余人的志愿者队伍为社区治理助力。现在的罗师庄早已不是当年被市政府列为治安乱点重点整治区域,而是湖州城里的模范社区,邻里和睦、社会安定。

4.提供经验,重点推广,造福百姓。

2012年,共青团浙江省委在安利公益基金会的支持下,针对农民工子女周末相对缺乏照料、存在安全隐患等现实情况,开始在全省范围内实施安利阳光假日小屋项目建设活动。每天都有到罗师庄来取经学习的人。

目前为止,这样的阳光假日小屋已经在全省7个地市成立,未来计划在每个地市都陆续建立。

四、附件

(一)座谈会会议纪要

1.被采访人。

盛先生:人才中介。

沈女士:阳光假日小屋的志愿者。

张教师:协助阳光假日小屋活动。

蒋女士:学生家长,12岁孩子的母亲。

4名受访者先向我们讲述了有关马警官的令人印象深刻的三件事,从中我们了解到马警官是名富有使命感的好警察,他的精神潜移默化地感染着周围的人群,他在功成名就之时就来到罗师庄,减少了溺水、打架斗殴事件,组织一系列志愿者活动,创办阳光假日小屋,解放了农民工的时间,造就了今日的罗师庄。

2.主要采访内容。

Q:盛先生,您从香飘飘总经理到后来自己创业,成立自己的公司,您在为他人提供免费就业服务时,有没有遇到什么困难?

A:有,最大的困难就是不信任。因为他们觉得天下没有免费找工作这么好的事情。后来我把就业服务队的铜牌挂在我的店门外,在店里放了很多志愿者活动的照片。找工作的人来店里时,我就跟他们聊这些志愿者活动和马长林的故事,以此拉近与他们之间的距离。

Q:之前说罗师庄是"铜锣湾",比较乱,在马警官来之后,现在的社会状况、社会风气是怎么样的?

A:现在整个罗师庄人民的价值观、道德观,潜移默化地发生了改变,现在整个罗师庄可以说是夜不闭户,老有所养,幼有所教。我有 3 台苹果电脑放在店里,这个店门我没锁过,我很放心。

Q:盛先生,您刚才说您帮外来务工人员找工作,请问您是如何帮助他们找到工作的,因为工厂也是需要技术人员的,外来务工人员没有一定的技术该如何找到工作呢?

A:其实在现在的发展阶段,很多的劳动密集型行业,缺少很多劳动力,并不需要太大的技术,我们要做的是根据企业的需求,先和员工聊天,了解他们以前的工作经历,了解他们想干什么工作,想学些什么,我们事先与企业对接好,让外来务工人员在我们这里接受最基础的培训,然后再带他去企业面试。等他入职以后,我们会再去了解他是否适应这个工作,把他们当作自己的亲人。

Q:请问阳光假日小屋的孩子现在多大? 大龄儿童也能上吗?

A:阳光假日小屋是综合性的实习基地,利用社会上的资源进行对接,因材施教,包括舞蹈表演、口腔护理等方面的教育。

Q:罗师庄近几年的教育情况如何?

A:在以前学生放学的时间段(五六点时),有些学校会根据教育的要求,设一些托管班,但学校组织托管班、兴趣班的力量不太够,在这种情况下,阳光假日小屋设立了,能够让家长在无暇接管小孩的时候安心工作。

Q:阳光假日小屋的孩子年龄不同,有大有小,他们是统一上课还是分年龄段上课? 不同年龄段的学习能力不同,如何保证他们学到有用的知识?

A:基本上是统一上课。所教授的内容很多都是常识性、社会性、宽泛性的,如消防、口腔护理、国外事件等方面。对接企业之后,让他们欣赏歌剧,在这个平台上,让他们更好地认知社会上的各大功能。

杭州地铁建设对周边居民的影响及改进建议

英语 1702 班：谢星雨　张晴晴　许文静　刘俊婷　冯婧婧

指导教师：夏凤珍

摘　要：杭州作为省会城市，且处于高速发展时期，又加之 2022 年即将举办亚运会，进一步完善交通路网显然迫在眉睫。而地铁作为城市居民交通出行的主要选择，成了城市交通建设的重点。作为浙江工商大学学生，我们宿舍区前恰好有地铁 8 号线正在进行施工建设，少数学生也曾表示受此困扰。鉴于此类反馈，我们决定找到一个更好的解决措施以协调杭州地铁建设和周边居民正常生活。为此我们进行了走访调研，并发放了线上、线下问卷。我们通过分析提出一些可行的建议，旨在减少地铁项目对周边居民的影响，并希望这一项目能使未来其他面临此类问题的城市受益。

关键词：杭州　地铁建设　周边居民　影响　建议

近年来，为适应我国当前发展态势，各个城市的建设步伐纷纷加快。而城市发展环节中，交通设施的完善位于基础环节。杭州作为省会城市，又是下一届亚运会的举办城市，理应展现出良好的发展态势。但当前道路交通承载能力与城市的发展仍未完全符合，值此之际，杭州必须加快交通路网的建设。而地铁作为缓解城市交通压力的选择，以其巨大的承载量及方便性，成了交通建设的首选。然而地铁的建设又难免会对周边居民的正常生活造成一定影响。我们小组要研究的课题就是杭州地铁建设对周边居民的影响，根据我们收集到的数据，提出改进建议。并希望这一成果能够对其他正在或即将建设地铁的城市起到参考作用。

一、调研内容

（一）调研地点

下沙地铁 8 号线修建施工地周边路口。

（二）调研目的

调查地铁修建对周边居民的影响，为减少地铁建设施工过程中的不良影响提供可参考的改进建议。

（三）调研对象

地铁 8 号线修建工地附近居民。

二、调研过程

（一）阶段一：信息收集

通过网络和图书馆收集杭州地铁建设现状及其可能对周边居民造成的影响，设计出以选题意义、国内外研究现状、项目研究的主要内容、基本思路、重点难点、预期目标、访谈提纲以及调研步骤为核心的社会实践策划书，随后查找调研地路线并最终选定了在建的 8 号线沿线。

（二）阶段二：实地调研

实地调研当天，也就是 2018 年 3 月下旬，我们一组 5 人带着拍摄设施和访谈问题踏上了调研的旅途。在实践中，我们将目标主要定为下沙各大高校的学生和普通民众，进行问卷发放。在下班高潮的人流中，我们屡次碰壁，显得有少许局促，恰巧在路口碰到了一对热情的中年夫妻，他们向我们表达了如今地铁对自己生活带来的巨大便利。那位阿姨说，原先挤公交上班的日子一去不复返了，原先 1 个小时左右的车程，地铁 20 分钟就能顺利到达了。当问及她是否受地铁修建噪音困扰时，她明确表示，地铁的相关施工工艺确实会影响沿线较近居民的休息，但地铁修建是福泽后代的事。这位阿姨的一番话也让我们对杭州地铁建设有了更加具体而深刻的印象。总体来讲，由于下沙属于高教区，群体多为学生和老师，总体素质较高且对地铁的使用频率较高，比较了解地铁运营现状，因此，我们的问卷调查进行得比较顺利，基本上，被采访者都默默配合了我们的相关调查。

（三）阶段三：资料整理与分析

总体上，我们小组采用了在地铁沿线随机发放问卷、辅以简短询问的调查方式以及线上问卷发放的调查方式，小组成员分别对各自的问卷负责，采访后统计数据，数据统计完毕后进行数据汇总，再对问卷及统计数据进行核对。我们的实践时间为 2018 年 3 月 30 号至 4 月 24 号，合计 25 天，经过这段时间的调查采访，我们总共发放了 250 份问卷，收回了 200 份有效问卷，其余均由于答题不规范等原因作废。小组成员根据摘要、调研内容、调研过程、调研结果对获取的资料进行分类整理，并根据调研报告的相关要求进行了适当的逻辑编排。

三、调研结果与分析

(一)地铁建设施工对周边环境以及市民日常生活的影响

1. 噪音污染方面。

对受地铁修建噪音困扰的严重程度的调查显示,绝大部分的地铁施工区的周边居民都表示受到修建地铁时产生的噪音困扰。在调研中,约20%的地铁施工区周边居民表示受到地铁修建噪音困扰的情况较为严重,45%的受访者表示受到轻微的地铁施工产生的噪音困扰。由此可见,在地铁施工的过程中,地铁施工区的周边居民在一定程度上受到了施工时产生的噪音困扰。

我们在调研的过程中,进一步调查了地铁修建噪音给周边居民带来的危害。近65%的受访者表示长时间的噪音环境影响了日常生活,导致学习、工作无法集中注意力。8.6%的受访者还表示长时间噪音环境导致身体病变。

2. 空气污染方面。

从地铁施工与空气质量的关系来看,约88%的受访者认为地铁施工直接或间接地影响了施工地区周边的空气质量。仅有4.3%的受访者认为地铁施工对空气质量没有任何影响。可见,绝大部分的居民认为地铁施工会影响空气质量。

在进一步的调查中,我们发现,77%的受访者认为地铁建设增加了空气中的尘土,约42%的受访者认为地铁建设使得空气中有异味,约41%的受访者认为地铁建设带来的各种污染导致雾霾天气增多。

3. 施工固体废弃物污染方面。

在调研过程中,我们发现,约70%的受访者认为地铁施工给生活环境中增添了建筑废弃物。进一步的问卷调查显示,70%的受访者认为建筑废弃物主要为弃土,约38%的受访者认为地铁施工产生的建筑废弃物主要为废金属废塑料,约35%的受访者认为施工固体废弃物主要为弃浆。

在施工固体废弃物对居民生活的影响程度的调查中,我们发现,约60%的受访者认为地铁施工废弃物处理得当,对日常生活影响不大。由此可见,在施工固体废弃物污染的处理这方面,地铁施工方处理较为得当,几乎不影响地铁施工区居民的正常生活。

4. 对其他公共设施的影响方面。

调研结果显示,在地铁施工前,约42%的受访者经常使用公共设施,约52%的受访者偶尔使用公共设施。由此可见,公共设施在居民的生活中有着举足轻重的地位。近40%的受访者表示地铁施工破坏了地面绿化等公共设施,而近半数的受访者则认为地铁施工对公共设施的影响不大。

在调研中,我们发现,地铁施工对沿线交通和居民出行方面造成的影响最为严重。约 68％的受访者认为,地铁施工阻碍了交通,约 17％的受访者认为地铁施工使得道路完全断流,车辆需绕道行驶,造成了严重的交通压力。仅有 15％的受访者认为地铁施工对沿线交通和居民出行影响不大。

(二)意见与建议

1.调研结果。

在对居民关于杭州地铁修建的建议调研中,我们发现大部分居民认为,在修建地铁时,要采取一定措施降低施工对周边环境的污染(例如采用 PM2.5 检测仪等设备减少扬尘对空气的污染程度),并且需要进一步合理化杭州地铁的路线规划,将城市的未来发展纳入考虑范围。同时,超半数的人认为在确立地铁规划方案的过程中,要广泛征集民意,切实维护市民利益。少数人也对地铁站内部规划提出了部分建议。

2.可实施的改进方法。

(1)建立更加完善的质量监管体系:除了日常的监管之外,可以成立另外的"监管小队",每隔一段时间,对地铁施工地区进行随机抽查,保证地铁施工地区空气质量的优秀。同时,注重安全管理工作,如消防、用电、防护等方面。

(2)地铁建设部门需要时刻关注居民的感受:在地铁建设之前,需要搜集周边地区居民对于修建的看法;地铁建设过程中,调查给居民日常生活带来的影响,如噪音、废弃物、空气等污染问题并及时寻找解决办法,采取措施解决问题;在地铁建设完成后,再进行满意度调查,以提供更佳的服务。

(3)推进地铁绿色施工:在统筹质量、工期、费用、安全等各种管理目标的情况下,一定要保证绿色施工。加速培养专业的人才,提高技术能力和施工管理能力。培养施工人员的环保意识,深刻认识"节能减排""绿色环保",及时处理废弃物,保护周边环境,稳健发展。

四、小 结

总体而言,地铁作为一种方便快捷的出行方式,为城市居民的出行带来了极大便利,且相当有利于城市交通路网完善及城市化建设。然而,就我们所调查到的数据看来,显然杭州地铁的建设也对施工区域周边居民及环境造成了一定程度的消极影响。无论是发出噪音、降低空气质量、产生废弃物或是阻断沿线交通等,杭州地铁建设显然无法与周边居民达到一种完美的平衡状态。

我们建议政府在修建地铁时能更注重采取措施降低施工对周边环境的污染。同时进一步合理规划杭州地铁路线,使对居民的影响尽量降至最低。更重要的是在确立地铁规划方案时能够广泛征集民意,切实维护沿线居民利益。

杭州的社区养老及医养结合智慧养老的调研

金融工程 1701 班:吴春波

指导老师:于希勇

摘　要:为了积极应对人口老龄化快速发展的严峻形势,党的十九大报告提出了"构建养老、孝老、敬老政策体系和社会环境,推进医养结合,加快老龄事业和产业发展"的要求。伴随着家庭小型化、核心化、空巢化趋势,老年人生活照料、康复保健、医疗护理等医养叠加需求持续增长,健康养老服务需求日益强劲。本报告结合我们实地调研的感受、对得到的数据的分析、参考文献,大致写了我国目前社区养老的发展,并以采荷街道为例对杭州社区养老提出相关建议。

关键词:社区养老　医养结合　智慧养老

中国于 1999 年进入了老龄化社会,是世界上老年人口最多的国家之一。我国人口基数大,人口年增长绝对数量大,而伴随着计划生育的实行,新生人口大量减少,加之医疗水平和生活水平的提高,我国人均寿命大大延长,老龄化带给社会的压力越来越大。面对未来还会继续加剧的老龄化趋势,我国必须尽快发展养老事业,做到让人民群众"老有所养"。在当前的形势下,我们可以选择的养老模式有以下几种:家庭养老、机构养老、社区养老。社区养老是以家庭养老为主、社区机构养老为辅,在为居家老人提供照料服务方面,又以服务为主、托老所服务为辅的整合社会各方力量的养老模式。为此,我们希望通过对杭州多个社区的走访调查,能够得出最适合的养老服务模式。

一、调查结果分析

(一)理论框架

1.社区养老是以家庭养老为主、社区机构养老为辅,在为居家老人提供照料服务方面,又以服务为主、托老所服务为辅的整合社会各方力量的养老模式。这种模式的特点在于:让老人住在自己家里,在继续得到家人照顾的同时,由社区的有关服务机构和人士为老人提供上门或托老服务。从养老场所来看,社区养老让老人在自己的家中接受养老服务,与传统的家庭养老相似,但在服务模式上却明显地体现出现代养老服务的特点,这使社区养老虽然既非家庭养老也非机构养老,却兼有二者的优势,尤其适合当前我国的国情。由此,做好社区养老服务体系的建设对我国的养老体系发展至关重要。

2.通过调查得知,不论是社区养老还是机构养老,目前皆难以有效满足养老需求,发展中均存在问题。因此需激发社区的积极性与自主性,以社区为主体是居家养老服务体系的关键,同时,政府提供政策、资金支持以及监督和规范,养老机构和社会组织以其专业的理论、技术及运营经验参与养老服务供给,构建社区主导、多元主体协同参与的多层次养老服务体系。

3.现阶段医养状态无法满足老人健康养老的需求。随着杭州市老年人口的持续增长,老年人口对于高质量医疗服务的需求日益加大。而杭州市的医养长期分离使得老年人不得不经常往返于医院、家庭或养老机构之间。因此,医养结合是实现健康养老的有效方式。同时,杭州市作为互联网之城,互联网体系是智慧健康养老和医养结合的有效依托。

(二)调查情况简介

1.调研时间:2019 年 11 月。

2.调查地点:杭州市江干区采荷街道。

3.调研对象:本次调查的研究对象为杭州市江干区采荷街道的部分社区退休老年居民,年龄层面,60—69 岁的老年人占 28%,70—79 岁的老年人占60%,80 岁以上的老年人占 12%。

4.研究方法:本次调查采取文献调查、实地研究、问卷调查的方法对杭州市江干区采荷街道的社区老年居民进行随机抽样调查。同时对采荷街道办事处的工作人员进行了简单的访谈调查,从社区的角度了解现在社区开设的服务以及政府对社区养老工作的安排等。

5.资料收集与分析:本调查在前期通过互联网、图书馆借阅文献等途径获取资料以设计问卷;回收问卷后,用 Excel、SPSS 等数据分析软件进行分析整理,获得数据。

6.研究的局限性:本次调查只针对杭州市江干区采荷街道,以此来将调查结果扩展至整个杭州市显然是具有偏向性的,因此本文所提出的结果及建议并不能在真正意义上代表杭州市;除此之外,本次调查人群的性别及年龄分布存在明显的不均衡,本次抽样调查的数据结果也可能会存在一定的误差。

(三)调查结果分析

我们在社区工作人员那里了解到,社区在医疗服务建设、精神文化服务建设方面开办了大量活动。街道与省民政康复医院、社区卫生院合作,医疗资源直接连接,拥有"爱照护"24小时常驻的护理师,开展老人的日常健康管理,为老人提供到访看诊、定期体检、健康咨询以及疾病诊断,解决了老人看病和健康管理的问题。除此之外,在倡导"爱老敬老"的大背景下,街区十分重视提供老年人的"精神食粮",致力于丰富"老有所学""老有所乐"的内容。街区设立展现乐龄风采的老年文化长廊,对老年志愿者、老年特色团队、老年艺术作品等进行宣传展示,激发老人积极向上的生活热情。开展"情系桑榆"服务,依托心灵书屋等文化品牌,开展老人座谈、手工制作、读书报等活动,使老年人增长知识、丰富生活、陶冶情操、促进健康,使众多的老年人成为街区大乐园的一员。同时,街道还号召家庭成员积极参与和支持,促进老人和家人之间的情感交流,形成其乐融融的家庭文化氛围。街道和社区定期开展各类文化体育比赛,根据老年人的兴趣和爱好,让老年朋友们聚集在一起,仿佛又回到年轻时代,在文化活动中享受晚年的幸福生活。

(四)调查者基本情况

1.调查结果显示,在填写问卷的调查者中,依旧正在工作的老年人占28%,已退休在家的老年人占60%。说明杭州市老年人口的养老服务需求相当大。

2.在居住方面,个人独居的老年人占4%,与配偶合住的老年人占32%,与子女合住的老年人占60%。由此看出,大多数老年人目前处于与子女合住的居家养老状态,因此,破解杭州市养老难题,激发社区的积极性与自主性,以社区为主体是居家养老服务体系成功运行的关键。

3.从主要收入来源来看,子女赡养的占据28%,劳动所得占据24%,离、退休工资占据12%,社会福利占据16%,可以看出老年人在养老方面更多依靠自身劳动及政府政策支持,完全靠子女赡养较为困难。因此,杭州市养老体系、养老服务对于其庞大的老年人口而言存在相当大的需求与挑战。

二、采荷街道社区养老情况

1.关于社区是否有专人提供养老服务,32%的老年人体验过,而有64%的老年人还未体验到社区养老服务或者意识到社区养老服务的重要性。

2.在社区提供的医疗保健服务方面,多数社区采取免费量血压及开展养生保健知识讲座的方式,上门诊断、提供康复护理的较少。因此,老年人的医养长期分离,现阶段社区、家庭的医养状态并不能满足庞大的老年人口的现实需求,医养结合、智慧养老的养老方式显得尤为重要。

3.精神文化活动方面宣传不足,不能吸引老人们参加这些活动。根据我们统计的结果,有84%的老人知道有兴趣班、培训班、老年交流等活动,但实际参与过的老人不到其中的一半。目前,社区养老也还面临着老年人对积极老龄化的认知程度低、缺乏日常锻炼、精神生活单调、自我保护及社区服务参与意识不够高的问题。

那么,针对此类问题,需要老年人自身、社会、社区三个层面共同努力。第一,对于老年人自身,要提升其对社区养老服务的认识,增强其对自身健康水平的关注,促使老年人积极参与社区事务,增加独立性。第二,在社区层面,对老年人进行分层分类,同时因应老年人的需要,搭建完善的社区服务网络,提供多元化、多层次服务,促进老年人能力提升的同时,提升老年人生活质量,增强其价值感。第三,在社会层面,加大"积极老龄化"理念的宣传和普及,构建专业化的养老组织,培养技术服务人员,增加财政投入力度,完善法规制度,鼓励更多社会力量投入养老社区建设。

4. 根据我们的调查结果,在理想的家庭养老方式方面,绝大多数的老年人选择了家庭养老和机构养老,说明了大多数老年人更接受传统的养老方式,也说明了社区养老在短时间内对老年人的影响不是很深刻,大部分老年人暂时没有形成社区养老的意识。

5. 关于理想的家政服务形式,大多数老年人选择了维修服务、医疗服务和文化活动。贴合老年人的现实需求,社区养老服务可以更加侧重这几个方面。特别是维修服务,我们在和老人们的交谈中了解到,该社区在维修服务提供上有待加强,并且从实际出发,因为老人们行动不便,更需要得到这一类服务。

6. 在社区养老服务改善意见中,老年人更多地希望社区养老服务可以健全服务设施、建设多元化的服务项目,不仅使老年人的物质生活更加便捷,同时丰富老年人的精神生活。目前的服务项目建设还不是很完整,有待改善。

三、总结与启示

(一)我国社区养老的启示

1. 完善社区主导、多元主体协同参与的多层次养老体系。

首先,引导社区和机构紧密联动。提升和完善社区养老服务,推动社区机构化、机构社区化。发挥社区的平台作用,通过资金补助、政策引导等方式,推动养老机构向社区开放就餐、娱乐、医疗、日托、看护、慰藉等服务;养老机构也逐步瘦身,进入社区化发展。

其次,完善政策和制度保障,强化政府在养老体系中的引导、规范和监督作用。营造良好的政策和制度环境,建立健全良好完备的养老服务体系,有利于促进养老服务业健康有序发展。加大对养老服务业的投入,同时加强养老资源的整合利用,促进社区养老与养老机构的对接甚至是部分企业单位的交流合作。

最后，发展社会组织，鼓励社会力量参与养老服务。一方面，鼓励多种类社会组织与社区对接，整合社会福利资源，既有利于降低养老成本，提高养老效率，又可以满足老年人多元化和高层次的养老需求。另一方面，完善社会力量参与养老服务业的金融、土地和税收等政策，鼓励社会资本进入养老事业，大力发展与当前老人养老金收入相匹配的福利性养老机构。

2.推动医养结合、智慧养老服务。

首先，鼓励建立医养结合为一体的老年服务机构。鼓励支持养老机构提供医疗服务，建立健全医养结合机制，以社区卫生服务机构为平台，将医疗服务越来越多地延伸至社区、家庭，推动社区养老服务的提升。同时也鼓励社会力量参与兴办医养结合机构。

其次，建立以互联网技术和信用制度为依托的智慧养老体系。搭建智慧健康养老综合服务平台，多渠道丰富养老产品。以互联网技术为依托，探索建立一站式健康服务平台，解决老年人及时就医买药的障碍。同时，打造智慧养老"杭州样本"，鼓励本地企业推出智慧养老产品，针对不同应用环境，满足多样化、个性化需求。

（二）总结与思考

在本次调查过程中我们发现，虽然杭州已进入老龄化城市行列，但养老服务体系的建设仍存在许多亟待改善的方面，且杭州市各地区养老服务建设存在不平衡的现象，老年群体之间也存在着不平衡。

就本次调查问卷的回收情况而言，本次调查的数据量较少，不足以代表杭州市的养老服务领域的现状。

五、生态文明建设调查篇

SHENG TAI WEN MING JIAN SHE DIAO CHA PIAN

关于钱塘新区河庄街道蜀南村
垃圾分类的情况调查

哲学 1701 班：周　洁　苏琳琳　李佳新　刘展瑜　朱蔓榕　张滨艳
　　　　　　张家盈　孙　盈　张　唯　王曙晟　郭华钰　彭　超

指导老师：崔　杰

摘　要：蜀南村现属于钱塘新区，随着大江东新城建设的加快推进，蜀南村各项事业蓬勃发展，在城镇化进程村文明改造建设中已经有了初步进展。通过调查分析蜀南村垃圾分类情况的实施背景与工作方法，总结其经验，为其建言献策。

关键词：城镇化　垃圾分类　背景溯源　路径探索　经验启示　建议

一、调查的背景

(一)推行垃圾分类是中国新型城镇化与生态文明建设的重要工作

随着经济社会发展、乡村物质消费水平的大幅提高，垃圾产生量也在逐步增长，这一定程度上会阻碍文明建设的步伐，环境维护或成发展短板，落实在新型城镇化的进程中涉及更多环环相扣的链条问题，譬如配套基础设施建设落后、民众文明意识不高、管理环节尚不完善等，必须对此重视起来。

环境就是民生，党的十八大以来，习近平总书记高度重视普遍推行垃圾分类制度这一工作，多次进行实地考察，并进行了深刻指示。2013 年 7 月在湖北考察时指出"垃圾是放错位置的资源，把垃圾资源化，化腐朽为神奇，是一门艺术"。2016 年 12 月主持召开中央财经领导小组第十四次会议，要求"加快建立分类投放、分类收集、分类运输、分类处理的垃圾处理系统，形成以法治为基础、政府推动、全民参与、城乡统筹、因地制宜的垃圾分类制度，努力提高垃圾分类制度覆盖范围"。2018 年 11 月在上海考察时强调"垃圾分类工作就是新时尚"。以总书记的指示作为行动指南，势必要落实符合城镇建设、环境友好的垃圾分类项目。

（二）推行垃圾分类是浙江省乡村振兴的基础工作，是改善农村民生的重点所在

浙江省从 2014 年起开展农村生活垃圾分类处理工作，2003 年，习近平同志在浙江工作时就对农村垃圾整治工作做出部署。2005 年在"千村示范、万村整治"工作嘉兴现场会上，总书记提出要从花钱少、见效快的农村垃圾集中处理、村庄环境清洁卫生入手，推进村庄整治。2006 年在全省人口资源环境工作座谈会上，总书记提出要使垃圾分类回收、减少使用一次性用品等成为全社会的自觉行动。浙江省尤其在这些年"千村示范、万村整治"工程实践中深刻体会到垃圾分类工作的深远意义。

（三）推行垃圾分类是蜀南村新型城镇化建设的必然举措

蜀南村现属于钱塘新区，随着大江东新城建设的加快推进，蜀南村各项事业蓬勃发展，在城镇化进程村文明改造建设中已经有了初步进展：村内树植整齐、设施齐全、环境优美，自来水、天然气、有线电视、电信、电力等管线全部实现地埋，农户生活污水进行集中纳管处理，村内道路实现硬化、绿化，统一安装 LED 路灯，并且对建筑垃圾、生产垃圾及生活垃圾进行了粗分类。这些举措使得蜀南村先后获得杭州市生态村、卫生村、文明村等荣誉。但垃圾分类工作的开展广度和深度尚未能满足村日益扩充的新型城镇化需求，村内正制定相关目标，进一步加强落实垃圾细致处理，例如对生活垃圾进行易腐、可回收、有害及其他生活垃圾的分类，争取为乡镇建设发展树立更加坚固的后盾。

二、居民调查分析

（一）调查区域

蜀南村现属于钱塘新区，区域内江东大桥东接线穿村而过，将村庄南北分离。全村共有农户 664 户，其中新农村小区 308 户，人口 2996 人。党员 85 人，分设两个党支部，分别是农业支部和两新支部，均归蜀南村党总支管理。全村现有工业企业 20 余家，其中规模以上企业 4 家，均位于江东大道北面。2018 年实现农村经济总收支 9 亿元，农民人均收入 39301 元，实现村集体可支配收入 1244 万元。全村男 60 周岁以上、女 50 周岁以上养老保险已实现全覆盖。先后获得杭州市生态村、卫生村、文明村、敬老爱老示范村等荣誉。

（二）调查对象和方式

在新农村建设的推进下，蜀南村逐步分化为两个区域，第一个为拆迁安置社区，这个区域主要供住房被拆迁的村民居住，道路修建和基础设施较为完善，是蜀南村村民的主要集中地区；第二个为未拆迁或拆迁中区域，此区域房屋多在拆迁中或还未规划拆迁,且房屋相对老旧,布局较为混乱,道路修建不够完善。我们在两个区域中进行随机抽样问卷调查,同时对该村前几任干部和部分村民进行访谈。

1. 调查人员:周洁、苏琳琳、李佳新、刘展瑜、朱蔓榕、张滨艳、张家盈、孙盈、张唯、王曙晟、郭华钰、彭超。

2. 调查时间:2019年6月23日—6月26日。

3. 调查对象:钱塘新区河庄街道蜀南村村民。

4. 调查方法:抽样问卷调查法。

5. 计划实施介绍:首先根据调查的主题和目的,设计调查报告的题目,经商讨和审核,于钱塘新区河庄街道蜀南村随机发放并回收有效问卷。经过数据的统计和数据结果的分析撰写报告。

(三)受访人群基本信息

本次调查共计发放问卷250份,其中有效问卷203份,从有效问卷来看,情况分析见表1。

表1 受访人群基本信息

统计特征	分类指标	人数	有效比例
性别结构	男	102	50.25%
	女	101	49.75%
年龄结构	25岁以下	38	18.72%
	25—35岁	27	13.30%
	35—45岁	45	22.17%
	45—55岁	39	19.21%
	55岁以上	54	26.60%
文化程度	未上学	34	16.75%
	小学	42	20.69%
	初中	64	31.53%
	高中	27	13.30%
	大专	21	10.34%
	本科	15	7.39%

统计特征	分类指标	人数	有效比例
职业构成	务农	63	31.03%
	打工	34	16.75%
	企业务工	23	11.33%
	个体户	18	8.87%
	公务员	3	1.48%
	事业单位	8	3.94%
	其他	54	26.6%
政治面貌	党员	14	6.9%
	团员	24	11.82%
	群众	163	80.30%
	其他	2	0.98%
身份	市民	51	25.12%
	农民	125	61.58%
	不清楚	27	13.3%

调查数据显示出以下情况。

(1)河庄街道蜀南村男、女性别比例大致呈1∶1。由此可得,在垃圾分类方面,河庄街道蜀南村男女性别所付出的努力和贡献大抵相同。

(2)河庄街道蜀南村居住人口年龄分布大致呈中老年人口＞青少年人口的趋势。由此可知,在垃圾分类问题上,河庄街道蜀南村中的中老年人口参与度更大,同时,我们也可以发现,在垃圾分类问题上,由于中老年人口数目远大于青少年人口数目,可能存在村内垃圾分类相关知识了解程度低和了解内容少等问题,不利于垃圾分类项目的高效推进。

(3)河庄街道蜀南村现居住人口学历水平项大致呈现:低学历水平＞高学历水平,即村内人口绝大多数未接受高水平教育。由此可见,在垃圾分类项目的推广过程中,可能存在垃圾分类知识接受度低、垃圾分类项目认可度低、垃圾分类项目建言献策不够等问题。

(4)河庄街道蜀南村现居住人口从事务农者比例最大,其次是其他类,第三是打工者,第四是企业务工,第五是个体户,第六是事业单位,第七是公务员。由此可见,村内人口对垃圾分类项目的接触与了解较少,此外,由于农民工所占比例巨大,一些落后的生活观念和不良的生活习惯根深蒂固,很难改变,这对蜀南村垃圾分类带来很大困难。

(5)河庄街道蜀南村人口政治面貌大致为群众：团员：党员：其他党派＝80：12：7：1。在垃圾分类项目上,党员首先获得先进的知识,其次党员需发挥先行之力,这是垃圾分类项目中党员具备的优势。但是,蜀南村党员占比少,群众占比极大,相对来说,这不利于垃圾分类项目的宣传与迅速推进落实。

(6)河庄街道蜀南村村民对自身身份的定位认知大致为:绝大多数认为自己仍是农民,少部分认为自己已转变为市民,极少一部分不清楚自身身份。事实上,从某种程度来说,对自身身份的定位与认知对垃圾分类项目的推广有一定影响。据当下社会现状分析,由于农村发展程度不如城市、农村人口教育水平低于城市人口等情况,所以农村垃圾分类推广难度远大于城市。对自身身份仍定位为农民比例之大不利于农民市民化的推进,进而影响垃圾分类的落实。

(四)居民关于垃圾分类认识情况调查

1.您听说过要对垃圾进行分类吗？（见表2）

表2 是否听说过垃圾分类

选项	小计	比例	
有	78		38.42%
没有	90		44.33%
不清楚	35		17.24%
本题有效填写人次	203		

2.您认为垃圾分类有必要吗？（见表3）

表3 垃圾分类是否有必要

选项	小计	比例	
有	72		35.47%
没有	94		46.31%
不清楚	37		18.23%
本题有效填写人次	203		

河庄街道蜀南村村民关于垃圾分类奖惩有如下反映:部分村民说既未收到奖励也未受到惩戒,部分村民说既收到奖励也受到惩戒,小部分村民对是否受到惩戒表示不清楚。关于垃圾分类项目的惩戒机制和情况,村民们的了解和实际接触情况与垃圾分类的落实有密切联系。通过数据可见,蜀南村村民对惩戒机制不清楚以及未实际接触,会引起村民对村委会工作的误解,在很大程度上

不利于垃圾分类的推进。

3.您认为垃圾分类的主要困难是什么？（见表4）

表4　垃圾分类中遇到的困难

选项	小计	比例	
不懂分类	102		50.25%
太麻烦	69		33.99%
没有监督	49		24.14%
没有时间	49		24.14%
没有必要	10		4.93%
其他	41		20.2%
本题有效填写人次	203		

调查数据显示，河庄街道蜀南村村民认为垃圾分类困难大致如下：不懂分类：太麻烦：没有监督：没有时间：其他：没有必要＝50.25：33.99：24.14：24.14：20.2：4.93。其中，"不懂分类"属于村民对垃圾分类知识的匮乏，"太麻烦"与"没有必要"属于村民公民意识的淡薄与对垃圾分类项目推广目的和意义的无知，"没有监督"属于村委会与上级部门的宣传工作与惩戒机制落实不到位，"没有时间"则属于村民没有真正认识到垃圾分类项目的重要地位。事实上，村民反映的垃圾分类困难恰是垃圾分类项目推进过程中遇到的实际难题，要想真正落实垃圾分类，攻克这几类困难迫在眉睫。

三、实地调查及访谈分析

（一）实现垃圾分类：蜀南村垃圾分类工作路径之探索

为深化学习贯彻习近平总书记重要讲话精神，贯彻落实创新、协调、绿色、开放、共享的发展理念，全力以赴、真抓实干、全面动员，围绕"保障无害化、加强资源化、促进减量化"目标，统筹谋划、补齐短板，加快建立健全蜀南村街道生活垃圾全程分类体系，统筹推进街道生活垃圾分类工作。

1.主要问题。

（1）宣传力度不足。

（2）奖惩措施不明确，执行力度不够。

（3）村民对于一些垃圾分类知识不太了解，不知道该怎么分类。

（4）垃圾桶不够，而且垃圾桶容量太小，容量大的垃圾桶太远。

（5）村民有时候已经分好垃圾了，但收垃圾的工作人员并没有按照垃圾的归类来收垃圾,把垃圾全部倒在一起。

2.垃圾分类的情况。

村民们现在大多数已经适应并自觉地进行垃圾分类,只有部分村民觉得很麻烦。

3.对于垃圾分类过后的感受。

大多数村民明显感受到环境变好。

4.解决措施。

大力宣传、普及生态文明可持续发展观念。自上而下扭转村民在生活中省事、降成本的心理,重视解决村民为了自身短期利益不惜牺牲长远的环境利益的观念,清晰认识到"从农民的行动逻辑的角度,其行为主要受私利的趋使"这一特点。开展集中、专业化的宣传、培训。通过各党员代表组成小分队进村户介绍垃圾分类的方法,并通过海报的方式向群众普及农村生活垃圾分类工作流程图等相关内容,培养村民生活习惯。日本鹿儿岛县全国垃圾回收利用率排名第一,且人均处理垃圾费用不到全国平均值的一半,是因为其政府官员在 3 个月内组织 140 个村落的居民召开 450 次情况说明会,在最高程度上和农民达成共识,使垃圾分类工作顺利进行。

购买四色标准分类垃圾桶 200 个,统一放在每一个街道的空地上。规范生活垃圾分类收集容器,符合垃圾投放需要。建立户投、保洁收集、保洁公司转运处理流程。不断完善"大分流"体系。引导居民对垃圾开展源头分类及袋装堆放。生活垃圾及时清扫、收集、分类,日产日清,做到定点投放、定人收集、定时清运、定点处理。切实解决好农村垃圾何去何从问题。

建立激励制度,比如南京开创的 100 积分抵一元钱物管费等深化绿色账户正向激励机制。不断扩展绿色账户覆盖面,完善绿色账户积分规则,促进激励作用。

严格执行生活垃圾分类收运。明确各类生活垃圾分类收运要求,各类生活垃圾分类收运。有害垃圾交由环保部门下属的危险废弃物收运企业或环卫收运企业专用车辆进行回收。可回收物采取定期协定方式,由经商务部门备案的再生资源回收企业或环卫收运企业收运后,进行再生循环利用。

(二)蜀南村垃圾分类成果之回顾

蜀南村于 2019 年 4、5 月开始垃圾分类推广,并以蜀南小区为垃圾分类的示范点逐渐加以推广。村委会在垃圾分类的项目上对蜀南村居民进行宣传教育,配备垃圾桶和奖励措施。目前,根据实地调研结果,我们总结了蜀南村垃圾分类的成果,具体如下。

1.积极成果。

根据对相关工作人员的访谈,我们得知:"早期蜀南村里推行垃圾房,因此所有垃圾都丢到垃圾房,导致夏天产生异味和蝇虫困扰。随着垃圾桶的提供,居民能够渐渐做到把垃圾扔进桶里盖上盖子,很高程度上减少了气味和蝇虫的困扰,至此居民已经深刻体会到垃圾桶的好处。后来垃圾分类开始推广,居民依旧停留在把所有垃圾都放进垃圾桶的阶段。为此村里开展了相关讲座和趣味活动,工作人员在广场上摆放各种颜色的桶,引导居民做出正确的分类,并且给予村民生活用品作为鼓励。让村民意识到垃圾分类会为生活带来具体的好处是循序渐进的过程,工作人员考虑通过积分奖励、废电池换新电池等活动来体现激励的作用。"而我们通过对百姓进行问卷调查整理发现,百姓的垃圾分类意识总体增强,蜀南村小区的居民大部分都会自觉地把厨余垃圾和其他垃圾分类好扔进户外相应垃圾桶,而且对于"你认为有没有必要进行垃圾分类"这一问题,大部分居民都毫不犹豫地选择"有必要",并且认为垃圾分类有利于美化环境。因此,在蜀南村开展垃圾分类的初级阶段,蜀南村居民们的垃圾分类意识总体增强,蜀南村的环境越来越优美、干净,蜀南村居民的生活水平得到一定的提高,蜀南村居民也在潜移默化中不断由乡下人转变为市里人,从客观和主观方面看蜀南村的垃圾分类开展推动着蜀南村的城镇化建设。

2.工作上的现实困难。

问卷调查显示,蜀南村小区居民虽然总体上增强了垃圾分类的意识,但是存在垃圾分类知识缺乏的问题,不能够更精细地分好垃圾,只能大致分类,而且许多村民也显现出"只要把垃圾放进垃圾桶里即可""村里让我们这么干只能这么干"的想法,没有明确的、自觉的垃圾分类意识。并且,由于两户公用两个垃圾桶(厨余垃圾桶和其他垃圾桶),而垃圾桶体积小,一部分居民采取一户一个垃圾桶的措施,不对垃圾进行分类。根据对村民的访谈,我们还得知有些大垃圾桶被置放在居民的住所围墙边,严重影响某些居民的生活体验。除此之外,根据工作人员透露:"垃圾分类最容易着手的几个点就是学校、医院和行政机关公共机构,原因是内部人员的素质跟得上、数量多,可以由个体来带动家庭,目前学校和幼儿园其实都提供这样垃圾分类回收的条件。在比较落后的农村,大部分农民没有养成垃圾分类的习惯,也没有垃圾分类的意识和知识。工作人员希望由街道正规环保组织推进,效率会更高。资源匮乏的时期,人们会把手头可利用的垃圾作为资源来兑换成利润,但是随着资源的日渐充足,没有人主动做垃圾的收集,资源的浪费也就越来越多,垃圾分类也更难推进了。除此之外,这项推广垃圾分类的工作,在前端百姓方面收效较低,政府只有通过后端的成本增加去进行补足,目前垃圾会分别运到离居住区较远的垃圾中转站以及专门处置点,投入了较大人力成本和运输成本。"由此我们总结出几条蜀南村垃圾分类的消极成果:一是示范点居民的垃圾分类仍存在不足之处;二是蜀南村的垃圾分类在村里的不同区域显现出明显差异;三是成本花费大且成效较低。

四、工作特色经验之总结

河庄街道位于萧山东北部,紧邻南沙大堤。自垃圾分类工作开展以来,街道确立了钱塘一品小区、蜀南安置小区和向红村为试点小区,联合相关单位点对点进行入户宣传,并要求设立垃圾分类专管员在早晚高峰指导居民垃圾分类投放。不仅如此,街道还陆续开展了发放垃圾袋、有奖问答、模拟投放、旧物回收等一系列活动,并通过"国卫"创建,多次发动志愿者进村(小区)指导居民掌握垃圾分类方法。

为更好推动垃圾分类工作,街道成立垃圾分类工作领导小组,对机关事业单位要求实行强制垃圾分类,在垃圾投放点设置分类垃圾桶及投放标准;要求保洁员定时定点对楼道、公共区域等垃圾桶进行分类收集和清理维护。

本次调研以蜀南村垃圾分类状况为主要调查对象,在调研过程中,我们收获了如下经验。

(一)良好的群众关系是垃圾分类工作顺利开展的前提

蜀南村共有农户 664 户,其中新农村小区 308 户,人口 2996 人。我们调研发现,在工作日时间段村里大部分是小孩、老人。这类群体由于文化水平参差不齐,有些老人能够独立完成调查问卷的填写,而有些则需要我们调查人员的帮助;而小孩由于年龄限制,不适合作为本次调研的目标人群。即使在这样的情况下,大多数村民在谈及"垃圾分类"问题时仍展现出积极配合的态度,并对政府开展垃圾分类工作表示了支持。可以说只有群众积极配合、积极响应,政府政策才能更顺利地落到实处。

(二)宣传教育工作有利于垃圾分类的实行

在与村民访谈及填写调查问卷的过程中,针对"村民了解垃圾分类的途径"这一问题,村民都有提到通过宣传栏或者志愿者等街道宣传的方式了解到了垃圾分类。街道首先确立试点地区,进行入户宣传,并要求设立垃圾分类专管员,而且陆续开展了许多趣味活动来吸引村民参与进来。街道通过一系列宣传措施提高了村民的垃圾分类意识,对普通百姓形成潜移默化的舆论引导,营造了开展工作的良好氛围。这使得村民在面对"垃圾分类"时不是被动地接受,而是转变为积极主动地配合。宣传工作的开展帮助村民真正了解了垃圾分类的好处,从而让村民自发地支持这项工作。

（三）恰当的工作方法保障垃圾分类顺利进行

首先是前期的宣传工作：街道在垃圾分类刚开始实行时有针对性地对村民进行宣传教育，推动垃圾分类政策顺利落地实行；在之后的具体操作中，街道在每家每户门口设立了垃圾分类的投放点，并提出几项奖惩措施来鼓励村民对生活垃圾进行分类，帮助村民养成良好的分类习惯。例如：对机关事业单位要求实行强制垃圾分类，并对家门口环境整洁的家庭给予一定程度的经济奖励。这些措施共同保障了垃圾分类工作的稳定开展。

（四）建立整洁的社区环境、提高村民的文明意识是垃圾分类工作追求的目标

政府开展垃圾分类工作，是响应"生态文明建设"规划的号召。落实到基层街道中来，就是从小处做起，从每一个社区居民做起，通过生活习惯的改变，来一步步提升居民环境的整洁程度，以及村民的生态文明意识。在对当地居民的访谈及问卷调查过程中，可以看到政府工作已经有了初步成效。

五、工作启示以及建议

垃圾分类是一项持久的工作政策，我们发现自这项政策公布以来，蜀南村已经取得了一定成绩，我们在调查过程中也收获了不少启示。针对目前垃圾分类的状况，我们提出以下建议。

（一）街道部门要引导村民思想，发挥群众的主观能动性

垃圾分类工作是响应党的十八大"生态文明建设"具体政策的号召，是顺应时代潮流、符合社会文明进程的一项具体要求。政府开展这一项任务时，离不开群众的支持。人民群众是垃圾分类的主体，离开人民群众的政策只不过是一纸空文。所以要发挥群众的力量，激发人民群众的主观能动性，让政策真正落到实处。

蜀南村村政府在这项工作上的开展情况则深刻地说明了这个道理，蜀南村的垃圾分类工作一直得到了村民行动上的支持，形成群众与政府携手共建文明社区的良好局面。正是由于政府在前期宣传上花了很多工夫，村民才真正理解了这一工作开展的目的。所以即使分类会比不进行垃圾分类花更多的时间，村民也不会嫌麻烦。

（二）街道部门要结合具体情况，灵活调节政策落实的措施

不少村民在回答"针对目前情况对垃圾分类有何建议"这一问题时，都提出了村民有关"垃圾分类"的知识不足，在具体垃圾分类时出现了困惑，加大了困难，并希望村政府在这方面加大宣传力度。例如，可以通过张贴海报、举办知识

讲座、知识竞赛等形式，来使村民更多地了解相关知识。由于村民组成部分中还有不少文化水平欠缺的群众，街道可以对这部分人集中组织宣传教育，或者让每户家庭进行家庭内部的知识普及工作。同时，不少村民反映垃圾车在对分类垃圾桶内的垃圾回收时是不加分别的，这使得村民的垃圾分类工作没有获得该有的效果，也未能达到预期目标。这一点我们希望在政府以后的工作中能加以改进。

美丽乡村建设在丽水市遂昌县云峰镇的实践

——人居环境及基础设施建设

英语 1704 班：周　丹　李　宁　林依辰　朱艳凯

指导教师：金　兵

摘　要：近些年来，在党的美丽乡村政策指引下，广大农村正在悄然发生着变化。美丽乡村建设给村民生活带来了巨大改善。本次调研，调查小组决定以课题组同学的家乡——丽水市遂昌县云峰镇为调研点，探索美丽乡村建设实践给这个小镇带来的变化。本调查主要针对人居环境、商业便民服务、交通设施、文化建设四个方面展开。2019 年五一假期，调查小组前往云峰镇，实地走访了社后村和长濂村，发放 200 份问卷，与当地的村书记和村民们互动交流。调研发现，美丽乡村建设已经给这个小镇带来了许许多多的变化，更大的变化还在后面。

关键词：美丽乡村　人居环境　商业便民服务　交通设施　文化建设

自 2003 年"千万工程"开启乡村环境整治以来，浙江省持续推进美丽乡村建设。2010 年浙江省制定实施了《浙江省美丽乡村建设行动计划》，提出了"四美三宜两园"的目标要求，美丽乡村建设成为"千村示范、万村整治"工程的新目标，打造"千村示范、万村整治"工程 2.0 版。2012 年，浙江省响应党的十八大关于生态文明和美丽中国建设的新要求，围绕"两美浙江"建设新目标，进一步深化美丽乡村建设，致力于打造美丽乡村升级版，出台了《浙江省深化美丽乡村建设行动计划》，打造"千村示范、万村整治"工程 3.0 版。

遂昌县也不断追随着"千万工程"的脚步，努力推进建设美丽乡村。近年来，遂昌不断深化"千村示范、万村整治"工程，深入推进美丽乡村、美丽经济、美好生活"三美"融合，全力建设"美丽幸福大花园"，先后获得了全国休闲农业与乡村旅游示范县、全国美丽乡村建设标准化试点县、全省"两山实践"十大样板县等一系列金字招牌。

受益于美丽乡村等一系列乡村建设行动的我们，深刻地感受到生活因此而发生的变化。乡村的生产不断地发展、居民的生活更加宽裕、乡风更加文明、村容更加整洁、管理更加民主,这一切的发展无一不是浙江省在乡村建设上所做出的成就。为了对美丽乡村建设有一个更加深刻的认识和研究,我们以丽水市遂昌县云峰镇为研究对象,探究当地美丽乡村建设在人居环境、商业便民服务、交通设施、文化建设四个方面所取得的成就。

一、人居环境

(一)统一整洁的村容村貌

在来到云峰镇之前,家乡在云峰镇的组员便告诉我们,社后村的村容村貌在过去的几年中有了很大的变化,主要体现在街道两侧统一规划的房屋和临街商铺的店牌统一。在云峰镇的调研过程中,社后村村书记以及村民们又告诉了我们更多、更具体的内容。

社后村的街道两边的房屋由村书记负责设计规划,街道全长 732 米,每家房屋的高矮、占地面积、风格等都互相统一,房屋墙身从原来的砖墙全部统一为了粉墙,整齐美观。不仅如此,空调外机的架设也有规定,我们观察到每一户的空调外机都统一架设在房屋背面的指定位置,看上去井然有序。同时,每一栋房屋都被设计成了商住两用房,一楼临街的部分为商铺,后面是居民自住,不少居民都将屋前的店面出租给商户,每月收取房租补贴家用,生活水平也得到了提高。街道上的商户的店牌也都进行了统一的规划,从村书记那里我们得知,店牌的统一整改是从 2018 年 10 月左右开始进行的,在 2019 年年初已经完成。但是对于统一整改后的店牌,有些村民也抱有一定的看法,在调查问卷中,有人认为店牌虽然看上去整齐了,但店牌的外观并不美观,反倒使街道看起来呆板。对于这一问题,我们认为统一虽能看上去整齐,但却不一定能体现美。当然,对于那些制作简单、粗糙的店牌,整改是十分有必要的,但在整改过程中也要注重个性美,各不相同但丰富多彩、各具特色的店牌有时反倒是一道亮丽的风景线。

同时,社后村还在进行违章建筑拆除的工作。对于每一户超出规定范围的建筑都会进行拆除,标准为 3—5 人范围不可超过 100 平方米,3 人以下不可超过 80 平方米。每村每年有拆除违章建筑的任务,社后村今年的目标为 4000 平方米。在这之后,社后村的整治重点将会放在整治临街商铺和居民的杂物堆放方面,相信整改后的社后村将会更加整洁。

如果说在社后村我们看到的是整洁统一的美,在长濂村我们看到的则是错落有致、极具新农村特色的美。在文化礼堂附近有一条小路,通往长濂村主要的生活区。道路上都铺有石砖,看不到一点垃圾,十分平坦整洁。每一户居民门前都有一个小庭院,由围墙围住,门口没有杂物堆放的现象。如图 1 所示。

图 1　长濂村村景

在这条小路两边的墙上,我们还发现了一块块牌子,如图 2 所示,上面写着各个岗位的负责人、负责区域和主要的岗位职责,清晰明了,这让每一个村民都可以直接向各负责人反映问题,简单高效。

图 2　保洁监督岗公示牌

(二)垃圾处理

关于垃圾处理,社后村在一定的范围内都会设立统一的垃圾处理处,每天早上都会有专人对垃圾箱进行清理,不会出现长期堆放的现象,防止垃圾腐败导致的臭味和苍蝇多等问题。在调查问卷的"您所在村开展的环境整治项目有"一题中,71.17%的人都选择了生活垃圾处理设施,可见普及度较高。对于随地乱扔垃圾的行为社后村也是明令禁止,并且村中也雇用了专门的保洁人员清扫街道,在发放问卷的过程中我们也鲜有发现地面有垃圾的现象。不仅如此,村民告诉我们村干部们也时常会带头清扫本村的街道。

（三）五水共治：屋前屋后水渠及工厂废水的治理

五水共治是指治污水、防洪水、排涝水、保供水、抓节水这五项。浙江是著名水乡，水是生命之源、生产之要、生态之基。五水共治是一举多得的举措，既扩投资又促转型，既优环境更惠民生。在五水共治的模范城市中，丽水市位列其中。在云峰镇中，我们也能看到五水共治工作的落实。

根据我们的调查问卷，在"您所在村开展的环境整治项目有"一题中，有60.81%的人选择了"河道清洁"，62.16%的人选择了"生活污水处理设施"，如表1所示。从2017年起，根据五水共治的要求，社后村对每家屋前屋后的水渠都进行了治理。村里的负责小组定期会派专人在水渠和水塘中打捞垃圾，严令禁止村民在水渠中清洗衣物等行为，并且将水管分为两根主要的管道，分别是废水废污管和雨水管，防止互相污染。

表1　您所在村开展的环境整治项目有（多选题）

选项	小计	比例	
河道清洁	135		60.81%
生活垃圾处理设施	158		71.17%
生活污水处理设施	138		62.16%
本题有效填写人次	222		

在排污治理方面，对于村中的每一个工厂社后村都会定期化验排放水，不符合规定标准的工厂会被处以罚款和关停的惩罚，直至排放水符合标准才能予以开放，环保局、卫生局会不定期地进行抽查，防止工厂偷排废水，污染环境。同时，若发现问题，村民也可以向有关部门举报。村书记告诉我们，在社后村曾经出现过工厂在大雨天偷偷排放污染废水，被村民发现后举报关停的实例。

（四）地质灾害点居民的搬迁

在云峰镇，四周随处可见的就是环绕的群山，山上也有着不少的居民。然而，居住在山上虽然能享受优美的环境，却时刻要担心各种地质灾害的侵袭。在丽水市人民政府的官方网站上，我们了解到，遂昌各地都已经完成或正在进行搬迁地质灾害点居民的工作，并为他们建造了农房和小区。早在2016年，遂昌已经对政府代建农房做了诸多探索，打造出了一批"可复制、可借鉴、可推广"的农房"遂昌样本"，家家户户开农家乐的龙洋乡九龙口小区、不到三个月就建成的北界镇金钩安置小区都是例证。同样，社后村也在拆除建在山上的危险建筑，将其中的居民统一搬迁至山下统一建造的小区中，此外，搬迁农户入住新房还能享受异地转移和住房安置补助等政策。

二、商业便民服务

在"美丽乡村"建设中,丽水遂昌县在商业方面也做出了有效行动,以实际行动实践"绿水青山就是金山银山"的号召,勇当"两山样板、双区示范"排头兵。在县委主要领导看来,美丽乡村建设最终的落脚点是促进人民增收,美丽乡村的落脚点还是要围绕人来做工作。提升人民生活水平,增加人均收入,是"美丽乡村"建设中的重要一环。

(一)建立便民服务点

1.便民服务点的用途多种多样。有村务类的,以便村民反映情况。据社后村村书记描述,社后村有一处专门设立的该类服务点,每天有值班人员值守,不过村民们可能更倾向用电话咨询。而商业类的便民服务点在较大的村庄比较密集,社后村是个人口只有 300—500 人的小村庄,因此没有设立很多。除上述两种外,还有早餐店等形式的服务点。

2.快递点增加,商业活动更快捷。在走访过程中,我们在一家便利店中看到了写着"便民服务点"的牌子,询问店主阿姨后我们得知作为便民服务点,不仅需要帮助村民传达意见,还会起到集中收集快递的作用,相当于村里的快递点,周边住户不在家时快递都由便利店代收,大大方便了村民的日常生活。此外,通过调查,一些知名快递公司也在便民服务点设立了分部,如韵达快递就在遂昌县云峰镇设立了云峰便民服务站。这无疑促进了云峰镇快递行业的发展,也提升了居民的生活质量。

(二)菜市场整改行动

经过分析调查问卷的数据,有至少一半的填写者非常清楚云峰镇进行的菜市场整改行动,并对此行动表示支持和赞赏。

社后村的菜市场原先没有规范的制度,商户们将菜摆放在地上叫卖,地上容易积水,污水难以清理,地面垃圾较多,虫蝇滋生,环境卫生难以保证,村民购物体验较差。如今菜市场已经被整改,不久后就会搬进一栋以农贸为主的综合体建筑,上层为菜市场,下层为店面。我们实地调查的时候曾路过此市场,基本已竣工,占地面积较大,看起来很宽敞。此市场由政府拨款建造,摊位投标已完成,成交价格在 3.2 万元至 5.2 万元之间,采取整村股份制的方式,让每一个村民都能从中受益。建成后,菜市场将集中整治,统一营业时间,设定卫生指标并有专人检查,保障食品安全,让村民可以买到"放心菜"。

(三)规范临街小摊小贩经营活动

在调查过程中我们发现,对于政府实施的规范临街小摊小贩经营活动,普及度最高,村民们反响最好。自两年前开始,云峰镇就陆续增强对小摊小贩等无证经营行为的监管力度,将管理落到实处。过去,路边的小摊常常违章占用车道,造成交通拥堵;食品类小摊贩无卫生许可证,存在严重的食品安全隐患。现在经过一系列举措,在路边几乎已经看不到临街小摊,道路更宽敞了,商业行为更加规范,使居民的生活质量更上一层楼。

三、交通设施

为探索美丽乡村建设在交通方面的成果,我们收集调查问卷,统计后其中一题的结果如表2所示,一半以上的村民都认可土路改造与公交便民利民化对交通方面的改善,由于许多的新道路仍在修建当中,只有一半不到的村民勾选了此选项。

表2　您所在村交通方面改善的措施有哪些(多选题)

选项	小计	比例	
由泥土路改为水泥路或柏油路	154		69.37%
公交车费用降低、线路增多	116		52.25%
新道路修建	108		48.65%
其他	25		11.26%

(一)道路修建

通过修建新道路和道路硬化等措施,云峰镇的道路设施在很大程度上改善了当地的交通条件。原先通往县城的主要道路为一条经过居民区的路,噪音和灰尘都很大,对周围住户造成了一定困扰。为解决大车小车同条道路导致路面破损严重的问题,村里讨论后决定在村后新修一条主干道路,并且取名叫黄金路,我们在去往长濂村的途中也经过了该路,是一条较宽敞规范的柏油马路,大货车和工程车都往这里通过,真正实现了科学分流人车的目的。现今村里也正在修建商贸街的道路,将原本的土路修建为柏油路。村支书表示后续会陆续修建更多的道路,打通从连头到龙游和金华方向,并逐步形成多方交通的枢纽体系。

(二)公交运营

通过对公交运营制度一系列改良,云峰镇的公共交通设施起到了更加便民利民的作用。原先连接云峰镇几个村镇的公交车在傍晚五点半就会停运,且票价较贵,为5元。后来通过与公交公司的交涉,票价降到了3元,且最晚发车时间延迟到了晚上8点半,70岁以上老人可以免费乘坐,每15分钟发一班车。起初交涉优惠政策的过程并不顺利,对于村里提出的要求,公交公司开出高昂的价格,使得该计划一度落空。之后上报政府,获得了补贴,才与公交公司达成了一致意见。关于票价,变成如今的3元也历经了漫长的时间,一开始从5元变成4元,但是公交公司又私自改成了5元,被发现涨价后才变成了最终的3元。目前,县委正在规划更多的新公交路线,为村民日常的出行提供更多便利。

(三)存在的问题

但我们也在统计问卷时发现,超过60%的村民对遂昌县魅力乡村发展的期许是交通更加便捷,这说明了在交通这一大关上,云峰镇仍然有一段长路要走。由于当地一些政治、经济、历史和地理原因,美丽乡村建设在交通方面存在许多难题,但这些恰巧也是亟待解决的。

我们认为,在道路方面,政府应该制定科学合理的道路建设计划,要综合考虑区域交通、村民出行、老旧民房店铺改造等多层次需要,有效提升区域通行能力,完善公共设施,切实增强村民的获得感。并且相关部门需要科学施策,积极破解交通不便难题,不断优化路网结构,畅通道路微循环。

在公共交通方面,尤其是实践那天乘坐过一次当地公交后,我们发现,公交车辆的容纳量小、座位设置不合理都在一定程度上导致了百姓的出行不便。因此,政府需要投入更多专门资金购置新的车辆,并且要改善几条重要线路公交设施和提高交通基础设施服务的便利度。

四、文化建设

遂昌县云峰镇社后村和长濂村的文化娱乐设施主要有文化礼堂(广场)、文化活动中心、户外健身设施、阅报栏等。问卷调查结果显示,知道文化礼堂和文化活动中心的村民分别占61.71%和67.12%(多选题),如表3所示。接下来,通过文化礼堂、文化活动中心以及文化旅游这三个方面阐述云峰镇的文化建设。

表3　您所在村的文化娱乐设施或文化场所有(多选题)

选项	小计	比例
文化广场(如跳广场舞的场所)	137	61.71%
村级图书室	46	20.72%
文化活动室(如老年活动室)	149	67.12%
户外健身设施	107	48.2%
篮球场等运动场	87	39.19%

选项	小计	比例	
戏台	86		38.74％
阅报栏	53		23.87％
其他	35		15.77％
本题有效填写人次	222		

（一）文化礼堂

遂昌政策规定 500 人以上的村落可以设置文化礼堂，因此云峰镇的社后村和长濂村都建有文化礼堂，而且还受到政府的 10 万元建造补助。文化礼堂是农村实现精神富有、打造精神家园的重要载体，是实现文化建设的重要基石，也是巩固农村思想文化阵地的重要保障。文化礼堂主要是举办文化节目的场所，比如，每到春节联欢晚会，村干部就会组织村民自发报名，节目主要有舞蹈、小品、唱歌、走旗袍秀等。

根据我们的社会调查，最近社后村的广场舞活动场所从露天广场换到了文化礼堂。接受我们采访的一位阿姨非常支持这个决定，因为如果仍然是在露天广场的话，一旦下雨，她们就不能跳舞，甚至还会打乱她们的安排。现在换成了文化礼堂，不管天晴还是下雨，她们都可以跳舞，这样一来，她们的娱乐活动就有了保障。

2014 年省、市书法家协会授予云峰街道长濂村"浙江书法村"称号，这是全市第四个村获此殊荣。书法村是农村文化礼堂建设的内容之一，是省政府改善民生、满足农民精神文化需求、构建农民精神家园的重要举措。现如今长濂村文化礼堂中还放有省、市书法家协会领导赠予的书籍、书法作品。

问卷调查结果显示，有 67.12％的村民知道自己的村子有文化礼堂，可见文化礼堂在大多数村民的脑海中是有印象的。但是建议政府加大对文化礼堂的宣传力度，毕竟文化礼堂在村落建设中有着重要的作用。

（二）文化活动中心

丽水市遂昌县云峰镇社后村有一个文化活动中心，那里主要是老年人娱乐的场所，如图 3 所示。我们实地调查之后，发现室内的电视主要播放戏剧，供老年人娱乐欣赏。人最多的时候主要是晚饭之后，村民们坐在文化活动中心室外的长椅上聊天。文化活动中心也是农村文化建设的一部分，有利于丰富村民的业余生活。文化活动中心是提高村民文化素质、满足村民精神文化生活需求的关键，是基层群众文化的重要体现。

图3 社后村文化活动中心

(三)文化旅游

长濂村有着优秀的文化资源,是一个状元书院文化、大明文化、风水文化、宗族文化多彩齐放的历史文化名村。以鞍山书院为例子,鞍山书院是长濂文化旅游区,接下来,长濂将积极创建国家5A级景区和黄金省级旅游度假村,进一步壮大集体经济,带动村民一起致富。调查显示,依托历史文化特色,长濂村把仿古街区、鞍山书院等旅游景点串联起来,努力打造文化特色小镇,以独具特色的文化业态吸引八方游客,开辟全村增收致富的新渠道。振兴乡村,长濂村打出文化牌。明代中晚期是长濂村发展的鼎盛时期,村里的鞍山书院曾出过"连中三元"的杨守勤而享誉江浙沪一带,长濂也因此被称为"状元村"。2017年国庆长假,长濂村推出首届状元文化旅游节,吸引了游客3万多人次。

五、结 语

美丽乡村建设是一项民心工程,更是一项长期而艰巨的工程。在云峰镇,我们看到了美丽乡村建设的阶段性成果,农村的村容村貌大为改观,基础设施、公共服务功能得以完善,农民生产和生活条件得以改善,农村民主管理水平得以提高,为美丽乡村的后续建设打下了坚实的基础。在发放调查问卷和与村民谈话的过程中,我们都深刻感受到了云峰镇的生产生活都与之前有了很大的改变,村民的生活质量与满意度也得到了提升。在与村书记的谈话中,我们更能感受到的,是基层干部为美丽乡村建设脚踏实地地做出的贡献。我们有理由相信,云峰镇会在各村村民和村干部的共同努力下变得更加美好,建设成为生产发展、生活宽裕、乡风文明、村容整洁、管理民主的美丽乡村。

杭州市居民对环境污染改善满意度调查

物联网工程 1701 班：金子雄　朱炳涛　胡淼灿　邵宇恒

指导老师：李梦云

摘　要：多年来，杭州努力践行习近平总书记关于生态环境保护的治国理政理念，持续推进"五气共治""五水共治""五废共治"，不断提升人民群众环境获得感，不断厚植"生态文明之都"特色优势，为高水平全面建成小康社会、顺利推进城市国际化和打造世界名城提供坚实的环境保障。但是环境改善的效用确实存疑，所以本选题着重调查了这一点，并通过杭州 5 个地点的民意抽样调查的方式进行调研，调查数据显示，杭州市环境改善确是卓有成效的。另外，政府于民，做到关注民生民意、惠及于民、为人民群众谋福利的同时，却忽视了一点问题，即，其受观注于民、宣传于民、受民之馈。政府部门在埋头为人民谋福利时很容易忽视人民能否有效、高效地感受到这些利民工程，所以本次调查内容还包括普通市民能否真正感受到国家政府政策对于他们的影响。

关键词：环境污染　民意　期望　体验

一、调查背景和调查内容

调查背景：我国环境污染形势严峻，雾霾天气多发、城市河道水体黑臭、"垃圾围城"、土壤污染、危废处置以及农村环境污染等问题突出，污染治理任重道远。打好污染防治攻坚战，是十九大明确的重要任务；也呼吁环保产业的快速、持续和健康发展。

杭州作为长三角的核心城市，经济发展居于全国前列。经济的快速发展给这座宜居、宜业、宜游的城市带来过重的环境负担。

而我们拟将通过两种方式进行调研。

第一，人员访谈。选取 5 人做详细访谈，然后因为篇幅挑取两篇作为调研结果的数据支持，选取的两篇中一篇为土生土长的杭州人所填，一篇为在杭务工的外市人所填，两人均有一定学历并能代表某部分人群，具备调查意义。

第二，问卷调查。随机在杭州的 5 个区进行抽样调查，5 个区是江干区、萧山区、富阳区、西湖区、拱墅区。预计调研 1000 份，分为线上 200 份、线下 800 份，实际上线上调研 227 份，线下调研 336 份，有效问卷总数为 563 份。

资料查询，通过网上的资料查询对结果进行系统的数据分析并得出结论，最后得到答案。

2019 年 5 月 15—20 日为问卷调查时间，5 月 31 日—6 月 2 日为调研报告撰写时间，5 月 21 日至文稿撰写完成为数据统计计算时间。

二、问卷调查结果及分析

(一)受访者年龄结构

调查显示，所发的有效问卷总数为 563 份，12—17 岁人数为 32，18—24 岁人数为 219，25—39 岁人数为 236，40 岁以上为 76 人，因为所去地区的限制和线上问卷的填写基本为年轻人，所以年龄结构普遍偏年轻化。但是，因为数据样本涉及年龄段较大，基数样本较大，所以有一定的可信度。

(二)受访者职业结构及分布

因为年龄的原因，学生占据本次社会实践受访者的大头，而很大一部分受访者是大学生，也就是由外地来到杭州读书，同时受访大学生主要在江干区这一块，大学城附近环境普遍较好，会对本次社会调研产生一定的影响。也就是问卷从某些层面上来说是类似的，不具备太大的差异性。

然后生产、运输设备操作及有关人员，商业、服务业人员占比均衡，都占据 15% 左右，这也是大学生毕业、外来务工人员、青壮年主要的职业，而数据显示，该类人员所填写的问卷也更具有适用性、可靠性，这类职业人员普遍生活在宿舍、老式小区、集中住宿的环境，也就是较差环境，所以应是本次调研的主要对象，而剩余的国家机关人员、专业技术人员，所居住地一般是高档小区和一些高新技术园区，所以环境会更好，从某种程度上说，并不能过多地反映出杭州市现在所存在的一些环境问题。其他人员主要是一些家庭主妇，或是待业、无业人员，虽然从某种程度上也能反映出杭州市所存在的一些环境问题，但是，样本数量过少，并不能反映出真正的情况，所以后面的数据对这方面进行了一些修正，对数据的分布和趋势做了一些优化。

(三)不同区域满意度结果分析

因为本次调查的区域不同，所以我们拟从 6 个方面进行数据的对比，每个地区的数量大概是 50 份，而线上是 227 份。

首先，江干区，很满意的人数大概为 56%，没有不满意的人数。江干区其实在杭州是属于环境中游水平的区域,很满意人数依然过半,说明该区域环境质量能得到居民的大致肯定。再者,江干区目前以大学城为主,远离工业区,且大学生普遍具有一定的环保意识,除了生活垃圾以外,很难也很少有污染产生,具体的满意比例也与后面分析的线上调查比例较高有关。

然后,这5个区域中,富阳区的满意指数是最高的,也没有不满意人群,所以可以看出富阳区在环境保护这块做得应该是最好的,并且很大一部分原因在于富阳区近几年对于旅游经济的发展,重工业较少,本身早期发展没有那么快速,原本的生态环境保护较好,因此居民对于这方面的满意度较高,而且根据网上数据调查,富阳区的环境质量排名较高。

萧山区和拱墅区的满意指数较低。萧山区本身工业相对发达,高污染企业较多;拱墅区的基础建设发展造成的问题也较多,萧山区的基础环保政策和环境治理重视度较低。不满意人群的出现在很高程度上也能说明一些地区环境治理确实存在很大问题,或者说对当地居民的生产生活产生了影响。

西湖区比较特别,结合当地情况,我们并没有直接向游客分发问卷,相反,我们选定的目标人群是,西湖商业区中的店铺工作人员和职业者等。因为游客在很高程度上没有办法直接看出杭州市的环境保护,而且游客众多也会造成乱丢垃圾等情况,但是结果却出乎我们的意料,西湖区的环境质量其实是很好的,也就是满意度很高,当然也会存在着一些垃圾乱丢的现象。由于西湖的名片效应,相关部门本身就有较为完善的监管体制和垃圾处理方案,对西湖环湖沿线的治理力度和宣传力度较大,尤其是在客流量、人流量较大的时间段和假期时段,都会加大人力物力去治理。

最后是线上调查,因为线上多为大学生,而且主要是在下沙大学城(本校居多),所以多为外来读书,住在校园宿舍或者校园楼,大学校园多设绿化、保洁等,调查结果是,满意度出奇地高,基本没有什么同学认为学校环境周边有着完全不能忍受的污染,多是一些小抱怨、小问题,比如修地铁所带来的环境污染、垃圾分类太过麻烦。而且对于大学生来讲,他们基本都处在大学这样一个相对整洁而且封闭的环境下,对于相关条例法规的出台和实施,最多就是通过相关课程和网络查询资料得知,而且对于实际实地的治理成果并不了解,所以在满意程度上的调查很难开展。

(四)市民对环境问题的投诉情况及结果满意程度分析

在本次调研过程中,虽然区域不同,但前期的结果表明,市民对于当前环境质量和市政府及环境部门对于环境的治理和管控还是相对满意的,所以就环境问题的相关反馈和投诉也较少。

在调查过程中我们也发现,不同地区的反馈情况还是有地区性差异的。西湖区人口的流动性较大,大家在面对一些环境问题的情况下很少选择第一时间反馈。富阳区环境质量本身较好,大家对于环境的满意度较高,很少有这类情况反馈,偶有发生的情况下可以很好很快地针对性解决,所以后期的满意度也较高。而线上部分主要为大学生群体,本身处在大学这样的环境下,污染等环境问题较少,大学城与工业区的交界也很小,反馈环境问题的可能性就会大大降低。而像是萧山和拱墅区,由前面的分析我们可以看出,其实这些地区的环境质量并不乐观,事实上大部分投诉和满意程度差异都来自这些地区,从结果来看,大家对于政府投诉的重视程度喜忧参半,但其实大部分的不重视是源于一些辐射范围较大的环境问题,例如地铁施工问题,反映人数较多,但是首先地铁这类施工无法因为反馈而强制停止,在相关部门做出一些处理方案和补救措施,例如建造防护栏和除尘水雾的情况下,还是会有一部分市民觉得问题没有得到根源上的解决,所以会产生一部分的不满意。此外,调查过程中我们也发现,很多市民的反馈意识和在环境保护问题上的社会公德意识不强,在面对一些问题的时候他们会选择不反馈或者等别人去反馈。

(五)市民对周围主要污染的看法

杭州市目前经过一系列相关治理以后,河流和水质上的污染有了大幅度的减少,居民的满意程度也较高,但是空气污染和噪声污染问题的反映情况还是比较多的,这和杭州这些年的基础建设有着很大关系,尤其是地铁建设和高架建设,由于此类建设规模较大而且基本会经过居民区和一些关键路段,而且通常会有较大的动静和扬尘,对市民的日常生活影响较大。如雾霾这种日常的环境污染问题影响范围都比较大,市民通常对这些日常可见且对自身健康或者生活有较大影响的污染关注度会较高。调查发现大家对于污染对自身健康的威胁还是有一定认识的。

(六)市民对污染治理的看法

1.污染问题由谁来治理。

可以看出,大家在面对环境问题时,大多数人会希望政府出面处理或者在政府管控要求下让污染企业或单位自己治理,或者谁污染谁治理,但在现在污染成本大大低于治理成本的情况下,市民对于政府的依赖程度还是很高的,同样,可以看出大家目前对于污染企业自身的治理能力和企业间的联合治理的信赖度较低。值得注意的是,有一部分人开始产生了大家一起治理的理念,由此也可以看出随着社会的不断发展,大家的社会公德心和集体意识在不断增强,大家开始意识到环保并不是一个人的事,或是政府企业的事,更多的是大家一同要面对和解决的事。

2.政府治理结果。

由于大部分人希望政府出面管控和治理，于是我们特意选择了市民对于政府在环境保护方面的治理结果看法来做分析。数据显示，大部分人觉得政府在环境保护方面做得还行，但是并不完全肯定。这之中的原因，我们分析认为和环境治理的短期效果及市民通常的心理预期有关，首先大家所认为的优秀的环境保护往往直观表现为蓝天白云，而环境保护在针对特定问题时短期上的效果不会那么明显，往往是循序渐进、稳步改善的，因此，大部分人认为政府做出了相应措施并且有所改观，但没有达到心理预期。而一部分人对政府的工作有相对积极的肯定，这部分人认为政府出面治理，就是一种以人为本、服务为民的表现，应该得到肯定和鼓励。也有一部分居民因为在环境问题的反馈和解决过程中没有得到政府或者有关环保部门妥善处理的情况，给出有待改进的反馈。同时，有少数人处在一些污染较重的企业附近或者本身环境质量较差地区或者治理难度较大地区，在政府部门未能及时治理或者治理成效不明显的情况下，会产生做得不好的想法，虽然占比较少，但是应该作为重点关注的对象之一。

3.存在问题和改进建议。

在大部分人对于杭州市政府在环境保护方面的管理还有一些看法的前提下，我们对存在的问题类型做了进一步分析，可以看出存在的问题还有很多，大家对此的看法也很多样，其中资金支持上的问题和管理体制上的问题较为突出，大多数人认为环境治理成本较高，如果在有更多的资金支持情况下，政府在环境管理上可以做的事情就更多。另外，监管体制的不完善主要体现在一些污染较严重的企业上，很多企业钻体制的漏洞，来逃避监管甚至顶风作案，管理和监控的能力有限，拆了东墙补西墙也会导致治理上出现空缺。

同时，大部分人还是希望相关法律可以进一步完善，在现在治理成本大大高于污染成本的情况下，大多数企业宁可先污染后罚款，也不愿意花大成本治理企业产生的污染。这就只能依靠进一步完善相关措施来遏制这种现象，市民对于法律的信赖和依靠程度还是较高的。环境治理上的防治责任主体不明确也可以在之前的问题中反映出来。不论是居民还是政府，在具体怎么治理和谁治理的问题上，意见差异很大，导致实验方法很多，但不明确也不针对，很难做出成效。而生产模式上的问题决定因素很多，因此存在诸如高污染高产出的三高型企业，还是很令人关注的。另外，市民对宣传力度上的改进也有较大的反映，宣传上的成效理论上是市民反映中最具真实性的，因为市民本身即是宣传的受众群体，据大多数走访调查中的市民反映，很多时候单纯的宣传栏海报和一些标语很难真正起到增强群众环保意识的作用。并且大多数人自己有环保意识的同时,希望身边人也具备相关意识,这时候这部分人对于一个良好的保护环境宣传就会有较大的需求。

并且,市民对于身边的环境问题关注更多的是资源浪费问题,这里的资源浪费更多体现在一些不可回收的生活废物上,很多空气污染问题可能来自生活垃圾的不合理处理导致的堆积,一些水污染可能是因为生活废水的不合理排放,因此,大部分人还是希望可以加强个人意识并且得到政府的重视,主要体现于垃圾处理、小区服务层面的重视,以及同范围内邻里及居民的总体环保意识和环保素养,这就需要一定的宣传力度和教育力度。

三、访谈记录及结果分析

(一)访谈记录一

第一,您好,我想先请问您的职业是什么?

答:计算机高级工程师。

第二,我想问问您对于杭州市有关环境保护的政策和措施是否有所了解?如果有的话,请举个例子。

答:不太了解,其实稍微有一些,比如五水共治这种新闻上一直说的。

第三,我想问问在您居住或工作的地方您能否真正感受到杭州市政府所做的环境保护的措施?

答:确实可以感受到,我家附近的河道都干净了许多。

第四,您对于环境保护措施有什么意见或者建议吗?您认为现下应该如何做环境保护有关的工作?

答:我觉得环境保护还是要从多方面入手,工厂废水排放还是要多抓一抓,坚决杜绝偷排放的情况。

第五,您觉得新媒体(如微信公众号)方式是不是一种能让大家真的看到政府所做功效的方式?

答:新媒体的话现在也算是一个热点,大家也都投入了很多的时间去阅读新媒体发布的东西,因此花时间在新媒体上的话我觉得可以对宣传起到很好的效果。

第六,您希望得到有关环境保护的咨询是一种怎样的方式?

答:最好就是面对面有人员可以交流,但是要实在是没有的话,电话沟通也是可以的。

最后,我想请问一下您对于现在杭州市的环境治理满意吗?您希望达到一个什么样的状态?

答:对杭州市的环境治理还是比较满意的。我希望达到的效果就是街道干干净净,河道畅通,没有臭味就差不多了。

回答分析,首先,因为调查时这位人员比较不耐烦,所以,访谈记录比较短,而且据了解,这位调查对象是一位外来务工人员,并不是土生土长的杭州人,所以不是很了解这方面的知识,同时因为职业原因也不会太多去关心政府有关的政策,但是从他的回答中能看出他对于杭州市的环境治理和自己周围的环境是肯定的,也是比较满意的,但是,因为很多问题回答得模棱两可,所以也不能直接下结论,但是他对于新媒体这种形式的肯定让我觉得日后环境保护宣传这一方面是可以多加努力的。而且作为居民他更喜欢面对面交流,所以政府机关还是要做好这方面的工作,能提供这样一个平台给居民。另外,从某方面看这位受访者的回答基本围绕的是水污染,也就是在杭地区,水污染是一个比较受关注的问题,水体污染也是杭州市政府治理和宣传的一个关键点。其次,街道卫生情况也是这位受访者比较关注的地方,事实上这两点也是生活中人们最能直观感受到的两种环境问题,像气体污染和噪声污染等人们并不能很直观地感受到,而水体和街道卫生这一块,身边很容易就能观测和发现,所以有关部门可以加强治理,也可以在新媒体宣传上多下功夫。

(二)访谈记录二

第一,您好,我想先请问您的职业是什么?

答:我目前是一家出版社的员工。

第二,我想问问您对于杭州市有关环境保护的政策和措施是否有所了解?如果有的话,请举个例子。

答:我对这方面还是有所了解的,曾经也有段时间关注过相关的政策。说个高大上的吧,"五气共治",是杭州市政府为改善空气质量而贯彻落实的政策,这也是我偶然刷公众号看到的,我觉得这还是挺不错的,和"五水共治"一样,改善着我们的生活环境。

第三,我想问问您能否在您居住或工作的地方真正感受到杭州市政府所做的环境保护的措施?

答:能啊,上班的路上要经过一条河,没治理前,河面上真是什么东西都有,一到夏天,就会散发异味。现在,政府加大了治水的力度,人们很少再往河里乱丢垃圾了,还时不时有环卫工人去河面上打捞垃圾,河里还种上了净水植物,那条河的水质真的改善了不少。

第四,您对于环境保护措施有什么意见或者建议吗?您认为现下应该如何做环境保护有关的工作?

答:首先,第一条建议,得管管那些施工工地,路过工地,必定是黄沙飞扬,听说有些工地还偷偷处理建筑垃圾,这不是在偷偷破坏环境吗,这方面得加大力度。其次,多生孩子多种树,哈哈。建议就这么多吧。

我认为应该如何做环境相关的工作?加大力度呀,不应该把发展经济放在首位,我觉得环保和经济应该齐头并进,但也得稳中求进,环境保护也不是一蹴而就的。

第五,您觉得新媒体(如微信公众号)方式是不是一种能让大家真的看到政府所做功效的方式?

答:必须是啊,一传十,十传百,让更多的人能看到政府在环境保护这一块所做出的贡献,我觉得这才应该成为热点。新媒体一定会成为环境保护的重要力量。

第六,您希望得到有关环境保护的咨询是一种怎样的方式?

答:当然是有求必应了,我一反映,相关部门就能及时解决问题,而不是半推半就的,否则人民反映问题的热情就会下降,对相关部门的信任也会下降。

第七,我想请问一下您对于现在杭州市的环境治理满意吗?您希望达到一个什么样的状态?

答:还是挺满意的,环境已经有了较大的改善了。

接下来啊,我希望下一个状态是天更蓝,水更清,生活更美好。当然这个目标有点儿难实现,这就更需要我们支持政府相关方面的工作,更需要我们人人为环境保护事业出一份力,共建美好家园。

回答分析,不同于第一位调查的对象,这位对象是我们在萧山区遇见的一位职业者,他正好也是做文字工作的,比较会聊,所以我们就好好聊了一下这方面的问题,因为在出版社工作所以对于杭州市环境改善的工作也有着一定程度上的了解,从他的访谈中可以看出,他目前对于杭州市的环境是比较满意的,因为这位受访者是一位土生土长的萧山人,所以我们认为他的回答具有一定程度的代表性,能够代表杭州本地人对于杭州市环境的切实感受,同时这位受访者对于我们给出的新媒体宣传也比较感兴趣,因为他平时就接触较多,也比较喜欢这种碎片化、亲民化的方式。通过访谈,我们认为,比起打一个投诉电话,新时代的年轻人,更多的是喜欢在微信上操作投诉,或举报,但是他们这样往往得不到关注,因为这样的投诉很多,受诉单位很容易忽视或者漏看,对此有关单位确实可能需要加强管理,也就是完善平台的审核机制。当然大部分人对于这种平台是闻所未闻的,所以新媒体宣传对于受关注于民是一种很有用的方法。

四、调研总结及结果建议

通过以上分析和访谈结果,最后我们得出结论,从 6 个方面进行阐述。

(一)杭州市环境整体情况

线下 5 个区以及线上大学生的调查结果显示,各大学附近环境普遍比较良好;少数地区由于施工等原因,只有一部分人较为满意。而 5 个区的环境满意度由高到低依次为富阳区、西湖区、江干区、拱墅区、萧山区。通过查阅资料得知,该结果基本符合去年杭州市的环境质量检测结果。

综上所述,杭州市近年来环境工作情况良好,居民满意度较高。

(二)杭州市市民对环境污染的看法

也是从两个样本群体分析,对于居民,大部分居民并没有投诉环境质量的经历,但是少部分投诉群体内得到重视的比例只有接近一半,也就是得到直接解决的情况一般。但是根据后面的调查,其实很多居民并不是很懂环境问题的具体细节和流程,而且大家在问卷填写时都比较关注大气问题,但是接受访谈的几位市民却基本关注水体污染等问题,显示市民们对环境问题的了解基本属于泛泛的层面,并没有真正系统地学习过这方面的知识。

大学生投诉反映比例较高,也更加了解环境质量方面的知识,同时对于处理环境污染的要求也更高。

解决方法:增加基础知识的普及和媒体方面的宣传,加大政府教育力度,开展基层的环境保护基础知识教育,要增强环境保护相关政策和治理方案的透明度,让市民了解到本市环境治理上哪些地方不错,哪些地方还存在问题,要真正使他们了解到什么地方存在污染,污染的真正源头是什么。可以开设网课、社区课堂来普及环境保护的政策和概念,而不是简单地在政府门户网站公示信息或是在部门门口张贴公告。

(三)杭州市环境治理问题

对于杭州市环境谁治理的问题,大部分市民表示主要是政府和污染者,从社会道德方面来分析,显然杭州市市民愿意但不愿过多分担这种治理的责任,大家普遍的思想是谁污染谁治理而不是共同。统计显示,现在处罚的成本相对于破坏环境产生的收益是无足轻重的,很多企业宁愿选择先污染后罚款,而不是先在生产过程中治理污染。而且市民对于污染的治理其实并不了解,拿废气为例,大部分市民只知道空气有异味,但是并不清楚怎么处理,归谁治理,最终导致单纯将信息反馈给政府或者环境管控部门。事实上,很多市民对于问题向谁反馈的问题是有思路误差的,有些部门只负责检测,并不具有处理污染的能力,或者处理污染的能力并不强,导致反馈流程过长或者根本得不到解决的情况发生,使市民对于政府的满意度和信任度相对降低。

其实最根本的解决方法还是在于提高市民的普遍素质和环保意识,以及环境保护方面相关知识的普及程度和宣传力度,其次也要细化政府的工作,进一步完善服务流程,推进类似"最多跑一次"这类的政策改革进程,让市民知道发现问题去哪里,找谁反馈。也要让市民明确政府单位以及企业治污的主体当污染情况出现了,谁该为此负责,需要谁来治理。这不仅仅需要思想上,也需要制度上的完善。

教育才是改变这种现象的根源,因为这是一种社会公德心的缺失导致的问题,如果大家都只想着让别人或者政府去处理这个问题,那么这个问题的解决就会显得遥遥无期而且步履维艰,所以增强大家自身的社会认同感、提升全民的素质是重点。

(四)企业治理成本和治理问题

据调研,大多数企业在遇到生产过程中的污染问题时,通常情况是,生产利润一般是几百万元,处理污染的设备和成本需要两三百万元,而被有关部门查处的后果是罚款三四十万元,因此更多的企业会选择去污染而不是减少利润去治理。

因此需要加大监管力度,完善监管体制,加大不合法排污的处罚力度,例如对食品安全的查处力度,不应该因为高污染企业产值相对较高就任其发展。政府对于企业家,也应实施教育而不是简单地罚款,要教育他们,让他们知道环境是与自己真的有关,而不是喊喊口号。这类人群的特征就是他们拿到了很多的利润,然后住着高档的小区享受着良好的环境,却把污染后的环境留给他人处理。

(五)政府政策及环保相关的宣传教育问题

虽然政府在大力治理环境问题,并且相关条例和政策都有在电视和相关网站进行公示和宣传,治理成果也有相关宣传,但事实上,市民对于具体政策还是不够了解,市民大部分只了解类似于"五水共治""青山绿水就是金山银山"这些广而周知的宣传,对一些具体的地方性政策并不了解,例如我们走访的很多小区,居民反映有扬尘问题,但对于出台的扬尘控制方案却不了解,这在很高程度上会导致环保单位接到过多的无效投诉,降低工作效率。再如江干区,好多人表示有水污染的存在,但对于正在治理并且成效显著的雨污分流政策并不了解,导致居民认为有关政府不作为,但其实是由当前治理方面与居民的预期上的差异所导致的。

这就需要有关部门加强新媒体宣传,让市民充分了解当前时期有关部门在做什么、治理什么,怎么治理,在宣传什么,大家需要了解什么。在信息时代,完全可以不局限于电视、报纸等传统宣传媒介,可以更多尝试依托公众号或者微博媒体来进行宣传,将政府工作的透明度最大化,才能使市民更加信任政府工作。抑或是可以采取像垃圾分类这样的宣传方式,开展集中宣传和访谈讲座。

(六)总结

总体而言,大部分的市民对于当前的生活环境还是有较为准确和客观的认识与评价的,在相关部门的宣传和整治下,大家的环保意识增强了,主人翁意识也在不断增强,在信息高速发展的当今社会,市民开始越来越关心自己身边的环境问题,并且及时向有关部门反映,当家做主的意识增强。

重污染企业的生存环境在大大压缩,偷排偷放的机会越来越少,政府对这类企业的治理力度也越来越大,总体上还是在向着好的方向稳步发展的。对于其中的不足和欠缺的部分,也希望可以通过大家的努力让环保机构及政府更加重视,同时得到更好的处理和整治。

相关政策在多样化,关于环境问题的相关政策也越来越细致和具有针对性。

宝龙广场周边居民垃圾分类意识及
行动的调查

环境 1705 班：吴圣凯　朱奕挺　郑贤武　卢哲颢

指导老师：陆丽青

摘　要：随着我国经济的快速发展，城市生活垃圾的产生速度也越来越快，这无疑加大了垃圾处理工作的难度，因此做好垃圾分类的重要性不言而喻。所以我们以垃圾分类为主题，对宝龙广场周边居民垃圾分类的意识与行动进行了调查。我们通过实地调查发现，宝龙广场周边的居民对垃圾分类有一定的了解，大部分人也都有垃圾分类的意识，但是对垃圾分类有实际行动的人却只是小部分。本次社会实践通过调查和宣传，能够让宝龙广场周边的居民的垃圾分类意识更强，在一定程度上为垃圾处理工作减压。

关键词：宝龙广场　居民　垃圾分类

根据住建部发布的垃圾统计数据，我国每年生活垃圾的产生量都在 4 亿吨以上。由于自然资源的不断开发利用和人口的高度集中以及城市化的迅速发展，我国的垃圾数量每年以超过 10％的速度增长。随着城市生活垃圾的急剧增加，传统垃圾处理方式面临瓶颈：垃圾填埋用地紧张，垃圾焚烧选址困难，垃圾堆肥效益差，而且会对环境造成极大污染。杭州身为 46 个重点城市之一，垃圾分类工作自然要做好。

本小组通过对宝龙周边小区的居民进行有关垃圾分类情况的调查，了解当地居民对垃圾分类的意识和行动，并宣传垃圾分类的重要性，鼓励当地居民进行垃圾分类。

一、社会实践简要过程

在社会实践开始的第一阶段，我们查询了杭州市对垃圾分类的相关政策和法规。在此基础上，我们组织了小组成员一起对宝龙广场周边的小区进行了实地调查，对当地的居民进行了一些相关问题的询问。在调查的过程中我们发现宝龙广场周边的小区对垃圾分类都较为重视,对居民进行了宣传和要求,有一定的垃圾分类基础,但是从垃圾桶的情况看来,这些小区的垃圾分类并不细致,只是粗略地分为餐厨垃圾和其他垃圾等几小类。由此看来我们进一步的宣传也是有必要的。根据这一阶段的调查,我们针对这些小区的具体情况,在原来已设计好的调查问卷中进行小范围的更改,从而更好地去了解当地居民垃圾分类的意识以及行动情况,通过调查情况和进行针对性的宣传,为后期工作的开展打下基础。

在经过第一阶段的实地调查后,本小组针对小区的具体情况进行了问卷的改进,并对后期宣传工作做了相应的准备。根据第一阶段实地调查,我们发现当地居民对垃圾分类有一定的了解,小区内也有相应的措施,但是其具体情况并没有非常理想。因此我们针对这一问题,在问卷中加入了针对小区居委会特别提出的问题。同时考虑到居民对问卷调查的配合度问题,我们也通过电话联系了各小区居委会的一些负责人,希望通过他们来解决这一问题。最后,我们初步设计了后期宣传垃圾分类的海报模板,并查找了一些资料,为后期的宣传工作做了相应的准备。

在前期工作准备充分之后,我们小组的成员开始派发问卷并对问卷的信息进行了整理。在做问卷调查期间,问卷的题量略大、人们对问卷调查的兴趣不高等问题,给我们的工作增加了许多难度,但这也符合我们预期的结果。通过小区的居委会对居民进行的问卷调查取得一定的进展,加上小组成员逐个进行的问卷调查,目前收集到的有效问卷总共有 120 多份。后期我们小组成员又对宝龙广场附近的住宿学生进行了一轮问卷调查。在对问卷调查的结果进行了细致详尽的整理后,我们发现约 60%的当地居民已经了解了垃圾分类的意义和基本要求,但是对垃圾分类的实行仍有所欠缺。且小区居委会对此项工作的重视程度并不高,在垃圾分类上只大致分为两类,并没有对垃圾进行非常细致的分类。对此,小组成员在对问卷调查的结果整理后,有针对性地进行了宣传海报的设计。事先联系了小区居委会的工作人员,征询他们的同意,并对小区的居民进行了宣传讲解之后,我们给小区居民发放了环保袋,最后我们在小区的宣传栏里粘贴了宣传海报。希望通过这样的方式让居民们对环境保护和垃圾分类更加重视。

二、调查结果综合分析

我们在完成这一部分的社会实践调研之后,对所得的数据进行整理和研究,进行一些问题的分析。

首先,我们小组的问卷在设计上,主要是围绕三个方面进行:一是对小区的垃圾分类宣传状况调查；二是小区居民对垃圾分类的认识情况调查；三是小区居民对垃圾分类的行动调查。针对这三个问题我们进行具体的讨论和分析。

表1是我们小组从问卷中选出的几个具有代表性的问题的汇总,其他的问题大多比较琐碎,在此就不再详细陈述,和我们要讨论的问题相关度不高。

表1　调查汇总表

小区垃圾分类宣传状况	有/是	无/否	其他或不了解
是否有人上门回收垃圾	68	32	0
有没有分类设置垃圾桶	78	22	0
垃圾分类归入小区管理条例	16	34	50
垃圾桶是否经常散发臭味	41	19	40
随地扔垃圾的现象	34	66	0
小区有经常做垃圾分类的宣传	49	51	0
居民的垃圾分类行动	有/会	无/不会	其他或不了解
有意识将生活垃圾分类包装	25	60	15
将生活垃圾投放到相应垃圾桶内	56	44	0
淘汰掉的电子产品会直接丢弃吗	28	58	24
有无经常处理生活垃圾	70	24	6
居民对垃圾分类的认识情况	有/能	无/不能	其他或不了解
能否认出可回收垃圾的标识	81	19	0
能否分辨出造成污染的垃圾	67	11	22
对子女做垃圾分类的教育	32	68	0
有无了解过周边的垃圾处理厂	34	66	0
有无意愿参加垃圾分类的环保运动	75	25	0

(一)对小区的垃圾分类宣传状况的调查

接下来让我们讨论第一个问题,关于小区垃圾分类现状。调查结果如图1所示。

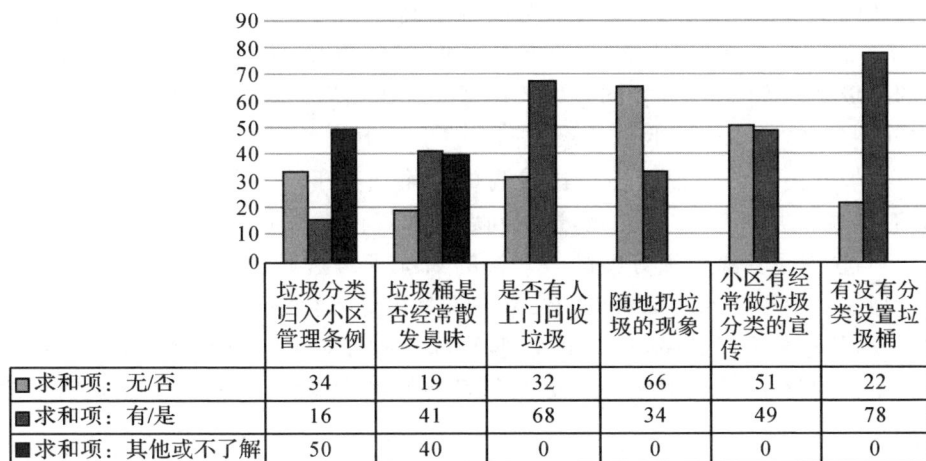

	垃圾分类归入小区管理条例	垃圾桶是否经常散发臭味	是否有人上门回收垃圾	随地扔垃圾的现象	小区有经常做垃圾分类的宣传	有没有分类设置垃圾桶
求和项：无/否	34	19	32	66	51	22
求和项：有/是	16	41	68	34	49	78
求和项：其他或不了解	50	40	0	0	0	0

图1　小区垃圾分类现状图

　　从图1可以看出，小区的垃圾分类的相关措施的落实情况是比较不错的，比如分类设置垃圾桶、上门收集生活垃圾这两点。但是小区内相应也存在一些问题，该小区对于垃圾分类的宣传状况还有待提高，据调查，只有接近一半的人了解过该小区垃圾分类的宣传，而且，小区没有将垃圾分类的相关条例普及给小区居民。

　　通过上述几个相关的问题我们可以看出的一点就是，小区重视的是垃圾分类的行动，而在宣传方面缺少力度，希望该小区能够改进。

（二）小区居民对垃圾分类的认识情况调查

　　而第二个问题就是小区居民对垃圾分类的认识情况（见图2）。

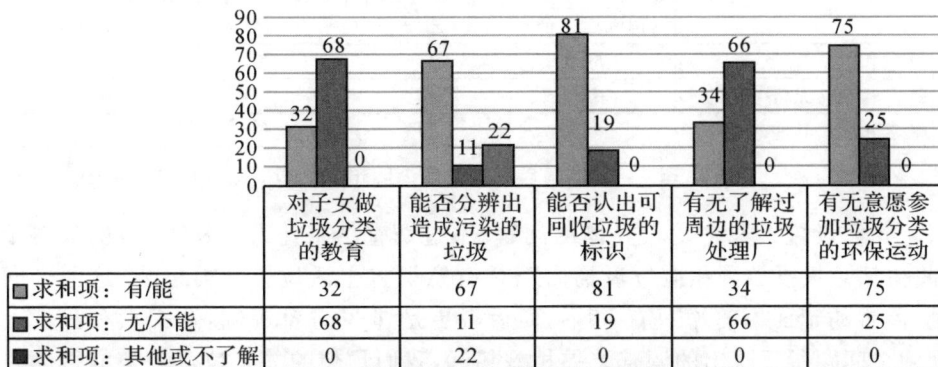

	对子女做垃圾分类的教育	能否分辨出造成污染的垃圾	能否认出可回收垃圾的标识	有无了解过周边的垃圾处理厂	有无意愿参加垃圾分类的环保运动
求和项：有/能	32	67	81	34	75
求和项：无/不能	68	11	19	66	25
求和项：其他或不了解	0	22	0	0	0

图2　小区居民垃圾分类意识的调查

从图 2 可知,居民对一些垃圾分类的基础知识的了解还是比较充分的。高达 67％的居民能够辨别出相应的有害垃圾,81％的人能够辨识出可回收垃圾投放的垃圾桶。而且,我们在问卷中还设置了比如"请勾选下列垃圾中,有害的垃圾是哪些"和"选出可回收的垃圾"等相关问题,调查的结果反映出,该小区的居民对垃圾分类的认识程度还是比较高的。而且关于这一部分,我们还有诸如"您对垃圾分类的态度"等问题,这些问题的回答情况都是不错的。

不过"对子女做垃圾分类的教育"和"有无了解过周边的垃圾处理厂"这两个看似无关紧要的问题反映出的结果并不是很好,两个问题正面的回答均低于 40％,而从这两个问题中,我们可发现,小区的居民对垃圾分类的认识大多数停留在个人的阶段,而且对于垃圾分类的宣传和教育意识不高,这一点是需要改进的。

好在,该小区的大部分居民对于环保行动的支持度很高,在"有无意愿参加垃圾分类的环保活动"的问题调查中,我们可以发现,高达 75％的人都是持支持态度的,而且剩余 25％的人以老年人为主。

(三)小区居民对垃圾分类的行动调查

第三个问题,就是小区居民对于垃圾分类的行动调查(见图 3)。

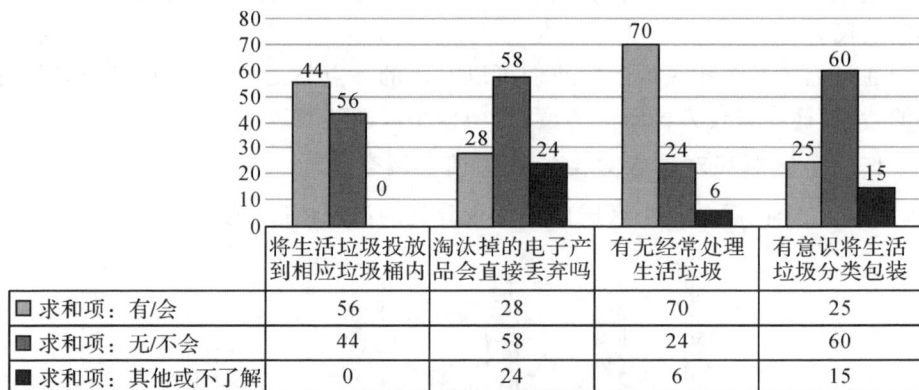

	将生活垃圾投放到相应垃圾桶内	淘汰掉的电子产品会直接丢弃吗	有无经常处理生活垃圾	有意识将生活垃圾分类包装
求和项：有/会	56	28	70	25
求和项：无/不会	44	58	24	60
求和项：其他或不了解	0	24	6	15

图 3　小区居民对垃圾分类的相关行动

我们设置了几个比较具体的问题,不过调查结果让人比较失望,例如对于"将生活垃圾投放到相应垃圾桶内"和"有意识将生活垃圾分类包装"这两个问题,前者的正面回答率只有 56％,而后者更是连 30％都不到,这一点和我们上面两个问题所反映出的调查结果相差甚远,我们预想的关于垃圾分类的行动方面,获得的正面回答应能达到 70％以上,而实际的调查结果却不遂人愿。

但是在"有无经常处理生活垃圾"这个问题上,正面回答率有 70％,可见小区居民大部分都有较好的清洁意识。我们关于"小区内是否存在随地扔垃圾的情况"的调查结果显示,不到 40％的人认为存在这样的现象,虽然这个比例还是很高,但是我们还是能发现,和第三个问题中所反映的一样,小区居民对于垃圾分类,大多数还是停留在认识和了解的阶段,而在行动方面,缺少相应的决心和动力。这是否就意味着,垃圾分类的政策难以成功?不过,这只是我们一个小小的社会实践调研,难以反映出精确的结果,而且我们的调查对象里,大部分的人都属于 25—60 岁群体,对于其他群体的数据是缺少的。但这也是在警示我们,对于垃圾分类,不能只停留在认识上,更多的是要付诸行动。说到这,就想起一个关于垃圾分类问题的争论,在此一并讨论一下。

(四)后续问题的讨论

问题:小区垃圾到底是先分类再丢弃,还是先丢弃再分类?

当下大部分小区中都存在的一点就是小区的居民习惯性将生活垃圾放在一起,丢进垃圾桶内。这和我们一直宣传的垃圾分类、从个人做起的口号不符合。对于这个观点,有的人认为垃圾分类工作应该由垃圾场直接进行处理。作为环境专业的学生,根据所学的垃圾分类的处理方法来看,当下的城镇垃圾处理厂,大多数都有着完整的处理工艺流程,包括垃圾分拣、破碎、油水分离等,在这个过程中可以直接完成垃圾的分类和处置。那么我们所宣传的个人的垃圾分类意识到底是体现在源头的分类,还是单纯地以认识垃圾桶的类别进行投放呢?有的人也就此认为,既然垃圾处理厂能够做到垃圾的分类和处理,我们居民所要做的其实就是确保自己产生的生活垃圾能够投放到小区的垃圾桶内就好,用不着费劲地先将垃圾分类再丢弃。

对于这个问题,个人认为是先分类后丢弃,而且还需要政策的鼓励,虽然垃圾分类只是一件举手之劳的事情,但在缺少动力的情况下,大部分的人还是不会付诸行动。设置相应的政策或许是有必要的,比如给予每户居民相应的垃圾分类的报酬等。

三、结论与建议

根据问卷结果分析,我们大致归纳出了以下三点结论。第一,从了解垃圾分类的调查可知,相当一部分居民是比较关心垃圾处理问题的,但对于这方面的了解并不多,缺乏相应的知识(尤其是关于垃圾分类处理方面),因此不能按要求放置。第二,从现阶段进行垃圾分类回收的支持率可以反映出,大多数居民支持进行垃圾回收,但由于宣传不到位、垃圾分类桶标识不够清晰等问题,所以没有进行垃圾分类摆放。第三,垃圾分类回收既要依靠广大居民,更要靠管理部门,首先要获得政府的肯定与支持。

针对这些问题,我们提出了相应的建议。第一,加强并落实关于垃圾分类处理的宣传教育，积极组织垃圾分类回收主题的活动。第二，制定相关政策鼓励居民积极实行垃圾分类，可通过奖励的方式。第三，对垃圾分类进行管理和监督并设置专门的投诉电话。

宝龙周边小区的居民经过我们多次实地的调查与宣传，小区内的垃圾分类情况有所改善，虽未完全达到相关政策的要求，但相较于之前已有很大进步。但小区在处理垃圾时却不能很好地进行分类处理，因此要使垃圾分类彻底落实下去，仍需要政府与人民的共同努力。

关于杭州下沙江潮社区垃圾分类的现状调查

英语 1702 班：王双林　方呈杰　刘　鸿　余晨旭　张一帆　许超凡

指导教师：夏凤珍

摘　要：本课题通过对杭州下沙江潮社区实地调研、走访，观察记录该社区在垃圾分类方面所做工作的成效，最后通过对问卷等数据进行总结分析，得出该地区在垃圾分类上存在的问题，并对此提出一系列合理性改进建议，以促进该社区乃至整个下沙地区垃圾分类的合理发展，促进地区生态环境保护。

关键词：下沙　江潮社区　垃圾分类现状　改进意见

近年来，垃圾分类逐渐成为中国全社会在环境保护问题方面关注的焦点。而如何更好地进行垃圾分类，以及如何更好地解决在垃圾分类过程中面临的具体问题，这些仍是全社会在不断探索的主要问题。而我国垃圾分类普遍存在的现状是，回收体系尚未完善、居民垃圾分类回收意识较为薄弱等。具体到浙江省内，垃圾分类现状仍然不容乐观，明显存在着垃圾实施区域不均衡、地区差异较大的问题。具体到杭州下沙地区的垃圾分类，虽然在已有基础上，当地很多地区已经陆续开展了较多的垃圾分类进社区等活动，并在很多社区都已经配套了相关垃圾分类设施，但是下沙地区居民对垃圾分类这一行为明显存在的问题仍然是意识淡薄，行为上并不能够做到。因此通过对江潮社区这一案例的研究，我们将推出一定的方案，从而有利于江潮社区甚至是整个下沙地区的居民进一步了解垃圾分类活动在本社区的开展现状，提升该区域居民的垃圾分类意识，以促进未来下沙地区垃圾分类的宣传和发展，从而提升下沙地区的整体环境质量，推动绿色环保进程，保证下沙地区的持续稳定发展。

一、调研对象与方法

我们以江潮社区为调研对象。江潮社区于 2013 年经由江干区政府批准成立，隶属于白杨街道，东至沿江大道、南至 6 号大街、西至 27 号大街、北至学正街，面积 0.37 平方千米。共有 3 个住宅区，分别是江语海小区（1437 户）、景冉佳园小区(2278 户)、沁香公寓小区(1288 户),规划总户数 5003 户。辖区内还有文清小学、文清幼儿园、云水苑幼儿园、国际幼儿园等单位。总体上说江潮社区面积较大,且成立时间较早,具有良好的调研所需的地理和历史条件,能够比较典型地代表下沙地区。同时,江潮社区目前已经联合多个社区、学校、部门开展过垃圾分类相关活动,具有较多经验,社区内部垃圾分类设施配套时间较早,整体垃圾分类处理步骤较为完善。

在充分了解江潮社区的背景资料后,我们针对该地区垃圾分类这一问题进行问卷设计。同时,我们将采用走访和问卷调查相结合的方式,通过当地居民和社区领导进行信息收集。

二、调研结果

(一)江潮社区当地已有垃圾分类设施分析

合理的环保基础设施是实施垃圾分类的重要条件。统计数据显示,在江潮社区,垃圾桶投放点近 100%,其中超过 7/10 是分类垃圾桶,2/10 是普通垃圾桶,这也显示了江潮社区的垃圾分类设施在广度和深度上都较为合理,垃圾分类有一定的成效。但是问题仍然存在,依然有接近三成的区域没有做到垃圾分类甚至存在没有垃圾桶的情况。

统计数据显示,超过 4/5 的人觉得社区内的垃圾分类设施一般甚至不完善,只有不到 1/5 的人持完善态度。

在科学性、环保性方面,分类垃圾桶都远远超过了普通垃圾桶。总体而言,江潮社区的垃圾分类设施大体趋于完善,但是在很多细节方面,部分社区没有设置更详细的分类桶,以对厨余垃圾以外的垃圾进行分类;没有在街道上设置更多的分类垃圾桶。

(二)江潮社区居民垃圾分类意识分析

统计数据显示,九成居民较为清楚垃圾应该如何分类,这说明大多数人一定程度上了解垃圾分类这件事,而他们大多数是从电视、网络媒体中了解到了垃圾分类,从数据中还能看出,书本、杂志和社区号召也是宣传垃圾分类的重要途径。

统计数据显示,在处理垃圾时,一小部分人会经常进行垃圾分类,大部分人偶尔进行垃圾分类,也有一些人很少进行或者从来没有进行垃圾分类。

统计数据显示,关于生活垃圾处理的时间,绝大多数人每天都会处理一次生活垃圾。在处理厨余垃圾上,超过一半的居民能正确地丢在指定垃圾桶中。

统计数据显示,如果自己对垃圾分类有一定了解且基础设施也完善的话,99%的人都愿意参与垃圾分类活动。

(三)江潮社区垃圾分类宣传方式以及力度分析

统计数据显示,关于社区居民对于垃圾分类的了解是通过哪种途径的问题,76.54%的居民表示是通过电视网络媒体了解到垃圾分类的,而杂志和书本以及社区的号召相对占比较小。由此题可见,居民了解垃圾分类的途径比较集中,但是趋于单一。

关于社区居民是否接受过有关垃圾分类的教育或宣传,绝大多数的人都表示接受过一定的宣传和教育。然而占比更大的是偶尔看到,即垃圾分类宣传和教育开展得不广泛、不深刻。从侧面反映出我国在这方面的宣传力度仍不够大。

询问社区居民对于进行垃圾分类的困难的认识,结果显示,人们认为主要困难集中于居民环保意识淡薄、设施不够完善、宣传力度不够、居民对垃圾回收分类了解少等几点。职能部门规划不力占比较小。由此题可见,垃圾分类困难主要来源于意识、设施、宣传等方面,这些在社区中仍需改进。

询问社区居民认为他们所在社区垃圾分类方面还存在哪些问题,由结果可见,垃圾分类体系不完善、标准少成为最多的选择。垃圾处理水平低、分类意识淡薄、宣传方式少且单一成为第二类占比较大的选择。

通过分析上述问卷回答,我们可以得到以下几条结论。

1.社区居民对于垃圾分类的意识较为薄弱。

2.社会对于垃圾分类的宣传方式较少并且单一。

3.社会对于垃圾分类的宣传和教育力度仍不够强。

(四)江潮社区垃圾分类处理成效

总体来说,江潮社区的垃圾分类处理效果还是比较明显的,包括提高了当地的环境质量、提高了小区居民的居住舒适度等。我们对当地的居民以及门店经营者进行调查,获得了以下调查结果。

江潮社区内分类垃圾桶已经实现大部分覆盖(高达73%),剩下的多为传统垃圾桶。因此,从分类垃圾桶设施配备这个角度而言,江潮社区有着很好的成效,便于居民对垃圾进行分类,提高了进行垃圾分类的积极性。

统计数据显示,江潮社区内超过半数的垃圾桶上有清晰易懂的标识,可利于小区居民清楚地认出正确的垃圾桶,并进行垃圾分类,从而提高居民垃圾分类的效率。剩余的受调查者对于标识表示无法分别或者没有注意,可以看出小区居民的垃圾分类意识还需加强。

从小区居民丢垃圾的时间间隔的调查中,我们可以看出居民们大部分都是在一天内对垃圾进行清除。一方面,可以得出该社区居民大部分都有保持清洁、爱卫生的结论;另一方面,可以看出小区垃圾回收设施的普及程度之高。

(五)江潮社区垃圾分类处理现存问题

江潮社区的垃圾分类处理实行得很成功,但是仍然存在有待完善的一些方面。

统计数据显示,被调查者认为垃圾分类目前存在以下困难:居民环保意识淡薄;设施不够完善;宣传力度不够;居民对垃圾回收分类了解少以及职能部门规划不力等。其中,从表格数据来看,居民的意识层面的问题较大,受调查者中有居委会成员以及保洁员,他们都表示,垃圾分类目前最大的困难,在于居民的环保意识低。

三、总 结

(一)下沙地区垃圾分类中存在的问题

1.居民对垃圾分类知识相对匮乏。

观察调查数据,我们发现在下沙这样一个较为成功地实施垃圾分类处理的案例中,由于当地政府及居委会的积极宣传和引导,居民对垃圾分类知识的了解相对还是比较多的,但仍不可避免人们对垃圾分类存在知识盲区,这主要是由前期垃圾分类知识普及不到位和垃圾分类设施不完善两大原因导致的。

2.部分居民垃圾分类意识和环保意识淡薄。

结合调查数据,此问题主要表现为:大部分居民在平时生活中没有垃圾分类的习惯,相当一部分人将垃圾分类的实施寄托于政府及环卫人员。即便在清楚了解垃圾分类与否所带来的优弊的情况下,仍有许多居民不愿意或者难以落实垃圾的分类处理,而那部分希望垃圾生产者以外的群体在垃圾分类处理中发挥最大作用的居民,则更加没有将垃圾分类看作每个居民所应尽的对环境的责任。

(二)建议

1.加大宣传、推广力度,营造社区垃圾分类处理共进氛围。

此次走访调查中发现有相当一部分居民都有较强的环保意识,这对当地垃圾分类处理工作的开展无疑是一个有利的条件。问卷调查结果显示,电视等网络媒体和社区的鼓动号召是对村民最有影响力的两种宣传方式,除此之外,政府部门还可以通过其他一系列方式让居民们了解当今社会所面临的严重垃圾问题,以及垃圾分类处理对于保护居民生活环境和自然生态环境的重大意义,从而推动其养成文明健康的生活习惯。

2.加快建设、积极引进,选择合适的垃圾分类处理方式,科学普及垃圾分知识。

　　大部分被调查者都认为社区内所配有的垃圾分类处理设施及其显示的垃圾分类信息不够完善,个人也较为缺乏有关垃圾分类处理方面的知识。为了在客观层面更好地促进垃圾分类处理工作的开展,建议政府部门联合各社区居委会借助各种方式,如"垃圾分类宣传讲座""垃圾分类知识海报",更有效地居民普及垃圾分类的知识。同时,应该因地制宜地做好每个社区的垃圾分类处理基础设施的建设。

　　3.建设完善垃圾分类问责制度,让垃圾分类的实施落实到每家、每户。

　　在实地走访中我们发现,虽然社区里设有专门管辖垃圾分类处理工作的部门,却并没有将每家每户应承担的垃圾分类责任明确化、制度化。这样管理不善的状态仍然会造成社区生活垃圾乱堆乱放、随意处置的情况,进而影响环境。因此,建立起一套符合社区特点、相对张弛有度的垃圾分类问责制度是十分必要的,这有利于上级部门加强对垃圾分类处理过程中所出现的问题的指导与监督。

关于乔司街道朝阳村可腐垃圾处理终端民意调查

软件工程 1702 班：郭佳宇　　陈荣锵　　吴灵伟

计算机科学与技术 1702 班：徐　斌　　梁敏超

指导教师：詹真荣

摘　要： 在实践调查的过程中，调查小组在所调查的地方——乔司街道，观察垃圾分类处理的状况，并通过随机访谈、分发问卷的形式进行深度调查。调查结果显示，人们的垃圾处理意识逐渐增强，各种垃圾分类处理的设施日益完善。这次调查提升了调查人员对农村垃圾分类处理的信心。

关键词： 可腐垃圾　　垃圾处理终端　　民意

近年来，我国经济社会发展取得巨大成就，人民生活水平稳步提高，消费内容呈现多样化的增长，随之而来的问题则是生活垃圾产生量逐年上升，垃圾成分越趋复杂，垃圾处理工作面临的挑战越来越大。2019 年 2 月中央一号文件《关于农业农村优先发展优先做好"三农"工作意见》中提出了关于乡村绿化、清洁村庄的若干意见。习近平总书记在重要讲话中提出：普遍推行垃圾分类制度，关系 13 亿多人生活环境改善，关系垃圾能不能减量化、资源化、无害化处理。要加快建立分类投放、分类收集、分类运输、分类处理的垃圾处理系统，形成以法治为基础、政府推动、全面参与、城乡统筹、因地制宜的垃圾分类制度，努力提高垃圾分类制度覆盖范围。一个完整的垃圾分类体系，需要在源头上实现垃圾分类投放，并实施分类收集、分类运输和分类处理，配套相应垃圾分类设施，完成有害垃圾存储仓库、可回收物存储仓库建设，最终形成一个合理又完善的分类体系。

我们小组利用思政课实践教学机会，选择正在进行垃圾分类试点的乔司街道朝阳村作为调查对象。在调查初期我们了解到，朝阳村已经在推进垃圾分类工作，但易腐垃圾处理终端未完工导致所有垃圾均一同送至垃圾中转站，引起群众疑虑和反感，也影响了工作的推进。我们希望通过对朝阳村的调查，全面了解垃圾分类出现的问题,特别是腐垃圾处理终端问题,从而能够对症下药。

一、调研主要方法

问卷调查法:根据调查目的和要求,将所需调查的问题具体化,使调查者能顺利地获取必要的信息资料,以便进行统计分析。本次调查共发放 147 份问卷,回收得到 133 份有效问卷。

访谈调查法:调查者依据调查提纲与调查对象直接交谈,收集语言资料。本次调查的访谈人数为 33 人,对其中有代表性的 2 人记录了访谈过程。

二、朝阳村易腐垃圾分类和处理工作成效

(一)朝阳村两委对垃圾分类处理做了许多工作

朝阳村党委立足"建最强支部、做最美党员"创建活动,组织各网格支部开展大讨论、大比武。通过党员先锋模范作用,带动身边群众参与。全村做到"六个网格＋一个园区""党员＋流动党员""农户＋承租户"全覆盖。

为了让广大村民知行合一,朝阳村委推出了一些行之有效的奖惩措施。依托精神文明建设专项行动,开展星级文明农户挂牌上星、朝阳"最美"系列评比等活动,即垃圾分类做得好的农户及企业,不仅有资格参加"最美"系列评比,还可获得适当奖励,如减免物业费等;工作完成不理想的,则面临摘牌减星通报的处罚。对照"两张责任清单",检查各责任主体的垃圾分类工作质量,首先对农户或业主给予温馨提示和指导,对于屡教不改的处以停租和停业整顿,对于拒不配合且态度恶劣的给予取缔等惩罚措施,通过牵住房屋能否出租及企业能否经营这个"牛鼻子",最终做到户户垃圾分类达标。

(二)朝阳村垃圾分类处理进展顺利

1. 地区垃圾分类理念宣传力度很大,垃圾分类体系基本完善,大部分居民都主动进行垃圾分类。朝阳村为垃圾分类处理专门开展了 7 场业主培训会议、流畅互助培训会议,耗时整整一周,集中宣讲 2500 余人次,发动党员志愿者等上门宣讲 2000 余人次,发动网格员上门发放宣传资料 1800 余份。

2. 易腐垃圾处理有难度。目前的处理设施无法满足易腐垃圾的处理需求,缺口很大。易腐垃圾成分复杂,高含水率、气味大,在处理终端的选址上,相对也有更大的难度。易腐垃圾处理后是否可以进行资源回收利用,需要配套法规及政策支持。

3. 朝阳村易腐垃圾产生量巨大。城乡一体化以后,农村大量的尾菜、一些农业废弃物以及城乡绿化产生的一些绿化垃圾、庭院垃圾等易腐垃圾进入生活垃圾的收集、处理体系当中,数量也十分巨大,约占生活垃圾总量的 50%。

三、朝阳村可腐垃圾分类和处理存在的问题以及原因

经过三天的调查研究,并且对收集到的问卷及资料进行整理分析后,小组将朝阳村可腐垃圾分类和处理所存在的问题归纳为以下几点,并且利用现有资料探索其原因。

(一)存在的问题

1.垃圾分类回收没有完善的回收计划和路线,垃圾处理的分类不够清晰。对于垃圾分类目前只注重可回收和不可回收两类,街道上的垃圾桶种类极少,且数量也不多,人们对于其他垃圾不知道如何处理,于是造成垃圾的混合,没有达到分类的目的。

2.居民垃圾分类知识比较缺乏。很多人只知道一些简单的可回收的垃圾,比如易拉罐、矿泉水瓶等,但是还有很多垃圾应该归于哪一类并不知道,这样便会形成有意识和无意识的乱丢,使分类形同虚设。

(二)问题产生的原因

1.公众垃圾分类主题意识弱,分类投放参与率低。垃圾分类是一项系统工程,需要公民参与、企业加盟以及政府决策。但作为生活垃圾的生产者,很多公众仍缺乏主体责任意识,认为是政府的事情,垃圾分类多年来"政府热,居民冷"的现象普遍存在。另外,很多地方简单地按照可回收、不可回收垃圾或者可燃、不可燃垃圾的分类方法,也让居民看不懂而无所适从。近年来外来人口大量涌入,而外来人口大部分为务工人员,垃圾分类意识更为薄弱,为垃圾分类的实施增加了巨大的负担。由图1可见当地垃圾分类的宣传力度不够,近一半的居民表示几乎没有见到垃圾分类的宣传,从侧面可以看出村中居民垃圾分类的意识薄弱。由于我们留意到了一些垃圾分类宣传,可能因宣传广告和方式不够新颖,大部分人没有在意,因此我们认为当地应该扩大宣传手段,既让人们了解更多的垃圾分类知识,也能够增加居民的垃圾分类意识。

2.垃圾数量激增,处理能力堪忧。随着经济的快速发展,即便是农村的垃圾的产生量也在不断加大,但与之相匹配的垃圾处理能力却有待提高。村镇垃圾污染"脏乱差"问题十分突出。朝阳村每天都会产生数以十吨计(垃圾日产量最高峰达50余吨)的三产垃圾、居民生活垃圾,"垃圾围村"的现象时时上演,垃圾减量迫在眉睫。由图2可以看出,只有少部分的人认为垃圾数量激增后垃圾处理不妥善对他们的生活质量没有影响,而大多数人则持相反的态度,从居民的反馈中也可以感受到朝阳村在垃圾处理这方面遭遇了较大的瓶颈。

3.配套设施不完备,"先分再混"问题突出。垃圾分类处理涉及分类收集、分类运输、分类处理和分类利用,需要环环紧扣,任何一环节的失位,都会

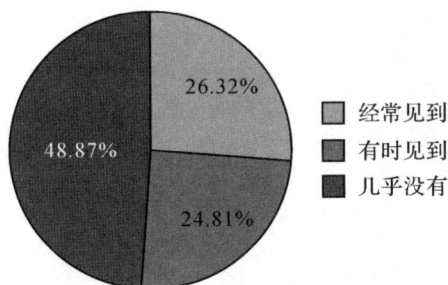

图1　在您生活中会见到垃圾分类的宣传吗

图中标注：26.32%　24.81%　48.87%

图例：
经常见到
有时见到
几乎没有

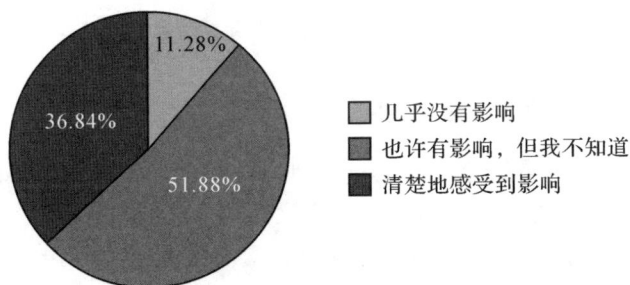

图2　您认为垃圾不妥善处理对你们的生活影响大吗

图中标注：11.28%　51.88%　36.84%

图例：
几乎没有影响
也许有影响，但我不知道
清楚地感受到影响

影响垃圾分类处理的整体效果。村镇收运垃圾的一种常见模式是由物业车辆将垃圾运至村镇附近的垃圾楼，再由环卫车辆运至垃圾转运站进行集中，最后运至垃圾最终的处理场所。而目前大多时候运输车辆不足，或终端处理模式和垃圾分类不匹配，即使垃圾做了分类，后续运输和处理也会混合在一起，打击了村民参与垃圾分类的积极性。在与环卫工人交流的过程中，他不止一次提到垃圾分类后处理的设备并不完善，往往所有垃圾都是一起处理的，虽然在街边的垃圾都是分类放置的，但运输到垃圾处理站的时候却又混在一起，使垃圾分类成了"表面现象"。由图3可见只有约1/4的人认为村中垃圾配套基础设备分类垃圾桶分布情况较好，而更多的垃圾桶则是以混合垃圾的形式出现。

4.终端处理设施落地难，邻避效应明显。废旧物资分拣回收站、垃圾处理厂的建设是垃圾资源化利用和无害化处理的关键，但在选址落地方面遇到了较大的困难，直接影响到生活垃圾综合利用和处置能力，进而影响到生活垃圾分类制度的推进。朝阳村所在地区已有位于老余杭的锦江环保能源垃圾发电厂和位于乔司的杭州达能绿色能源垃圾发电厂，但垃圾数量与日俱增，给两个垃圾发电厂带来了巨大的压力，没有更多的垃圾处理终端落地，垃圾分类处理的压力也会不断增大。

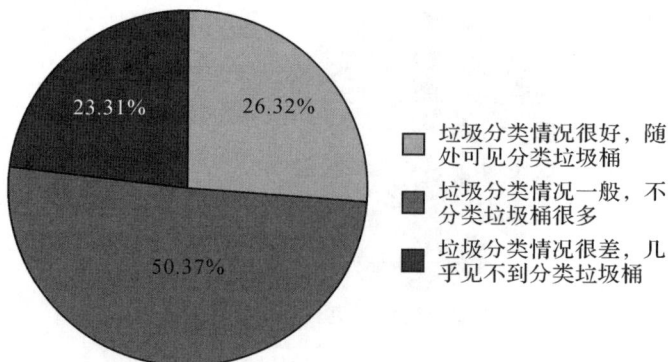

23.31%　26.32%

50.37%

■ 垃圾分类情况很好，随处可见分类垃圾桶

■ 垃圾分类情况一般，不分类垃圾桶很多

■ 垃圾分类情况很差，几乎见不到分类垃圾桶

图 3　居民对生活环境中垃圾分类情况的看法

四、朝阳村易腐垃圾处理改进建议

针对上述朝阳村易腐垃圾分类与处理存在的问题以及原因，结合调查小组收集到的调查结果，我们提出如下几点建议。

第一，建立奖惩制度。可以实施垃圾分类奖惩措施，适当奖励积极进行垃圾分类的家庭，惩罚不配合垃圾分类工作的家庭。通过物质激励来引导企业和市民积极自觉地投入垃圾分类回收处理中来。

第二，加大宣讲教育力度。城市垃圾分类回收处理离不开全体市民的共同参与，因此需要普及垃圾分类知识，加强环保知识宣传和教育，可以通过墙绘漫画等形式让垃圾分类的理念普及到每一个人。从适龄儿童抓起，让其从小树立正确的环保理念，掌握基本的垃圾分类知识，增强垃圾分类的行动自觉。

第三，建立易腐垃圾可循环利用系统。可以引入先进的易腐垃圾处理方法，例如堆肥设施等，既加快垃圾处理的速度，节省成本，也让易腐垃圾可循环利用，保护环境。

第四，充分利用媒体资源。媒体具有社会责任，作为政府也有能力利用各类媒体资源，包括电视、广播、报刊资料等，进行广泛的宣传和普及垃圾资源的再利用知识教育，以及如何进行垃圾分类的归类知识的宣传教育。很多市民至今尚对可燃烧垃圾、不可燃烧垃圾、厨余垃圾等不能很好界定。

第五，实施和推广定时分类回收。在垃圾回收箱上标明分类与回收时间标志。分类和分时回收，是垃圾分类做得最好的国家如日本等国很成功的经验。根据这些经验，一是首先做好分类工作；二是在每周的特定日进行特定种类的垃圾集中回收，以便循环利用。在垃圾分类做得最好的日本，在大街和路边的任一回收点，都贴有垃圾分类知识和每周定期回收的时间安排，非常醒目，对普及和实施垃圾分类与资源再利用具有很好的借鉴作用。

　　第六，在中小学教育中，增加专门的垃圾分类、资源利用和环境保护知识的内容。垃圾分类要从娃娃抓起，这是国外特别是日本的成功经验之一。中小学教育中垃圾分类、资源利用和环境保护知识是解决垃圾分类和资源利用的根本环节。据了解，日本小学的环境教育，就是从垃圾分类做起的。这些学生回到家和在社会上也是很好的普及宣传员和监督员，将对家庭及周围人员进行垃圾分类和回收利用的知识教育，使得整个社会逐渐形成良好的垃圾分类习惯。

杭州市中小学生环保意识调研报告

网络 1701 班:黄浩原　项晨阳　东宏利　侯震霆　李容正

指导老师:李梦云

摘　要:中小学的环保意识教育是我国学校环保意识教育体系的基础环节,也是基础教育阶段的重要教育内容。由此以中小学生环保意识为主题,本调查通过问卷和访谈形式了解当前学生的环境知识掌握情况及环保意识水平。针对学生环保意识所存在的一些不良现象提出建议,从而提高学生的环保意识和思想道德水平。调查显示,总体而言对于环保意识,现在各个年龄段人群均有较好的认识。

关键词:环保意识　环保教育　各年龄段学生

一、中小学开展环保意识教育的重要性

(一)环保意识教育是时代发展的客观需要

生态文明是人类在反思工业文明阶段发展的经验教学中所形成的,随着生态文明的不断发展和进步,2013 年以来我国的生态环境整体上有所改善,我国在 2012 年首次发布的全球生态环境遥感监测报告中指出,全球地表植被生长状况转好,可自 2010 年以来,我国水域面积总体呈现萎缩趋势。中小学生是国家的未来和民族的希望,是建设美丽中国的主力军,他们的思想道德和政治觉悟如何直接关系到中华民族的整体素质,关系到建设生态文明社会的目标能否实现。所以,加强全民的环保意识教育应重点加强中小学生的环保意识教育。

(二)环保意识教育是中小学响应十八大报告的关键要求

党的十八大指出:“面对资源约束趋紧、环境污染严重、生态系统退化的严峻形势,必须树立尊重自然、顺应自然、保护自然的生态文明理念,把生态文明建设放在突出地位,融入经济建设、政治建设、文化建设、社会建设各方面和全过程,努力建设美丽中国,实现中华民族永续发展。”由此可见,我国生态文明建

设的重要性日渐上升。

加强生态文明建设,实现人与自然和谐相处,也是贯彻落实科学发展观的重要内容,以及构建社会主义和谐社会的重要举措。生态文明建设是一个长期的系统工程,需要我们每一代人的不懈努力。学校是环保意识教育的主要场所,中小学生又是美丽中国建设的未来主力军,对他们进行环保意识教育是加强整个社会环保意识教育的关键之举,也是响应十八大号召之举。

(三)环保意识教育是中小学生全面发展的内在要求

加强中小学生的环保意识教育,是促进中小学生全面发展的内在要求,也是素质教育的内在要求。素质教育注重在教育过程中把人的全面发展放在中心地位,注重人的整体素质的全面提高。生态文明素养是学生素质的重要组成部分,不可忽略对生态文明观念的认知和践行是培养中小学生综合素质的重要方面。

目前中小学生的生态文明素养、意识总体上都不高,尚处于浅绿层,比如在校园里,看见地面上痰迹斑斑,明明知道不可以随地吐痰,但是为了图方便,趁人不注意,也就随地吐痰,而这样的例子普遍存在于中小学校园中。由此可以看出,很多中小学生生态知识储备不足,生态素养总体不高,也可看出部分中小学生存在消极从众心理,自觉保护环境的主动性不强,生态行为素养的主动性有待提高。这些现象严重制约社会主义生态文明的建设。因此,有效提升中小学生生态文明素质,促进其全面发展已经成为当务之急。

(四)环保意识教育是中小学德育发展的必然选择

德育既是学校教育的重要构成部分,又是促进人的全面发展的重要构成部分,也是提高中华民族素质的重要构成部分。而环保意识教育作为德育的一部分,是中小学德育的必然选择。生态道德主张人与人、人与自然之间在生存和发展等方面都是平等的,不能以牺牲后代人的利益为代价来换取当代的发展,也不能以牺牲长远的利益为代价换取眼前的发展,这都是严重违背社会发展规律的,如果不遵守必将付出惨重的代价。因此,对中小学生进行系统的环保意识教育十分迫切和必要。所以,在德育内容、德育方法等方面努力实现对传统知识灌输式的德育方式的革新,要将科学发展观、可持续发展,以及生态文明价值观念等内容以多种方式纳入学校德育中去,通过校园文化、教学开展、课程设计等途径将环保意识教育纳入教育体系中去。这样,不仅可以充分发挥新时期德育引导作用,还可以引导广大中小学生树立协调人与自然、人与社会关系的价值观念,引导他们全面提高生态文明素质,自觉推进自身全面发展。

二、数据及分析

为有效地展开对浙江省生态文明的教研,深入了解杭州市环保意识教育的情况,我们设计了调查问卷,以网络传播为主要途径进行调查。

(一)数据

1.请问你的性别:_____ [单选题]

选项	小计	比例	
男	217		53.19%
女	191		46.81%
本题有效填写人次	408		

2.请问你所处的年龄段:_____ [单选题]

选项	小计	比例	
小学	80		19.61%
初中	123		30.15%
高中	112		27.45%
大学	93		22.79%
本题有效填写人次	408		

3.请问你满意杭州市环境状况吗:_____ [单选题]

选项	小计	比例	
满意	75		18.38%
基本满意	326		79.9%
不满意	3		0.74%
没感觉	4		0.98%
本题有效填写人次	408		

4.请问你目前所在杭州市区域环境污染严重吗:_____ [单选题]

选项	小计	比例	
不严重	93		22.79%

续　表

选项	小计	比例	
不太严重	288		70.59%
比较严重	19		4.66%
不清楚	8		1.96%
本题有效填写人次	408		

5.你现在了解到哪些环境问题（多选）：_____〔多选题〕

选项	小计	比例	
水污染	381		93.38%
噪声污染	172		42.16%
大气污染	235		57.6%
固体废物污染	146		35.78%
本题有效填写人次	408		

6.请问你曾经是否因为环境污染而身体不适：_____〔单选题〕

选项	小计	比例	
是	88		21.57%
否	320		78.43%
本题有效填写人次	408		

7.请问你是否曾积极主动地了解过环保这一方面：_____〔单选题〕

选项	小计	比例	
是	223		54.66%
否	185		45.34%
本题有效填写人次	408		

8.请问你是否受到过环保意识教育：_____〔单选题〕

选项	小计	比例	
是	373		91.42%

选项	小计	比例
否	35	8.58%
本题有效填写人次	408	

9.请问环保热线电话是什么：_____〔多选题〕

选项	小计	比例
12345	240	58.82%
12369	257	62.99%
12319	23	5.64%
不知道	142	34.8%
本题有效填写人次	408	

10.当你需要扔垃圾时,您会怎么做：_____〔单选题〕

选项	小计	比例
随手扔掉	8	1.96%
看到垃圾桶后扔掉	391	95.83%
没人看见就随手扔,有人看见就不扔	9	2.21%
本题有效填写人次	408	

11.你会主动清理别人留下的垃圾吗：_____〔单选题〕

选项	小计	比例
从不	59	14.46%
几乎不	240	58.82%
偶尔会	102	25%
总是会	7	1.72%
本题有效填写人次	408	

12.你认为在你自己的学校,存在的最严重的浪费是什么:_____[单选题]

选项	小计	比例	
自来水	309		75.74%
电	24		5.88%
食物	60		14.71%
文具、纸张	15		3.68%
本题有效填写人次	408		

13.你是否意识到纸巾、一次性筷子等也会破坏环境:_____[单选题]

选项	小计	比例	
是	387		94.85%
否	21		5.15%
本题有效填写人次	408		

14.你自己关于环保知识的获取途径(多选):_____[多选题]

选项	小计	比例	
网络	367		89.95%
书籍	69		16.91%
课堂学习	128		31.37%
学术讲座报告	115		28.19%
学校宣传活动	341		83.58%
与同学或老师交流	30		7.35%
其他	13		3.19%
无	0		0%
本题有效填写人次	408		

15.你参加过哪些生态环保志愿活动:_____[多选题]

选项	小计	比例	
楼栋大扫除	381		93.38%

选项	小计	比例	
植树	144		35.29%
生态环保区志愿捡垃圾	217		53.19%
从来没有	7		1.72%
其他	6		1.47%
本题有效填写人次	408		

16. 你认为你所在地区环保教育存在哪些问题：_____［多选题］

选项	小计	比例	
总能看到乱扔的垃圾	137		33.58%
饭菜打包时使用的一次性筷子、餐盒普遍乱扔	393		96.32%
很多人随意践踏草坪、乱吐痰	131		32.11%
公共场所吸烟	131		32.11%
本题有效填写人次	408		

17. 你认为要提高人们的环保意识和践行能力，最有效的措施是：_____
［多选题］

选项	小计	比例	
学校开展相关的公共选修课	214		52.45%
组织参加生态环保志愿服务活动	293		71.81%
开展生态文明方面的宣传活动	366		89.71%
加大生态环保监管和奖惩力度	279		68.38%
本题有效填写人次	408		

18. 以下哪些做法可以减少污染、节约资源：_____ ［多选题］

选项	小计	比例	
尽量使用公共交通工具、自行车或步行	405		99.26%
多使用空调	0		0%
少使用一次性纸杯、筷子	402		98.53%
多开私家车	0		0%
本题有效填写人次	408		

19. 要解决垃圾问题应该提倡：_____ ［多选题］

选项	小计	比例	
过度包装	0		0%
进行垃圾减量化处理	396		97.06%
垃圾分类回收	400		98.04%
减少塑料的使用	388		95.1%
本题有效填写人次	408		

20. 你是否还有其他建议和意见：_____ ［选择填空题］

(1)学校宣传没有用啊,关键是真的要让大家做起来,要是真的大家都挺喜欢自然的,那自然就有了环保意识。

(2)减少废物排放,垃圾不要乱丢。

(3)使用节能电器。

(4)加大宣传力度。

(5)节约,不浪费。

(6)注意分类。

(7)建立垃圾分类制度。

(8)希望快递和外卖的包装可以回收利用。

(二)分析

1.回答问卷的人中男女比例为 5∶4,54.66% 的调查对象积极主动地了解过生态文明,其余 45.43% 的人没有。

90% 的人基本满意杭州市当前的环境现状,认为杭州市当前的环境污染不太严重。

21.57％的人曾经因为环境污染问题而感到不适应,而其他人没有。

对于获取生态文明知识的途径,通过网络学习的人占总人数的比例高达90％。

需要扔垃圾时,绝大多数人(约95％)都选择"看到垃圾桶后扔掉",个别人(约4％)选择了"随手扔掉"和"没人看见就随手扔,有人看见就不扔"。

六成左右学生知道环保电话。

七成左右学生认为学校水浪费最严重。

93.38％(占总人数)的人参加过楼栋大扫除,35.29％的人参加过植树活动,53.19％的人在生态环保区志愿捡过垃圾,1.72％的人从来没有参加过生态环保志愿活动。

普遍存在的环境问题:水污染占比为93.38％;大气污染占比为57.6％。

为了提高人们的生态文明意识和践行能力,63.38％的人认为加大生态环保监管和奖惩力度是有效的措施,71.81％的人认为组织参加生态环保志愿服务活动是有效的措施,52.45％的人认为学校开展相关的公共选修课是有效的措施,89.71％的人认为开展生态文明方面的宣传活动是有效的措施。

三、主要现象及问题

由上述的数据分析可得,杭州市环保意识教育存在以下现象:杭州市环保意识教育得到了较好的普及。杭州市环保意识教育形式丰富,且以网络和学校宣传活动为主。在杭州市环保意识教育下,学生的素质较好。

但同时也存在着问题:杭州市环保意识教育主要受众还是中小学生和大学生,人们对生态文明以及环保教育的主动了解还是不够,仍存在少部分人不重视生态文明和环保教育。

四、对策建议

(一)在校园文化建设中加强环保意识教育

把环保意识教育纳入校园文化建设中可以推动中小学生生态文明观的形成。由于中小学生的心理特点与大学生不一样,他们的行为自控力稍微薄弱,需要通过校园生态文化去感染他们,让他们意识到生态文明的重要性,进而成为"生态人"。具体而言,可以分为以下几点。

1.建立优美的自然生态环境,利用各种自然资源,把学校建设成"绿色校园"。优美的自然环境可以让学生在亲近大自然过程中与自然界展开心灵对话,油然而生对自然的热爱之情和保护自然的责任感。

2.利用校园报刊、广播、网络、建筑物、宣传栏等媒介宣传自然资源和生态环境方面的知识,特别是小学生思维总体上具有直观性,我们需要更为通俗易懂的语言和直观的画面宣传那些与学生密切相关的环保知识,还可以通过宣传生态保护先进事迹、张贴环保图画及名言警句、设置环保雕塑等形式。借助这些形式和手段,使学生日常学习生活中的每一个角落,都能自然渗透进环保意识教育的因子,潜移默化地影响学生的生态观,使其逐渐形成良好的生态文明观和生态道德观。

(二)加大环保意识教育课程的开发

笔者认为在中小学开设环保意识教育课程具有一定的现实性意义。笔者了解到安徽合肥市委在 2012 年 12 月建议在中小学开设环保意识教育课程。这一倡导对我国中小学开展环保意识教育具有很大的时效性。在开发环保意识教育课程中,具体可以从以下几个方面进行。

1.研究制定符合素质教育要求的环保意识教育课程实施方案,开发并开设特色校本课程,研发并增设活动课程,可以结合当地的特点,开发校本课程。

2.出台学校环保意识教育课程计划,组织专家编写符合某一地区的生态文明读本,以必修课、选修课、研究性学习等形式构建环保意识教育课程体系,完善素质教育课程的内在体系。

(三)在日常学科教学中强化环保意识教育

学校教学活动是对学生施加影响最关键的形式,环保意识教育作为学校教育的一部分,自然要纳入课堂教学。中小学在开展环保意识教育过程中,要立足实际,不局限于一种学科教学,化集中教育为分散教育,将环保意识教育渗透到中小学的自然科学、思想政治教育、语文、历史、地理、生物等各学科教学中去,在凝聚各科教学合力基础上,强化环保意识教育。要充分发挥各学科专业教学优势,每个学科所包含的教学内容不同,但是环保意识教育可以渗透到每个具体的学科中去。以语文学科为例,中小学语文教材中苏轼的一篇文章《赤壁赋》中说:"惟江上之清风,与山间之明月,耳得之而为声,目遇之而成色,取之无禁,用之不竭,是造物者之无尽藏也,而吾与子所共适。"对待自然之物的这种平等的思想,使苏轼在遭受人生重大挫折时不感到寂寞和孤独,并且能够从自然界中发现生命的智慧,汲取生存和发展的强大动力。对于这样的教材内容,可以让学生参与到讨论中去,让学生在讨论中认识到人与自然和谐共处的意义,形成一定的生态文明意识。

(四)深入开展环保意识教育的实践活动

实践是认识的来源和目的,也是环保意识教育培养人才的落脚点。在中小学进行环保意识教育,教师不能生硬地传授给学生现成的结论性知识,而应当组织丰富多彩的实践活动,使学生在亲身体验的基础上实现认识的自我生成和内化,促进中小学生生态文明意识的培养,主要包括以下几点。

1.组织丰富多彩的校园环保意识教育活动,组织各种以低碳经济、绿色消费、可持续发展、十八大报告内容为主题的读书会、知识竞赛、辩论赛、歌咏比赛等活动,还可以组织"我是生态人""人人都是环保小卫士"等活动。这些举措一方面可以引导学生更多地了解相关生态知识,增强对生态文明的认同感;另一方面可以进一步激发学生爱护小动物、保护生态环境、进行绿色消费的热情。

2.开展各种形式的校外实践活动,校外活动不同于校内活动,它更需要制度的保障,否则难以达到活动的目的。可以组织学生参观郊外,进行实践调查活动、社会宣传活动、生产劳动实践活动,比如让学生参加义务植树活动、生态工业园区建设活动,让他们全面了解生态环境现状,意识到环保的迫切性,进而产生推进可持续发展、促进人与自然和谐共处的信念。当然在活动中要加强学生的自我体验和自我教育,教师在活动中要引导学生主动参与到实践活动中来,这样才能凸显出实践活动的教育功能。

(五)注重教师生态文明素质提升

教师的一言一行对学生产生着潜移默化的影响,尤其是处于小学阶段的学生,他们的人生观、世界观尚未形成,更为需要教师的正确引导。全面提高教师的生态文明素质,是中小学的环保意识教育可持续发展的重要保障。生态文明课程课堂教学能否对学生具有吸引力,关键在于教师掌握的知识量和信息量能否满足环保意识教育的需要,以及教师的教学态度和治学精神。因此,中小学教师不仅要提升自己所授课领域的专业知识,也要积极参与到生态文明的学习中去,提高自己的学识水平。同时,学校要为教师提供必要的环保意识教育进修机会和学习机会,通过进修班、知识研讨会等方式,鼓励教师进行生态文明知识学习和科研。

杭州下沙环境满意度跟踪调查

会计 1801 班：管璐瑶组

指导教师：詹真荣

摘　要：2019 年 10—11 月，本课题组负责人率队对杭州下沙环境状况进行了专题跟踪调查。本次调研聚焦于下沙环境，重点调查下沙空气状况。结果显示，下沙环境状况总体良好，对环境污染状况的评价大部分被调查者认为不严重，但居民对环境满意度有下降趋势，对政府治理环境满意度仅超过一半的被调查者表示满意。课题组在与社区居民和环保工作人员深入交流的基础上，探究了下沙空气治理难题的成因、特点，提出了相应的对策措施。

关键词：下沙　环境状况　跟踪调查

2019 年 10—11 月，浙江工商大学财务与会计学院会计 1801 班调研小组就杭州下沙环境状况展开实地调查。本次调查采用问卷调查法和访谈法，通过对比研究，着重考察近年来下沙环境，特别是空气状况以及居民感受的变化情况。课题组采用分层抽样法，抽取了 4 个地点（高沙社区、宝龙广场、弗雷德广场、钱塘江）进行调查并发放问卷；深入社区和广场，走访了高沙社区、宝龙广场、弗雷德广场，与当地居民代表就下沙环境问题深入交流；此次调查活动共计发放调查问卷 281 份，有效回收调查问卷 281 份，有效回收率为 100％。本次调查以问卷星小程序和 SPSS 软件对回收的问卷进行统计与数据分析，对访谈材料进行整理，综合形成调查报告。

此次被调查者中，20 岁以下的占 26％，21—30 岁的占 30.6％，31—40 岁的占 14.9％，41—60 岁的占 6.8％，61 岁以上的占 21.7％。21—60 岁年龄段的被调查者社会认知能力较强，能更理性地分析社会问题。被调查者职业多样，有利于全面地了解下沙的各类职业群体对环境的感受。被调查者的文化程度较高，其中高中或中专学历占 15.5％，大学或大专学历占 71.8％，研究生学历（含硕士、博士研究生）占 8.8％。

在针对下沙环境污染状况的调查中，被调查者主要通过"不严重""严重"

"没有环境污染"三个选项进行选择评价,其中选择不严重的占比较大。针对下沙环境满意度的调查中,被调查者主要通过"满意""没感觉""不满意"三个选项进行选择评价。对于近几年环境污染程度的变化幅度,被调查者主要通过"上升了""下降了""差不多"三个选项进行评价。对于下沙空气质量,被调查者主要通过"满意""不满意""一般"三个选项进行评价。

一、居民对下沙空气状况满意度

下沙经济技术开发区是1993年4月经国务院批准设立的国家级开发区,它是杭州市乃至浙江省发展现代制造业、外向型经济和高教科研的重要基地。近年来,下沙居民对生态环境的关注度持续上升。调查结果显示:40.9%的被调查者对目前下沙环境状况感到满意;28.5%的被调查者认为下沙经济技术开发区的环境污染不严重,相比2015年的调查数据下降了21.2%。可见,相比于2015年,下沙环境状况改善了很多。

(一)下沙空气污染依旧是环境治理的首要问题

虽然相较于2015年,下沙经济开发区居民对环境的满意度有所上升,但是我们发现,下沙空气污染依旧是环境治理的首要问题。调查结果显示,只有21.4%的被调查者对下沙的空气质量感到满意;不满意的达到了25.6%(见表1)。但是相比2015年的不满意度34.4%,居民对空气污染的满意度有所上升。

表1　您对下沙经济开发区空气质量的满意度

		频率	百分比/%	有效百分比/%	累积百分比/%
有效	满意	60	21.4	21.4	21.4
	一般	136	48.4	48.4	69.8
	不满意	72	25.6	25.6	95.4
缺失		13	4.6	4.6	100.0
总计		281	100.0	100.0	

(二)下沙空气昼夜差异问题日益突出

调查发现,昼夜空气质量存在较大差异仍然是下沙空气的一个显著特征。数据显示,认为有很大差异的占13.8%,认为有点差别的占59.1%,这表明有72.9%的居民觉得下沙空气存在昼夜差异,相较于2015年的65.2%有了很大的上升。这意味着随着经济社会的发展,下沙空气昼夜差异问题日益突出。被调查者指出,废气、废水以及厨余垃圾都会散发刺鼻气味,白天和晚上差别很大,虽然不是天天都有,但是在夏季气味会比较明显(见表2)。

表 2　您是否觉得昼夜空气质量存在较大差异

		频率	百分比/%	有效百分比/%	累积百分比/%
有效	很大差异	25	8.9	13.8	13.8
	有点差别	107	38.1	59.1	72.9
	几乎没有差别	49	17.4	27.1	100.0
	总计	181	·64.4	100.0	
缺失	系统	100	35.6		
总计		281	100.0		

(三)下沙环境状况不如杭州主城区

本次调查我们发现,杭州下沙经济开发区的环境状况依旧不如杭州主城区好。49.8%的被调查者指出下沙经济开发区环境不如杭州市区,相比 2015 年的 28.8%有了更大的上升(见表 3)。但是在随机访谈中也有居民认为近年来下沙的环境状况有明显改善,空气质量慢慢接近市区。

表 3　您认为下沙经济开发区的环境与杭州市区相比是

		频率	百分比/%	有效百分比/%	累积百分比/%
有效	比市区好	38	13.5	13.5	13.5
	没有市区好	140	49.8	49.8	63.3
	差不多	103	36.7	36.7	100.0
	总计	281	100.0	100.0	

(四)粉尘大成为下沙经济开发区空气质量的主要问题

在对下沙经济技术开发区空气质量的主要问题调查中,我们发现粉尘大已经成为最主要的问题。本次调查数据显示,只有 16.4%的被调查者认为雾霾天气多是下沙经济开发区空气质量的主要问题,而 53.4%的被调查者认为粉尘大是主要问题(见表 4)。相比于 2015 年的数据研究结果,雾霾天气多在近年来有所好转。

表4 您认为下沙经济开发区空气质量的主要问题是

		频率	百分比	有效百分比	累积百分比
有效	有异味	35	12.4	12.4	12.4
	粉尘大	150	53.4	53.4	65.8
	雾霾天气多	46	16.4	16.4	82.2
	其他	50	17.8	17.8	100.0
	总计	281	100.0	100.0	

二、下沙空气污染治理面临的困境

大部分被调查者认为,下沙环境质量整体呈现稳中有升的趋势,环境状况在逐年提高,下沙环保部门的环境污染治理也颇有成效。但大部分被调查者仍认为下沙经济开发区的环境状况没有市区好,特别是在空气污染方面,随着下沙经济开放区经济的快速发展以及公众环保意识的提高,空气污染治理面临着严峻挑战。

(一)空气污染治理力度还需加强

下沙环保部门采取了一系列的措施来治理空气污染,但是空气质量没有得到彻底的改善,究其原因,在于政府对于空气污染的治理力度还不够。首先法律法规内容的不够完善,给执法带来了困难,大多数执法机构对高污染企业采取的惩罚手段依旧停留在罚款等措施上,没有形成长效约束机制。政府应当鼓励企业从内部进行整改,通过提高内部的生产技术,从源头上减少污染物的排放。其次是监管效率不高,环保部门没有配备充足的人员,建立起目标明确、统筹有力、运行高效的环保监管格局,忽视了监管在空气污染治理中起的重大作用。

(二)对于空气质量的检测不具有时效性

由于设备的不足,时常出现检测不具有时效性的问题,既不利于执法部门及时采取措施,也不利于下沙居民及时了解空气状况。随着公众环保意识的提高,下沙居民对于环境的重视程度不断加强,及时发布当地环境质量信息,对于下沙居民的生活、出行等方面有着重要意义。因此下沙经济技术开发区需要建立起先进合理的空气指标,引进先进的技术对空气质量指标进行实时的监控。

(三)人口数量增多

由于下沙经济技术开发区发展较快且具有优厚的创业条件,大量的创业者和大学毕业生聚集在下沙。随着人口数量增加,对资源的需求量必然增大,对环境带来的压力也必然增大。而且伴随着人口数量增长,人类的生产规模不断扩大,带来的废弃物也不断增加,如果处理不当,也势必会污染空气,污染环境。

(四)下沙大气跨界污染现象突出,有明显的"输入型"污染特征

从地理位置来看,下沙位于钱塘江以北,临近萧山工业园区和海宁工业园区,环境治理不到位的萧山工业园区和海宁工业园区排放的大量废气跨界输出,对下沙环境产生了较严重的负面影响,下沙空气污染呈现明显的"输入型"特征。比如,下沙开发区二氧化硫指标比较高,但下沙燃煤量不高,调查发现,只要刮东南风,二氧化硫就会从萧山、绍兴"迁移"过来,下沙空气中的二氧化硫指标就会急剧上升。

三、下沙空气治理的对策建议

如何摆脱下沙空气治理的困境?针对调查结果显示出来的问题,本调查小组提出了多层次、高效率的对策。

(一)建立"监测、反映、执法"一体化机制

调查发现,很多居民认为对于空气质量的监测不具有时效性,空气质量状况的发布不及时,这对居民的生活在一定程度上造成了影响。下沙环保部门应当使用更加完备和先进的设备,对下沙的空气进行监测,及时发布空气质量信息,并定时进行更新,并对严重的污染事件进行紧急处理。设立专门的检测小组,建立覆盖全面、方法科学、反馈及时的监测体系。在污染较为严重的地区,设立监测点,并制定严格的污染排放标准,对超过污染标准的工厂采取惩罚措施。

建立和完善反映机制,政府部门,特别是环保部门要广泛收集居民意见,保证居民反映意见的通道畅通无阻,并根据居民反映的情况采取措施,对与空气污染有关的事件采取相关措施。环保部门可以定期进行民意调查,搜集居民对于空气质量的意见,同时可以在官网和微信公众号开放意见反映窗口,便于收集民意。

与环境保护相关联的各个部门应当建立联合的执法机制,不同职能部门相互配合,加大执法力度,对行政边界地区的重点废气排放源进行联合管理和执法,完善区域常规性联合检查机制。

(二)提高公众的环保意识

近年来虽然公众的环保意识在提高,但是整体上还存在不足之处。下沙空气污染的治理不仅要靠政府部门,更要靠下沙居民。下沙居民应当自觉学习环境保护相关知识,承担起环境保护的责任。政府应该为公众参与环保提供法理

依据和渠道途径；公众也要从自身做起、从点滴做起、从身边小事做起，践行文明、节约、绿色的消费方式和生活习惯。同时，可以利用下沙大学城的优势条件，让大学生进入社区进行环境保护知识的宣传。

（三）提倡使用新能源，倡导绿色生活

调查发现，许多人认为下沙地区空气污染的主要问题是工业污染、汽车尾气和餐饮油烟污染。各个工厂应该自觉承担起环境保护的责任，尤其是污染排放比较严重的工厂，应当自觉革新生产技术，使用新能源，严格把控排放物指标，对排放物进行处理，做到达标排放。

合理利用现有资源，出行多使用共享单车、新能源汽车等绿色交通工具。对餐饮行业进行严格把控。

改革能源结构，多采用无污染能源（如太阳能、风能、水力发电）和低污染能源（如天然气），对燃料进行预处理，改进燃料技术。合理规划城市建设，污染性工厂应合理选址，建立在河流下游和下风向、季风风向垂直方向，在工厂附近种植树木，以便有更多植物吸收污染物，减轻大气污染程度。

综上所述，近年来，政府对下沙的环境治理是有成效的，但与公众预期还有差距。应当建立起行政、区域、社会三级协同治理的联动机制，积极推动下沙区域环境治理一体化。同时也要使用现阶段拥有的先进的环境处理技术，对污染进行处理，做好城市建设规划，提高公众的环保意识，大力倡导绿色生活。在各方的配合下促进下沙空气污染状况的改善。

关于湖州经济技术开发区环境状况和
居民满意度跟踪调查

人力资源管理 1802 班：田　田　欧宇慧　余佳颖

指导教师：詹真荣

摘　要：湖州经济开发区（简称"湖州经开区"）是湖州经济技术发展的前沿阵地，对于湖州的发展有着重要的意义。但经济的发展总会伴着一些问题。基于老师之前对湖州经开区环境状况的初步了解，为了更深层次地认识到湖州经开区目前的环境状况，探索湖州经开区下一步偏重的发展方向，本调研小组经过调查、整理形成了这篇调研报告。调研结果显示，湖州经开区的环境质量已有所改善，但仍有进步的空间：空气污染仍需加强治理，噪音带来的问题也需要进一步改变。居民也希望政府相关部门可以进一步加大对工业污染的治理力度。通过本次调研结果，我们可以对湖州经开区经济环境平衡稳步发展提出一些建议。

关键词：湖州经济技术开发区　环境状况　居民满意度

一、引　言

湖州经济开发区（简称"湖洲经开区"）地处湖州中心城市的核心区域，是1992 年经浙江省政府批准设立、浙江省第一批重点省级开发区之一，1997 年被国务院原特区办确定为全国重点省级开发区（现该地区已被并入湖州南太湖新区，但仍持有"湖州经济技术开发区"这块牌子）。想要经济以一定的速度发展，必然要付出一些代价。和大多数地区一样，随之出现的环境问题一定程度上也在困扰着居民们的生活。以龙溪街道为例，在开发区发展初期，社会环境较差，垃圾乱扔和煤炭焚烧等带来的污染问题都较为严重。詹老师在前几年曾前往湖州调研，当时的环境问题给他留下了深刻的印象。为对湖州经济开发区如今的环境情况进行更为深入的了解，对湖州经济开发区的生态文明建设提出更有建设性的意见，浙江工商大学调查小组于 2019 年 11 月 16 日跟随詹老师前往湖州龙溪街道党群服务中心,以座谈会和发放问卷的形式对如今湖州经济开发区的环境状况进行调查,了解湖州经济开发区这几年来的变迁。本次调研问卷发放采用了随机抽样法,以龙溪街道党群中心为起点,在附近的小区及商铺都进行了调查,共发放问卷 300 份,收回有效问卷 282 份,有效回收率达 94％。

二、数据分析

(一)大多数被调查者认为湖州经开区的生态环境状况良好

1.居民对于湖州经开区的环境满意程度:调查结果显示,73.05％的湖州经开区当地居民都对湖州经开区的生态环境状况感到满意,14.18％的人对此没有较大感觉,还有 12.77％的人对此感到不满意。在座谈会上,一些居民代表也提到,对于湖州经开区目前的生态环境状况,大多数人都是保持满意的态度,特别是和过去几年相比有较大的改善。

2.居民认为湖州经开区环境对生活的影响程度:调查报告显示,关于湖州经开区的环境对居民生活的影响程度,有 54.61％的被调查者认为没有影响,有41.49％的人认为有一定的影响。这也可以体现,湖州经开区的环境不存在巨大的问题和影响,但是仍有需要改善的地方。

3.居民认为湖州经开区的生态环境变化:在调查报告中,有 43.97％的人认为近年来湖州经开区的环境污染程度下降了,即生态环境得到了很好的改进;但仍有 29.92％的人认为湖州经开区的环境污染程度上升了,这体现出湖州经开区近年来的生态环境仍然是存在许多问题的。

(二)大多数居民认为湖州经开区环境污染的源头是空气污染

调查报告显示,在被调查者中,对湖州经开区空气质量的满意度,30.1％的人认为较满意,但是超过半数,即 61.7％的人认为一般。

调查报告显示,在湖州经开区,关于影响居民健康的主要污染源头,认为是汽车尾气的人占比最大,占 58.16％,超半数;有 48.94％的被调查者认为是工业废气;有 39.01％的人认为是餐饮油烟污染;有 33.33％的人认为是噪声;有27.3％的人认为是水污染;分别有 22.7％和 21.99％的被调查者认为是雾霾和粉尘;只有 2.48％的被调查者认为是酸雨。由调查问卷中列出的污染源头选项和得出的数据可知,尾气、废气、雾霾、粉尘、油烟污染等空气因素是造成湖州经开区环境污染的源头,即湖州经开区的空气质量不太良好,还有待提高。还有就是噪声污染对于居民的影响较大,说明湖州经开区的噪音管理仍旧不到位。

在座谈会上,刘书记也提到在湖州经开区有很多工业制造厂,他提到"中维药业",也就是一个生产化工原料的厂,会产生一些东西,气味很大。现在那个厂仍然会释放这种不明气体,白天、夜里都会造成较大的味道,并且地下管道流出的水也有很大的制造化工产品的气味。这也体现了,工业制造等问题,导致空气质量没法得到很好的改善,导致环境污染较为严重。这个问题也引起了我们的思考,湖州经开区要治理环境,必然要先从空气质量这一块入手。

关于湖州经开区空气质量存在问题的主要原因,调查报告显示,有34.04%的人选择了其他,有24.82%的人认为是粉尘大,有21.63%的人认为是异味,有19.5%的人认为是雾霾天气多。可见主要的原因都是一些可控因素,如异味、粉尘大等,而雾霾这种自然因素的影响也有,不过没有这么重要。从中可知,湖州经开区急于改善的空气质量问题,只要得到妥善治理,是可以人工解决的。

(三)多数居民对经开区各类污染治理的满意度较高

调查显示,有76.95%的参与居民对湖州经开区废水污染治理感到满意;有72.34%的居民对经开区废气污染治理感到满意;有65.96%的居民对经开区噪声污染治理感到满意;有68.79%的居民对经开区垃圾污染治理感到满意。

对比分析不难看出,经开区群众总体对周围环境污染治理评价较高,对于噪声污染和垃圾污染治理的满意度相对低了很多,在调研过程中也有居民反映,夜晚卡车通过,鸣笛现象较为严重,在第三题的回答中有2.48%的居民表示有环境污染导致失眠的现象存在;与座谈内容相对应,有不少干部表示虽然垃圾污染问题已经在很大程度上得到了解决,也采取了"门前三包"和"垃圾定点投放"等多种措施,但白色污染严重,其他有待改进的地方也还有很多。

(四)居民对政府采取加大环境监管力度的措施来进行环境治理的期望度较大

第八题调查数据显示,有41.49%的居民认为湖州经开区环境质量发生变化的主要原因是公众环保意识的提高;有24.11%的居民认为首要原因是对于工业污染的治理;有20.21%的居民则认为是环境管理的改善所致;还有14.18%的居民认为是由于社会经济的发展。

在对于湖州经开区环境污染现象的原因分析中,有47.16%的居民认为是政府对环境问题重视程度不够所致,有45.74%的居民认为是环保法执行不力和人口的增多所致,这也表明政府治理力度还未达到居民预期,和潘书记所言相同,干部在工作时未及时召开居民会议,让群众参与到环境污染的治理过程中,人民的素质在提高,但政府落实不到位,行政管理要发生改变,应学习其他国家如新加坡,将政策真正落实到位。

在"湖州经开区环境治理哪个方面最迫切需要加强"问题的回答中,35.46%的居民建议加强对重污染行业的环境监管;26.6%的居民建议定期发布当地环境质量信息;23.76%的居民认为应该加大对环境污染的惩罚力度;

14.18％的居民较同意建立畅通的反映和解决环境问题的机制的做法。这也为所处地区环境治理问题的解决提供了有效可行的数据依据和实行建议，不仅要宣传到位，更要落实到位，后续还要做到监管到位。

三、建　议

从问卷的数据中可以看出，近半数当地居民认为环境质量状况改善的主要原因是公众的环保意识得到了提高，占了近一半；认可工业污染治理和环境管理带来效用的分别仅占五分之一左右，可见湖州经济开发区在公民环保意识的培养方面成效显著，而在政府的管理方面还有不少政策需要进一步落实，让民众体会到政府坚持经济与环境均衡发展的决心。此外，针对问卷的结果和座谈会的内容，我们小组主要提出以下几点建议。

（一）要推进空气质量的改善

虽然在调查样本中，只有少数人针对湖州经开区的空气质量提出了不满，但在调查中我们发现，汽车尾气、工业废气、餐饮油烟污染及建筑工地灰尘仍是影响居民身体健康的前四大问题，这也是造成空气污染的一部分因素。第一，针对汽车尾气问题，首先相关部门应该严格把关，进一步提高汽油质量，制定严格的达标水平，严控汽车尾气污染物排放；其次，加大提倡绿色出行的宣传力度，大力发展较为偏僻地区的公共交通，为人们出行提供方便，或者实行限号出行，尽量减少大量使用私家车出行的可能；最后，加大扶持新能源汽车行业发展的力度对于减少汽车尾气排放也是很有帮助的，湖州市早已发布了发展清洁绿色交通的通知，但就目前状况来看，新能源汽车还有普及的空间。第二，对于工业废气问题，首先工厂应该从自身源头出发，改善内部能源结构和生产方式，减少工业废气排放。其次，相关部门应该加强对于工业废气排放的监管。针对这一方面，有代表在座谈会上曾谈到"中维药业"（过去生产农药等产品，如今改为生产化工品），说这个工厂的废气排放不合法，多在夜晚或雨天进行废气排放，并且由于历史原因，至今仍有很浓的味道残留，对附近居民的生活产生了不利影响。希望有关部门可以采取措施，加强管控。第三，针对餐饮油烟污染问题。湖州市曾在2014年的《湖州市大气污染防治行动计划（2014—2017年）》中提到过控制餐饮油烟的要求，之后也进行了规定细化。但就本次调研情况来看，这一规定并没有得到彻底的贯彻落实。在我们发放问卷的过程中，受访者仍提到烧烤店排放油烟的问题。针对这一现状，相关部门应该加强管控，在可行范围内对餐饮行业的小店进行不定时抽查，使商家增强环保意识，使用更为清洁的能源或者规格更高的过滤设备。第四，针对建筑工地灰尘问题。施工方应落实相关规定，通过围挡、沙土覆盖、洒水等方式尽量减少工地扬尘现象。相关部门也应加强监管,将违反规定的企业计入失信名单。此外,在座谈会中,有位代表还提到了小锅炉(开水炉)的问题,指出目前仍有部分锅炉在使用柴火或煤炭烧热水,也对空气造成了一定的污染。为解决这一问题,相关部门应淘汰这类燃煤锅炉,同时推广其他清洁能源加热的方式,为居民生活提供更多便利。

(二)加强噪音问题的治理

在湖州经开区废水、废气、噪音及垃圾问题的治理满意度调查中,噪音治理的满意度是最低的。我们在调查时也有一位商户提到过这个问题。她说在深夜的时候经常可以听见大货车经过的声音。鉴于这一点,我们认为,相关部门应对大货车的出行时间进行限制,或者应在大货车通过居民区的必经之地布置好隔音设施,减少货车通行噪音对居民生活的影响。

(三)政府应加强管控力度,落实相关法律法规

在关于湖州经济开发区环境污染现象成因的问题调查中我们了解到,近半数受访者认为政府重视程度不够及环保法执法不力是两个重要的原因,并且,在"湖州经开区环境治理哪方面最需要迫切加强"这题的调查中,近三分之一的人认为应该加强对重污染工业的监管。因此,政府相关部门应该将每项治理政策落实到位,定期将执行后的阶段性成果公布在平台上,让关注的居民更容易获得他们需要的信息,更容易理解政府部门的动向。

(四)推进工厂污水排放治理

关于这方面的内容,我们主要是从座谈会上一个代表那里了解到的:周围的工厂排放的污水与地下管道连通,居民家中的下水道有时会有很大的异味。针对这一问题,首先工厂应该自检,完善自身的污水处理系统,减少标准外污水的排放;其次,相关部门应该加强对工厂污水排放的管控,一旦发现有违规排放的现象,马上严肃处理。

六、家乡调查篇

JIA XIANG DIAO CHA PIAN

关于新冠疫情背景下江西省 农民工务工现状调查

——以江西省涌盛纺织为例实践报告

物联网 1802 班:李　成

指导教师:詹真荣

摘　要:以江西省涌盛纺织为代表,通过问卷调查及访谈等一系列活动,了解新冠疫情背景下农民工务工现状,并利用科学方法和有效工具进行全面分析,针对农民工务工目前存在的问题提出有效的对策。在此基础上推测在新冠疫情下农民工务工未来的发展趋势和可能发生的改变。探讨在新冠疫情背景下,农民工务工的状况是否会与以往有所不同,若是出现困难,又该如何去克服困难。

关键词:新冠疫情　农民工务工　现状

2020 年春节过后,正值新冠肺炎疫情防控阻击战的关键期,农民工充分稳定就业显得尤为紧迫,事关增加农民收入、确保贫困户稳定脱贫、实现全面小康。虽说在政策方面各地区都在有序推进复工生产,但是各地区对于疫情防控却并未放松,因为他们也当真不敢放松,否则在本地区哪怕是出现一个病例,后果都是难以想象的。因此对于这些返程的农民工来说,各地区也要求尽可能地做好各项体检措施,避免新冠肺炎潜在威胁,比如单位的复工证明、个人体检报告单、健康证等,但是对于这些农民工来说这些手续哪里是那么简单弄到的?就复工证明来说,不少农民工从事的都是最底层的行业,本身行业属性就不是那么正规,甚至单位都不见得有公章,这个复工证明就难倒了农民工,所以本次社会实践调查拟在新冠疫情背景下,调查农民工返工务工情况。

一、调查对象与方法

本次调查主要采取问卷调查和访谈形式,以江西省涌盛纺织的农民工和江西省涌盛纺织的负责人为调查对象。通过问卷调查和问题访谈,了解当地在新冠疫情背景下农民工务工存在的一些问题,通过数据帮助我们分析农民工务工的现状。调查内容有农民工务工的成本问题、农民工务工后的工作环境等内容。本次共发放问卷 50 份,有效回收问卷 50 份,将数据收集整理后导入问卷星输出结果。

二、调查结果分析

通过本次问卷调查和访谈的结果可以发现,当地的居民对于新冠疫情背景下农民工务工复工的情况还是非常有信心的。同时,通过与工人们及负责人的访谈,我们对当地返工情况有了更加全面的认识,通过对数据的分析和整理,发现复工情况尽管有些困难,但是除在疫情较严重的区域的工人还无法返回外,处于疫情安全区的工人们还是有序返回的,同时还有支付宝出台的健康码,以及高速公路路费免费政策,在保障了返工安全性的同时,降低了返工的成本。但是同样存在一些问题。本次调查以问卷调查和访谈为主,两者相结合,以便全面了解农民工返工状况以及农民工工作环境的相关情况,其中问卷的调查对象是农民工们,访谈对象是工厂的负责人。

(一)调查数据

针对农民工的调查主要以问卷调查为主,调查数据侧重于人们在新冠疫情下的返工心理,及工作环境上的一些基本问题。调查数据如下。

1.对新冠疫情的了解程度较高,但是返工后心里有些不安。

在针对返工心理以及对新冠疫情的了解情况调查中,96%的人关注当前疫情状况,基本上大部分的农民工对当前的疫情状况十分关注。在对新冠疫情了解的农民工中,有 60%的人是通过各种新闻获得消息的,有 40%的人是通过抖音等视频、新媒体获得消息的,由此可见,农民工对新冠疫情的关注度还是相当高的。但是,"心理状况"这一问题的调查结果显示,36%的人表示挺好,39%的人表示一般,而 25%的人则觉得不安。从以上数据可以看出,尽管农民工们对新冠疫情的了解程度较高,但是返工后心里仍然有些不安。

2.返工后基本都进行自我隔离,但是口罩不易得。

对返工农民工是否进行 14 天的隔离的调查结果显示,100%的人都进行了长达 14 天的隔离,这对疫情的防控具有较大的意义,但是在关于口罩的供给问题上则存在一些问题。对口罩的供给情况的调查显示,26%的人表示满意,30%的人表示较满意,30%的人表示一般,14%的人则表示不满意。由这份数据可知,在口罩的供给问题上还存在着很大的问题,可能是在紧急状况下口罩工厂的产能还不能满足新冠疫情背景下人们对于口罩的需求,以及当下购买口罩的途径较少,较难购买到口罩。除此之外,口罩涨价,在农民工未返工的情况下,口罩高昂的价格又使其增加了很大的负担。

3.厂房中的消毒措施较完善,但每日的消毒流程会对工作造成一定干扰。

在对"工作环境的消毒措施是否到位"的调查中,选择很好的占86%,选择一般的占12%,选择不好的占2%,这说明在新冠疫情背景下,江西省涌盛纺织对政府推行的政策有较好的实施,农民工返工的安全性,以及工作环境得到了一定程度的安全保障。在对"疫情是否对您的务工情况造成了困扰"的调查中,选择"造成了较大困扰"的占10%,选择一般的占80%,选择与平常无差的占10%,这说明在新冠疫情背景下,农民工的务工状况还是发生了一些改变的,口罩的佩戴、消毒措施的实行等问题改变了一定的工作环境,对务工状况产生了一定的影响。

(二)访谈结果

访谈问题主要是针对工厂负责人,这些问题是更加具有针对性及较为宏观的问题。访谈结果给我们提供了更加全面的资料,让我们对新冠疫情背景下的农民工务工状况有了更加细致的了解。

1.返工路上的重重关卡、各种证明的开办是返工困难的重要原因。

对工厂负责人进行访谈中,我们了解到复工的准备工作和安全措施是复工困难的一个重要原因,首先农民工们从家里到工厂的路上,就要通过政府设置的各种关卡,如果在哪一个关卡测温不通过的话,可能当场就会被送去隔离点进行医疗观察,这将会大大影响农民工返工的进程,除此之外,农民工还需要家乡的健康证明,才能够来到工厂所在的城市,往往证明的开办都十分困难,对湖北和温州等重疫区的把控就更加严格了。同时,工厂也有许多证明要开办,如县里的复工同意书。

2.工厂在安全保障方面需要付出较多的时间和金钱。

我们通过工厂负责人了解到,工厂每天要进行三次消毒,分别是早上上班前、午休时和晚上下班之后。测温也是在这三个时间段进行,每天早上来到工厂先进行测温报备,复工时额温枪也缺货,就像口罩一样,价格被抬到五六百元一个,没有额温枪就不能开工。还有消毒水也是复工所必须准备的。每天两次,有人轮班,保障好厂房里面的卫生状况,每天给每个工人发一个口罩,在口罩价格不便宜的当时,这也是一笔不菲的支出。同时,工人在生产活动中,需要保持一定的安全距离。

三、对策及建议

针对调查和访谈中了解的在新冠疫情背景下农民工复工现状及存在的问题,在结合实际情况的基础上,可以从复工证明的准备、口罩的供应、农民工心理的疏导等方面入手,加快在新冠疫情背景下复工进度,促进其全面复工。

1.复工证明的准备。

访谈过程中有提及,现在在新冠疫情背景下农民工复工需准备复工证明,包括本身健康的证明以及通行证等证明。开办这些证明需要繁杂的手续,有时若是在疫情较重区域可能会无法开办以致拖延复工进度,因此从农民工方面来说需要提早去当地政府办理相关证明,从政府方面来说,应该简化办理证明的程序,从而加快农民工返工速度。

2.工厂安全保障的对策。

制订精确的消毒计划,分配人员定期做消杀工作。对工厂的负责人来说,计划应具体化,减少不必要的浪费,做到高效。从政府方面来说,可以适当减税退税,推出一些政策来支持微小企业的复工,也可以针对一些安全保障措施提供一些优惠。

3.口罩的供应。

在我们小组的实际调查过程中,我们发现新冠疫情背景下农民工复工返工的人员数量十分巨大,因此对口罩的需求量大大提高。在当前的背景下,口罩的购买渠道较少并且口罩的价格较昂贵,因此农民工无法负担。从政府角度来说,应出台相关政策提高口罩厂的生产能力,并提供相应的福利优惠给予工厂,使他们能以较低的价格获得口罩。

4.缓解农民工的心理负担。

农民工大多都是家中的支柱,疫情的冲击使他们几个月没有工作,也没有工资,生活负担加重,也可能造成一些心理问题。而对一些小微企业来说,复工成本的消耗,还有工人工资的支出,导致支出大于利润,可能不愿意或拖延复工,甚至有的企业直接申请破产。建议政府推出相关政策来支持企业的复工。

武汉"战疫"第一线调查

——以志愿者为例

编辑 1801 班：梅中杰

指导教师：詹真荣

摘　要：武汉，湖北，中国抗疫斗争的"风暴眼"。其全民核酸检测已基本完成，标志着武汉抗疫的"遭遇战"已进入收尾阶段。2020 年 2 月 23 日，习近平总书记在统筹推进新冠肺炎疫情防控和经济社会发展工作部署会议上发表重要讲话，他指出"广大志愿者等真诚奉献、不辞辛劳，为疫情防控做出了重大贡献"。本报告收集了疫情最危急的时刻挺身而出的志愿者们的抗疫故事，以此来铭记与感谢在疫情"风暴"中不退半步的"自救者"与"援助者"。

关键词：武汉　战疫　志愿者

在讲述志愿者们的故事前，我记录了一段"题外话"。

一、X：在鬼门关前走上了一遭

X，36 岁，家住青山区，是一名医院职工。

1 月 23 日凌晨，武汉宣布"封城"，X 一早才看到消息。就是在这一天前后，X 的父母、公婆和老公因此前身体有疼痛、乏力等症状，去医院做了 CT 检查，发现肺部均有感染或病变。当时，公婆和丈夫都住进了医院，但 X 的父母没找到床位，就在门诊输液治疗。

当时 X 也已经食欲不振了，X 和宝宝在家待着、睡觉休息。X 看着网上的消息，感到事态严重，以前武汉可从来没有过"封城"这样的事。因为专家们对新冠病毒认知也在持续更新，说不恐惧是不可能的。X 把银行卡密码都提前交代给家人，甚至为防不测，把孩子托付给了亲戚。

一个月以来，X 像是穿越了生死线一样。X 病倒后，先吃药自救，病情严重后，又去医院排队等床位。2 月 4 日，X 等来了一个床位，经过半个多月的治疗，身体逐渐好转，已经在 2 月 22 日出院。

如果用一个词来形容这个月发生的事情，X 想是"悲喜交加"。喜的是 X 的公婆、母亲、三岁大的孩子和 X，都纷纷康复出院，X 的老公的身体也恢复得差不多了。悲的是，X 的父亲前段时间病情严重，抢救无效离世，自己没能见他最后一面。

"疫情结束后，我希望能和家人、朋友团聚，感谢一路帮助过我的人。"

二、Z：从"董事"到"搬运工"

4 月 2 日的晚上，Z 回到家里，他久违地和家人围坐在一起吃了顿热腾腾的饱饭，特别满足，又如释重负。两个尚小的孩子还缠着他在客厅里踢足球，足球跳跃间，Z 也结束了长达 69 天的志愿工作。

Z 是湖北监利人，毕业于华中科技大学，现在是武汉一家教育培训机构的董事长。别人说他"对生活充满激情"，他自己也说"创业者永不停息"。就是凭借这种心态，他承担起华中科技大学武汉校友会志愿者队队长的职务，从大年三十工作到距离解封只有 6 天，他和许许多多的热心人一样，为自己生活的城市奔波着，不辞辛苦。

2 月 1 日下午，Z 接到一个任务，他要带领着 60 个人的华中科技大学武汉校友会志愿者团队，进驻红十字会汉阳国博 A2、A3 仓库负责物资分拣工作，一同工作的还有另外 100 多位校友。这让曾经一个人去过火神山搬设备、一个人在微信群里报名做任务的"新晋队长"感到了压力，这次他不再是一个人了。

在国博，每天早上 8 点，Z 都要比其他队员早 1 个小时到达仓库，晚上 10 点半等队员们都离开再回家。物资的分拣和运输需要一整套的程序，他每一步都要联系、过问，反复确认才罢休。4000 平方米的仓库，13 个小时，他走过来又跑过去，他的手机永远都紧紧攥在手里，处理无数的"消息提醒"。

那时候，大量物资从全世界各地驰援武汉，只有队员们顶住压力，各类物资才能有序、合理地送到真正急需的人手上。一辆大卡车开过来，他们迅速围过去，清点、分类、整理、堆放。下一台车刚一停稳，一群人就又焦急地在车尾等着。

"平均大概半个小时一台车，一天大概要搞 50 台车吧。"接货、统计、入库、出库……一辆辆重型货运卡车停下又离开。

"队员们不怕累就怕没事做，有时候第二天感觉腰酸背痛才发现，哦，原来这么辛苦的。"

高强度工作让大家无暇分神，穿着防护服、戴着口罩也让队员们没有特别多交流的空间，只有中午统一吃饭的时候，才能相互认识一下。

队员们从华中科技大学毕业后都在武汉的不同岗位上工作。Z 认识了一对夫妻,妻子是个热心肠,要出来做志愿工作,本没有参加过类似活动的丈夫因为不放心也跟着出来了,后来做的反而比妻子还要好、还要多。另有一个朋友白天去参加物资运输,晚上还跑过来帮忙分拣物资。

Z不是没有怕过。参与物资转运,让他的足迹踏遍几乎每家医院,他目睹过医护人员焦灼的神情,交接物资的时候几乎说不上话,也见过病患家属的寝食难安,他晚上回到家里洗了澡,就把自己关在一间屋子里不再出来,口罩也一刻不敢摘下。

三、W:谁都可能是谁的救命稻草

W的一身"行头"几乎把整个人都吞了。

臃肿的棉袄外套着白色的防护服,戴着皱起来的蓝色防护手套,头顶是一顶半旧的棒球帽,只露出染过色的齐肩短发,透明护目镜下是两层叠加的口罩。她站在那儿握着手机打电话,声音费劲地透出来:"您好,我们是那个志愿者联盟给您这边送物资的。"

W是武汉的普通居民,40岁,家有老小。疫情蔓延前,她曾去医院看病,与新冠肺炎疑似病人共处一室,相隔1米远,"太骇人了",事后她感到后怕,在毫无意识和防护时,与厄运擦肩而过。

武汉封城后,W加入民间抗疫志愿者联盟,贡献出自己的美容院门店作为物资的临时仓库和办公点,并在后方担任纷繁琐碎的行政工作。她自称女汉子,泼辣,有江城人的韧劲儿,但也忙到崩溃过,晚上做噩梦。

"我戴双层口罩,里面戴一个一次性医用口罩,外面戴一个N95,里面那层4个小时换一次,耳朵勒得很疼。防护服脱穿很麻烦,所以说只要你出来,就不要想吃东西,也不要想喝水,也不要想上厕所,全部回家解决。"

"中午有别人赠送给我们的面包、牛奶、方便面,我们躲在一个房间凑合着弄一下,要不就不吃,能坚持就不吃。一天吃不了什么东西,而且又戴着口罩、穿着防护服。最后累得不想说话,坐着,发个呆,休息一会儿,然后再回家。"

四、Y:我是年轻人,我必须站出来

"我是武汉土著,我不想眼睁睁看着疫情肆虐家乡,自己却无能为力;我不想将来回忆起这段艰难时光时,再去后悔自己什么也没有为家乡做过。"

Y是90后,一名职业设计师。

Y成为志愿者很偶然,大年初一,Y给朋友发祝福消息,朋友到凌晨才回复Y,说刚做了抗疫的志愿者,很忙。在Y表示也想做志愿者后,朋友就拉Y进了一个武汉市民自发组织的帮助志愿者和医护人员对接的微信群。

最开始，Y 被分配的任务是联系社区医院，搜集他们需求的物资信息。据 Y 了解，武汉一共有近 200 家社区医院，他们就用网上查询这种比较傻的办法，一家家医院查，最终搜集到了近 40 家社区医院的捐赠负责人的联系方式。

民间捐赠有个很大的问题就是缺乏专业知识，捐赠不合规的口罩造成极大浪费。医院抗疫一线对于口罩规格的要求非常严格，考虑防护效果，只接受国标，而口罩和防护服的标准非常多，一二十种，很容易买错，买错了就非常可惜。很多物资运过来都用不了，为此，Y 所在的志愿者团队还专门组建了一个有专业医生的"医疗物资鉴定群"，尽量避免物资浪费。

"我接触到的每个医院都非常缺 N95 口罩和防护服，更别提一次性医用帽子、医用胶手套、防护鞋套这些物资了。我亲眼见到，有医院的医护人员用信封叠帽子用，自己买雨鞋当防护鞋，用垃圾袋做鞋套，上班的时候把雨衣穿在里面做防护。"

"第一次做志愿者送物资是把一批某商会捐赠的防护服送到各个医院。那天，我的车装了 6 箱共 300 件，要送到武昌梨园医院。后来，我还送了仟吉集团捐给荣军医院的小蛋糕，我感觉自己像个外卖小哥。商会也给志愿者每人发了一件防护服，保障我们的安全。"

"让我印象深刻的是，我给同济医院的法医赵教授送防护服的时候，她非常关心我的健康，送了我 3 件防护服，但我一直不舍得穿。我想，等到有别的志愿者或者医生有急用的时候，我再给他们。我不进隔离病房，不需要那么好的防护。给湖北经济学院社区医院的邓医生送物资时，她也送了我一件防护服，说让我用于到处送物资时的基础防护。现在武汉的社区医院物资非常吃紧，她真的很善良，在自己都不够用的情况下还给我一件，我打心底里感谢她。"

五、结语与"碰壁"历程

当我查询到方舱医院的联系方式时，虽疫情形势有好转，但确诊在医人数仍较多，于是我想着等情况好转之后再联系相关志愿者们。在方舱医院休舱当天，我拨了过去，电话那一头的负责人告诉我，医护人员与军警在休舱后就直接前往各自的新负责的区域了，因为疫情还未结束。

疫情还未结束。

在我回杭的前一天，湖北启动了全员核酸检测，在我打下这段文字前，已经看到了父母的合格结果。跟湖北民众纷纷在朋友圈里晒出的一样。我戴着口罩询问社区志愿者能否做采访的时候，他们大多都笑了笑回绝了。

"没什么值得讲的，都是自家人。"

我自疫情开始在武汉待了有三四个月，没有出过家门一步，除了《长江日报》每天的疫情报告和支付宝疫情专题中每日都在增长的确诊人数，不知道外面的世界是什么样的。在他们说出这句话的时候我才明白，在那些日子里站在前面的，是这些"自家人"，那一批批驰援武汉的队伍，也是"自家人"，那些在海外寄物资回国的，也是"自家人"。

人类命运共同体的概念在当下如此清晰——不只是武汉，不只是中国，我们的命运紧密相连，所以我们守望相助；我们是一家人，所以我们"不说两家话"。

关于重庆市彭水县梅子垭镇口述史报告

物联网 1802 班：马小兵

指导老师：詹真荣

摘　要:因为受到新冠疫情的影响,2020 年春节过后,在詹老师的指导下我在自己家乡且主要在家里小范围内进行典型调查。在调查中,我重点走访了家乡父老,通过周围老人对梅子垭镇的历史回顾讲述,了解梅子垭镇在中华人民共和国成立之后发生的重大历史事件,进一步加深对家乡人文历史的了解。报告通过梅子垭镇名称的由来、解放初期的梅子垭镇、"大跃进"和人民公社化下的梅子垭镇,展示了我的家乡的历史变迁,调研的收获增加了我对家乡更浓厚的情感。

关键词:梅子垭镇　口述史　人文历史　改革开放

就目前而言,很多人对自己家乡的历史都不是很了解,在和老人聊天的时候,聊到历史的时间很少,聊得更多的是回忆中的故事,是当初他们经历的有趣的事和艰难困苦。我希望通过家乡老人口中的历史讲述,对自己家乡有一个更加深刻的认识,于是我展开了这次实地调研,即使在这次调研当中,遇到了很多困难,但是最后还是成功地了解到了家乡历史。

一、梅子垭镇名称的由来

在我探究梅子垭镇名称的由来的时候,通过听老人讲述历史,我感觉梅子垭这个地方还真是人杰地灵。再通过查资料,完善了梅子垭镇的历史信息。梅子垭镇最早建立于民国时期,先后更名为马家乡、合立乡,后因双鹤并入为双鹤乡。1941 年置双鹤乡,1958 年改公社,1981 年更名梅子垭公社,1984 年改梅子垭乡。1997 年,面积 65.6 平方千米,人口 1.2 万人,乡政府驻梅子垭,辖梅花、七一、岩门、狮田、鸭塘、长安、官衙、火光、麒麟、白果树、山岈、石坎、马家、五星、联盟、高洞 16 个行政村。2014 年 1 月 13 日,梅子垭乡撤乡建梅子垭镇。

但是老人的讲述,留给我印象最深的是梅子垭人民的志趣,有这样一句话:"三尺厚的是风,不是雪,也不像雾,总是顺着山沟跑向山的那头,还经常发出风哨声，像唱歌，所以叫垭。梅子，这个地名好听，像我的梦中情人……"我想通过这句话应该也能看得出梅子垭名字的意境了。

二、梅子垭镇解放了

中华人民共和国刚刚成立的时候，重庆还没有解放，蒋介石将重庆作为国民党的总部，所以周围部分的地域自然也就归属国民党管辖，这时的梅子垭镇人民都非常迫切地希望解放军快一点到来，快一点解救人民于水火。听我爷爷奶奶说，在没有解放的时候，我们这个地方也驻扎了一个连的国民党军队，那时候人民都不敢反抗，不过在这之前，梅子垭镇有一伙土匪，就是被这个连的国军剿灭了，当时剿灭的时候，梅子垭的人民都非常高兴，以为这是来解救人民的军队，本来大多数居民都想要从自己家里拿点粮食给他们，没想到当天夜里他们就到居民家里强取豪夺，从居民家里抢夺粮食，抢夺对他们有用的东西，梅子垭人民心如死灰，没想到走了一群土匪，却又来了比土匪更加凶狠的强盗。爷爷告诉我们，那个时候大家把粮食什么的都藏起来，有地窖的藏地窖，没地窖的用铁罐、陶瓷管装着埋土里面，因为那时粮食来之不易，粮食产量也不高，如果被抢走，肯定都是要饿肚子的。大家都是四门紧闭，生怕这群土匪跑到自己家来。

直到人民解放军的到来，才把人民群众从国民党的水深火热之中解救出来，人们再也不用每天提心吊胆。令人印象深刻的是，当我问到："解放军到来的时候，在这边有发生过什么大的事件吗？"爷爷回答："那是肯定有的啊，那个时候国民党在西南地形最复杂的地段构筑起了'川鄂湘边防线'，北起湖北巴东，南至贵州天柱，国民党有 6 个军，10 万余人防守这天边防线。川黔战役发起后，我十二军迅速攻占红安，解放秀山；五十军突破敌一百二十四军防线，在咸丰歼敌七十九军；四十七军在大庸、桑植全歼敌一百二十二军，又配合十一军在龙山、来风歼敌一百一十八军，这个时候'川鄂湘边防线'就全部崩溃了啊。在这个时候，也就是大概 1949 年 11 月，国民党军队在'川鄂湘边防线'被突破之后又快速集结军队在彭水乌江，凭借着乌江的险要地势，又建立起了防线，也就是这个时候，这支流落在外的部队到了梅子垭镇，欺压人民百姓。还好解放军来得快。十一军解放黔江后直插郁山，十二军强渡龚滩，穿插迂回在彭水县城周边，对宋希濂残部构成合围之势，激战至 21 日，我军在彭水县城南突破乌江，直指黄家坝，乌江西岸防线守敌全部弃阵而逃。但是让人悲伤的是，在向彭水进军的过程中，我十二军三十六师参谋长安仲琨在马头山遭敌伏击牺牲，成为解放大西南牺牲的最高级别指挥员。在彭水被解放之后，梅子垭镇也得到了解放，总归没有产生较大的冲突。"从与爷爷的交谈中，我得知这个时期，爷爷也刚刚开始记事，很多具体细节也记不太清了，不过从爷爷口中得知，连梅子垭这样一个偏远的小城镇都受到了战争的波及,可想而知,处于战争中心的普通人民群众生活是多么艰难。

三、"大跃进"和人民公社化时期的梅子垭镇

在中华人民共和国成立前后,梅子垭名为双鹤乡,1958年人民公社化,改名为双鹤人民公社。直到1984年才改名为梅子垭乡。所以,20世纪90年代后当地出生的年轻人大多不知道原来的双鹤乡地名了。

1958年5月,中共八大二次会议提出了"鼓足干劲,力争上游,多快好省地建设社会主义"的社会主义建设总路线。党的总路线反映了广大人民群众迫切要求改变我国经济文化落后状况的愿望,但在实际执行中却违背了客观经济规律,夸大人的主观意志,忽视客观条件,盲目追求高速度。

直到1960年彭水才开始补救,纠正瞎指挥,停办钢铁厂和社办厂矿,充实农业生产劳动力,改善社队经营管理,开展生产自救。同年冬至次年春,进行整风整社。1961年5月,停办公共食堂,农业实行土地、劳力、耕畜、农具"四固定"和包工包产包投资、超产奖励、减产照赔的"三奖一包",并对1958年1月起来自农村的职工,全部动员回乡参加农业生产。同时,将原来过渡到国营工厂的手工业合作社调整为集体所有制的手工业合作社。这些从恢复和发展农业生产出发,调整人民公社的所有制和分配关系的补救措施,在一定程度上缓和了国家、集体和社员之间的矛盾,重新调动了各族群众的生产积极性。

四、小　结

在与老人们访谈交流的过程中,我了解到,老人们最大的感想就是,时代变迁太快了,今天这个安稳和平的时代来之不易;他们知道自己年纪慢慢变大,都很珍惜自己的每一天;他们尤其希望自己的子孙们有出息,能够有一番作为,不辜负这个时代。作为当今的年轻一代,想要在这个人才众多的时代,闯出一番天地,就必须趁着年轻多学一些知识、技能。他们都是从战争年代过来的人,看到的、领悟的肯定都是对我们青年一代有大用的。

通过这次的调研,我还了解到梅子垭镇在中华人民共和国成立初期名为双鹤乡,后来因为人民公社化改名为双鹤人民公社,直到1984年改名为梅子垭乡,2014年才成为梅子垭镇。国民党统治时期梅子垭镇人民生活在水深火热之中。中华人民共和国成立后70多年来家乡发生了翻天覆地的变化,也经历了人民公社化时期暂时的经济困难,说明党对社会主义道路的探索确实非常艰辛,因此我对自己的家乡也有了深刻的认识。改革开放后,我的家乡梅子垭镇,发展了旅游业,村村通了公路,交通便利了起来,人民的生活也好了起来,我们应该珍惜我们现在拥有的生活。

关于疫情期间的家乡志愿活动的调查

物联网 1801 班：李　婷　冯瑜洁　凌　纯　郑梦禧

指导教师：詹真荣

摘　要：社区志愿服务体系作为新冠疫情防控体系的构成之一，在疫情防控期间，同样贡献了巨大力量。通过此次调研，进一步了解社区居民对志愿服务的参与程度以及志愿者的群体特征，同时在明确志愿者进行志愿参与过程中所面临问题的基础之上，探讨相关的问题应对措施，从而为社区志愿服务体系的构建以及志愿工作的有效开展，提供一定经验支撑和对策引导。

关键词：疫情　志愿　服务体系

一、绪论

(一)研究对象、内容及方法

本次调研以"疫情防控"为研究背景，以"甘肃省庆阳市社区居民"为主要研究对象，以"志愿服务体系"为主要研究视角展开，通过问卷调查、电话访谈等调查形式开展，并运用数据分析、理论研究、综合归纳等方法进行数据和问题的分析与总结。

二、调研数据的简单性描述

(一)调研基本情况

由于新冠肺炎防控的相关要求以及出于调研安全性考虑，本次调研全部为网上调研，面向庆阳市正宁县、镇原县中 5 个社区居民，发放电子问卷，回收有效问卷 412 份。调研内容涵盖了志愿服务的参与群体、参与原因、参与方式、参与次数、所遇困难、最终收获等诸多方面，实现了对"志愿服务"相关问题的全方位调研。

(二)不同层面的简单分析

1.参与群体特征层面。

(1)性别及年龄特征。

在 412 位参与了社区志愿服务的调研对象中,男性 216 人,占比为 52.43%,女性 196 人,占比为 47.57%。

其中,年龄处于 20—30 岁之间的志愿者 74 人,占比为 17.96%;处于 31—35 岁年龄段的志愿者 110 人,占比为 26.7%;处于 36—40 年龄段的志愿者 83 人,占比为 20.15%;处于 41—45 年龄段的志愿者 61 人,占比为 14.81%;年龄在 46 岁以上的志愿者 84 人,占比为 20.38%。

(2)政治面貌特征。

在 412 名志愿者中,政治面貌为"群众"的人数最多,共计 268 人,占比达 65.05%,这充分反映了我国疫情防控工作开展的广泛群众基础;共青团员为 66 人,占比为 16.02;入党积极分子为 44 人,占比为 10.68%;中共党员(含预备党员)共计 34 人,占比为 8.25%。

2.个人参与的相关信息层面。

(1)参与原因。

在"志愿活动的参与原因"这一项中,出于"为社会做一些力所能及之事"原因导向的志愿者有 170 人;出于"锻炼自己、增加社会经验"这一原因的志愿者有 199 人;出于"扩充自己人际交往网络"的志愿者共计 267 人,占了总人数的 64.8%;出于"新鲜、好玩"原因的志愿者有 215 人;而表示自己参与志愿活动的主要原因是"为了今后找工作有益"的志愿者有 195 人。

(2)参与方式。

在"志愿服务的提供形式"这一方面,主要负责工作为"人员出入信息登记"的志愿者有 100 人,占比为 24.27% 承担"社区人员日常体温排查"工作的志愿者有 136 人,占比为 33.01%;主要负责"自我人员关照"这一工作的志愿者为 100 人,占比为 24.27%;进行"相关防疫信息科普"工作的志愿者共计 76 人,占比为 18.45%。

(3)参与次数。

调研的 412 位志愿者中,参与志愿活动次数在 1—4 次之间的,有 122 人;占比为 29.61%;参与次数在 5—8 次之间的志愿者,为 156 人,占比为 37.86%;参与次数在 9—12 次间的,共计 134 人,占比为 32.53%。

3.志愿服务的相关信息层面。

(1)志愿信息的获取途径。

在"志愿信息的获取途径"这一调研项目中,我们主要对个体信息流通层面、社区信息传播层面和公众媒体宣传三个层面进行了相关调研。

在 412 位调研对象中,经由"家人朋友提供"这一渠道获取志愿信息的有 315 人,由"社区信息传播"渠道获知志愿信息的有 300 人,同时有 320 人表明自己的信息获取途径为"媒体宣传"。

(2)志愿者组织性质。

在 412 位志愿者中,有 200 位志愿者参加的是"民间自发组织"的志愿者组织,占比为 48.54%;同时有 212 位志愿者表明,自己所参加的志愿者组织为"政府官方性质"的组织,占比为 51.46%。

(3)志愿服务的组织培训。

在本次调研的 412 位志愿者中,有 222 位志愿者表示自己在参与志愿活动时,没有接受相关的培训,占比为 53.88%,同时有 190 位志愿者表示自己在参与志愿活动时,接受过相关的培训,占比为 46.12%。

(4)相关组织为志愿者提供的保障方式。

在"相关组织为志愿者提供的保障方式"情况中,"提供人身保险"是最为主要的一种保障方式,达到 294 人次;"提供食宿、交通、通信费用"这一保障方式,在 412 位志愿者中运用频次达到 159 人次;"提供参加志愿活动的证明"这一保障方式的运用次数为 247 次;同时,也有 178 人指出,相关组织为他们提供了一定的经济保障措施——进行适当的补贴。

三、疫情背景下社区志愿服务体系的构建现状

(一)志愿服务参与的引导机制需完善

在疫情背景下,社区志愿服务的引导机制还不够完善,无法实现对想参与志愿活动的"有志居民"的有效引导。

通过对"居民参与志愿活动主要阻碍因素"这一方面进行调研,发现有近四分之一的志愿者表示自己在参与志愿活动时,面临了"志愿活动参与渠道不明确""家人阻拦"等问题,使得庆阳市城区的部分社区志愿服务呈现出一种"供需不对等"状态,这在一定程度上影响到了疫情环境中社区志愿体系的构建和志愿活动的有效开展。

(二)志愿者"上岗培训"体系需健全

当前庆阳市部分社区的志愿者培训体系还不够健全,无法通过系统化培训来提升志愿者的志愿服务水平和能力,导致志愿者在专业化技能上存在不足。

通过对志愿者"上岗培训与否"这一问题的调研,发现在被调研的 412 位志愿者中,有 53.88% 的志愿者表示自己在参与志愿活动时,没有受到系统化的培训,说明在疫情环境中,庆阳市部分社区志愿服务体系关于志愿者的"上岗培

训"工作还有进步空间。这种"无培训上岗"的现象,首先是对志愿者资源利用不到位的体现。没有经过系统化培训的志愿者往往只能参与部分"不太重要"的志愿活动,而新冠肺炎作为 2020 年重大公共卫生事件,面向"抗疫"所提供的志愿服务,对于服务专业化、体系化的要求也更高,因此,培训体系不健全的现状,使得志愿服务提供的整体水平被拉低,从而在一定程度上影响到了整体抗疫工作的开展。

(三)官方志愿组织的统筹能力需强化

在疫情背景下的志愿活动参与过程中,官方志愿组织的统筹能力没有得到充分的发挥,同时对于官方志愿组织应有的"志愿服务全局性统筹与引导"职能的体现也不充分。

在对"志愿者所参与的志愿组织性质"进行调研时,只有 50% 左右的志愿者参加了官方性质的志愿组织,而其余部分志愿者参与的均是民间自发组织的志愿者组织,使得这些志愿者面临一种"非官方、无效力、不认可"状态,从而影响到了这部分志愿者的志愿服务提供。同时,官方性质的志愿组织在发现这些民间自发组织的志愿组织面临困境之时,没有采取有效措施,从而影响到了志愿组织的后期发展。

四、总结与感悟

2020 年新冠肺炎疫情,对我国经济、社会发展产生了重大影响,但也在一定程度上推动了医疗、科技等行业的发展,同时催发了社会价值观、职业认知以及志愿服务意识等社会意识形态的向好发展。

本课题基于"社会志愿服务体系"视角,对庆阳市城市社区居民志愿服务参与状况进行了调研,在对 412 份调研数据进行简单性表述的基础上,深入探究了部分问题的关联性。同时,基于调研数据引出了当前庆阳市城市社区志愿服务体系中存在的问题,以期为当前城市社区志愿服务体系的构建与发展提供一定思路与对策参照。

外祖父家史调查

——从抗美援朝到改革开放

物联网 1802 班：许立洋

指导老师：詹真荣

摘 要：本文记述的是河南省焦作市的一对普通百姓 60 年来的婚姻和家庭故事。调查笔者外祖父传奇的一生：年幼时参军，先后参加解放战争和抗美援朝四次大战役，退伍后育有两儿五女。本文概述从 20 世纪 50 年代一直到 21 世纪的普通家庭生活，以及我国大事件下的普通家庭生活。

关键词：抗美援朝 改革开放 普通家庭生活

不知各位有没有看过前两年在央视播出的电视剧《父母爱情》，本剧讲了郭涛饰演的海军军官江德福和梅婷饰演的资本家小姐安杰相识、相知、相爱、相守的 50 年爱情生活。而下面我将要讲的故事来自对河南省焦作市的一对普通百姓 60 年来的婚姻和家庭故事的调查。

我来自河南省焦作市，我的外祖父祖籍是河南省焦作市博爱县。博爱县是取孙中山先生提倡的"自由、民主、平等、博爱"中之博爱设置的。我的外祖父 1935 年出生，取名路小根，年幼时家里还算富足，上过一两年私塾。1946 年家道中落，孤身一人流浪。拾别人扔掉的衣服穿，吃祭祀的贡品维持生活。年仅 11 岁便替别人拉煤干活换取食物。1948 年在亲戚帮助下参加解放军。参与了华北解放（见图 1）、解放军百万大军过长江等战斗。

图 1 解放华北勋章

之后，外祖父所属的部队参加抗美援朝的战争。外祖父所属的部队是华北部队中的第 66 军 196 师 586 团。在跨过鸭绿江时并未公开宣战，属于秘密渡江。据外祖父回忆，10 月中旬接到通知，赴朝鲜作战，19 日晚便跟随部队秘密渡江。第 66 军接到通知后便立即奔赴前线。"当时天黑了之后，几万人的队伍浩浩荡荡地跨江,能听见的只有跑步声,能看见的也只有几盏微弱的指示灯。"外祖父这样说道。10月25日,抗美援朝战争正式爆发。第66军先后参加了五大战役中的前四次战役,后由于伤亡过大,于1951年4月10日回国。记得外祖父曾说过:他们一个班的战士在冲锋的时候,敌人的火力过于猛烈,前面和后面的人都被子弹击中,而外祖父则是幸运地活了下来。我也曾问过外祖父,难道不害怕吗?外祖父却说,当时年轻,身上也什么都没了,家人都没了,没什么好牵挂的。一切都听班长的,冲锋号一响,大家都往上面冲,谁也没害怕,没见过一个回头的。的确,如果没有当年的志愿军在战场上面抛头颅洒热血,恐怕也不会有中国今天在国际上的地位。当外祖父说出这些话的时候,我惊到了。那个时代的人真的很了不起。1953年外祖父退伍。在他回家之前,曾传回他不幸阵亡的消息,没想到外祖父奇迹般地回来了。

在早些时候,外祖父家和外祖母家定了娃娃亲,两人也是打小便相识。外祖父回来之后,敲亲戚家的门都没人愿意开,直到看见了负伤的外祖父才敢相认。我的外祖父个子很高,据说年轻的时候一米八多。但是在战争中不幸负伤,被炸伤了腰,导致几十年都一直驼着背。

图2　纪念章及抗美援朝老战士宣传册的内容

1953年外祖父回到家后,依然是无依无靠。但是外祖母家没有嫌弃,依旧选择接纳了外祖父。在结婚之后,外祖父参与市矿务局内的工作,家中情况也是一点一点变好。当年的结婚照(见图3)也被我有幸翻到,外祖父显得多么年轻,但是却经历了许多那个年龄段人本不该承受的事:战争、家人的离世、战友的阵亡等等。再回顾我的18岁,依然在父母的呵护下求学,没有忧虑。

1956年,他们的第一个孩子出生了,是个男孩,也就是我大舅。这一年,中国国内社会主义改造基本完成,社会主义制度建立,我国进入社会主义初级阶段,三大改造基本完成。国内呈现一片大好的趋势,因此大舅孩童时期过得也算是比较幸福的。1958年,大姨出生。这一年,中国进入了"大跃进"时期,开始大跃进运动和人民公社化运动。1961年,我的母亲出生了。1963年,三姨出

图3　外祖父与外祖母的结婚照

生。这时候,虽然比前几年好很多,家家户户吃得上饭,但却依旧艰苦。记得我小时候特别喜欢吃红薯,感觉甜甜的很香,但是母亲却很少吃,就连做也都是我哀求才会做一次。据母亲说,当年面粉都是奢侈品,家家吃的都是红薯面做的饭,一吃就是好几年。别说是甜味了,吃着不苦就算是不错了。于是我仔细想了一下,没有味道的红薯在喉咙难以下咽的样子,但是为了有力气不挨饿又不得不吃,是多么辛苦。我母亲还说,那个时候哪里有肉吃,过年能吃上一顿饺子就算是不错的待遇了,即便是饺子,也不能吃饱,每个人尝个鲜就不错了。外祖母每到大年初一会煮一锅饺子,然后阿姨舅舅们就一个一个拿碗等着,一个人只能分几个吃,这就算是过年吃顿好的了。1967年,四姨降生了。在这前一年,"文化大革命"爆发了,幸运的是由于外祖父是退伍军人,外祖母又是博爱县第一批人民教师(由于年轻时受到了不错的教育),所以比较受人尊敬。但母亲在小学六年级毕业后,还是不得不辍学,替外祖父去煤矿干活。一个十几岁的小姑娘下矿挖煤,在那时也比较罕见。1970年五姨出生,1974年小舅降生。1976年大舅和大姨响应国家号召,上山下乡,体验生活。尽管被分配到了乡下,所幸的是离家都不远,1979年便结束回到了家中,同样开始了下矿赚钱养家。因为地理位置的原因,焦作煤矿资源丰富,那个年代的年轻人便纷纷下井挖煤养家,也正是这个原因,我的家乡快速发展。在1979年,中国爆发了对越自卫反击战,历时一个月。母亲回忆说,打仗的时候家里每个人都跟打了鸡血一样,男的纷纷报名参军,人们也都团结一心。当部队回国路过家乡时,每家每户都会站在道路两边欢迎,迎接英雄的归来,人们特别兴奋。

外祖父的几个孩子中,文化水平中最高的应该数小舅了。虽然其他孩子的学习成绩也都是特别优秀,但是迫于家庭的原因,只能早早地上班补贴家用,也正是1976年之后,家中生活得到了很大的改善。1978年,中国共产党第十一届中央委员会第三次全体会议在北京召开,实行改革开放的重大决策。虽然这些大事对于外祖父家而言,的确过于遥远,但对我们国家而言,却是飞跃般的进程。另一件事应该是1983年的第一届春节联欢晚会,这一年的春节,要比往常的都要热闹。那个时候电视机可算一个宝贝,一个家属院里面都没几台。因此,每当过年的时候,大家就会聚集到电视机面前,边嗑瓜子边看节目,小小的房间里面总能挤满十几个人,有时看电视的人都得站到门口。那个时候家家户户关系亲得跟一家人似的,虽然条件艰苦,但是大家都过得十分幸福。那个时候人民币并不像现在一样什么都可以买,当时家家户户吃饭都靠粮票,有钱没粮票你都可能会饿死。直到1993年4月1日,国务院才宣布取消粮票和油票。

20世纪90年代初左右,家里又发生了一件事。原本学习成绩特别好的小舅,在念完高三后,毅然决然和同学一起下海,起初外祖父不同意,怎奈何小舅身无分文便和同学一起南下。最后外祖父也只好同意,就这样,外祖父一直期待的家中第一个大学生也不了了之了。两三年后,下海没取得成就的小舅无奈回到家中,当了一名司机。但是他自称一点也不后悔,反而每当讲起这段经历,都特别地自豪,这些见闻只属于他和他的青春。20世纪80—90年代应该是家里生活条件改善最大的一段时间。孩子们都长大了,纷纷为家里带来了收入,日子也一点一点富裕了起来,买了房子,解决了孩子们结婚的大事。外祖父经历了沧桑,头发全都白了,身体也坏了起来。但是唯一不变的是他和外祖母两个人的婚姻,听阿姨舅舅们说起二老的时候,我能够想象到他们的幸福。外祖母比外祖父要强势,外祖父也一直让着外祖母,虽然时常会有拌嘴,但是终究是恩爱的。回想起有一次在外祖父家,外祖母从厨房走出来看到了路过的外祖父,突然说:"你就不会把你的腰直起来是吧?"外祖父回答:"这么些年了,我直得起来吗?"说罢外祖母跟外祖父跟小孩一样笑起来,把在一旁的我跟表弟逗得乐了好一会,还让我俩评理。

到了21世纪,家乡开始慢慢地从煤矿产业改为旅游业,开发了许多景点。市政府也开始越发关注老兵的生活,经常派人来家中慰问老战士的生活情况,在翻阅资料的时候,突然找到两张照片,颇为感慨。

在我母亲小的时候,每当过年大家就会买爆竹,外祖父每次都会买一小挂炮,每次分给孩子们一点,孩子们放完才能回来拿,有时候放完了孩子们就会去捡鞭炮里面的哑炮来玩。过年的时候外祖父最喜欢听孩子们放鞭炮的声音,我小的时候特别喜欢过年,一是因为有好吃的,二是因为外祖父箱子里有放不完的鞭炮。每次一放假,我和表弟就会在一起放鞭炮,而放鞭炮的钱都是外祖父资助的,但是有一个要求,必须要在外祖父家周边放鞭炮,因为这样外祖父听得见。还记得有一次,我和表弟准备放一个花的,一直在摆,谁承想外祖父派舅舅出来检查我俩是不是跑远了,还埋怨那么长时间不听响。热闹,永远不会让外

图4　两位老人钻石婚的照片

图5　外祖父和他的战友五十年前后的合照

祖父厌烦,冷清才是外祖父最讨厌的东西,所以我们这些小孩子一去他都会高兴得合不拢嘴。

　　我母亲说,1983年的时候,第一届春节联欢晚会举办,人们真的是一晚上都不睡,放鞭炮的,打麻将的,家家户户都亮着灯。等跨年的钟声敲响后,人们便开始拜年,这个习俗就连我这个"00后"也都曾有过亲身经历。而我外祖父,可以算得上是一个过年迷了,可能是小时候孤苦伶仃的原因,外祖父要比其他人都喜欢过年,因为过年特别热闹,每每这个时候,外祖父都兴奋得像个小孩子一样。每逢过年外祖父都会要求我们从小年开始就往家赶,什么腊八节啦,快过年那几天哪一天蒸馒头,哪一天买肉,哪一天大扫除,等等习俗,哪一个都不能耽搁。尤其是蒸馒头,给我的印象最深,小时候,每到这一天,阿姨舅舅们便纷纷携家带口地前来,每次都有20多个人,家里根本坐不下,而这个时候外祖父往往躺在床上,听着外面繁忙的声音和孩子们放鞭炮的声音,仿佛年轻时受过的罪都在这一刻得到了安慰,仿佛那些在寺庙中看着神像佛像偷吃供品时的恐惧、那些在战场上看见战友血溅当场时的麻木、那些在井下挖煤时的劳累在这一刻都变得那么值得。我好像看到了 1948 年那个才 13 岁就参军的孩子，1951 年战场冲锋时那个 16 岁的战士，1953 年回家被当作鬼魂的 18 岁青年，20 世纪 60 年代为家庭辛勤工作的丈夫，90 年代和儿子起争执的父亲，还有那个 21 世纪还和老伴斗嘴的老小孩。外祖父的一生是传奇的一生。2016 年外祖母去世，2017 年外祖父身体状况急剧下滑，在临终前，他将每个人都叫到身边，握住手，轻声叫了家里每一个人的名字，谁都不曾落下。我们都是外祖父这 60 年所积累下来的财富，我看出了外祖父的不舍和满足。

我们家，从最开始替别人干活才能有一口吃的，到现在每家都有车有房，经济独立，离不开外祖父的努力，更离不开国家的制度，离不开邓小平这位伟大的改革者。仅仅 10 多年的时间，我国经济就拉高了一个阶层，让最普通的百姓都过上了富足的生活。对外祖父从抗美援朝到改革开放的家史调查，昭示着未来只会更加美好，人民的生活只会更加富足。

七、"百校联百镇"思政课实践教学基地调查篇

BAI XIAO LIAN BAI ZHEN SI ZHENG KE SHI JIAN JIAO XUE
JI DI DIAO CHA PIAN

"马长林群众工作法"与"马长林现象"[①]

——对枫桥经验的传承与发展

浙江工商大学马克思主义学院课题组[②]

摘　要:"枫桥经验"自 20 世纪 60 年代初受毛泽东批示以来一直是践行群众路线的经典;进入新时代,"枫桥经验"更是作为基层治理的金字招牌被习近平同志多次提及。浙江省湖州市南太湖新区龙溪街道罗师庄社区民警马长林[③]就是一位新时代"枫桥经验"实践先锋,他在长期基层社区治理实践中总结出的"马长林群众工作法"为新时代我国基层社区治理提供了新思考、新路子、新方案,"马长林现象"为"枫桥经验"赋予了时代内涵。

关键词:马长林群众工作法　马长林现象　枫桥经验　社区治理

"枫桥经验"的初次实践始于浙江诸暨人民,2020 年是"枫桥经验"受毛泽东同志亲自批示要学习与普及的第 57 周年,也是新时代"枫桥经验"受习近平同

---

　　① 本课题研究得到了浙江省高校"百校联百镇"实践基地——南太湖新区龙溪街道党委大力支持;本研究系詹真荣主持的浙江省高校思想政治工作质量提升工程实施载体(实践育人示范载体)——"创新高校实践方式,探索思政教育模式——浙江工商大学"顶天立地实践育人"阶段成果;是李娜主持的"2019年度浙江工商大学研究生科研创新基金项目"阶段成果;参与本课题调研的有浙江工商大学会计 1801班、人力 1801 班、人力 1802 班本科生共 45 人。

　　② 本报告由李莹、詹真荣执笔。李莹,浙江工商大学马克思主义理论专业研究生,研究方向为马克思主义中国化研究。

　　③ 马长林,湖州市公安局南太湖新区龙溪派出所罗师庄社区民警、中共党员,先后担任湖州市妙西、青山乡党委委员、副乡长。1994 年 1 月参加公安工作,2003 年 3 月起担任湖州市开发区分局杨家埠派出所社区民警;2008 年 8 月起担任湖州市开发区分局龙溪派出所罗师庄社区民警;2010 年 8 月起担任罗师庄新居民党支部书记。他先后荣立个人一等功、三等功,荣获"全省优秀人民警察"、全省政法系统"学枫桥、保平安、促发展"先进个人,被授予浙江省"十大警界先锋"、"浙江骄傲——2011 年度最具影响力人物"、全国政法系统优秀党员干警等荣誉称号,被授予全国"五一"劳动奖章、浙江省"五一"劳动奖章。2013 年 10 月中央政法委、综治委与中共浙江省委召开"枫桥经验"50 周年大会,马长林作为公安代表做了发言;2015 年 9 月应邀参加纪念抗战胜利 71 周年观礼活动;获评 2015 年浙江省宣传部、省公安厅"最美浙江人最美警察";2016 年 7 月所在党组织被中共中央授予全国先进基层党组织称号;2019 年 6 月被授予全国"人民满意的公务员"称号,并受到习近平总书记的亲切会见。

志指示要坚持好、发展好的第 17 周年。经过 57 年的发展,"枫桥经验"从初始一种依靠群众解决社会矛盾、维护社会稳定的典型模式,演变为我国基层社区治理领域坚持群众路线的典型旗帜。进入新时代,"枫桥经验"成为推动基层社区治理现代化的法宝,"枫桥经验"的坚持践行,依然具有重大的意义。在浙江湖州龙溪街道社区民警马长林身上,我们看到了对"枫桥经验"在新时代背景下的传承,11 年来他一直实践着新时代"枫桥精神",创立具有基层社区治理特色的"马长林群众工作法",形成有精神感召力的"马长林现象"。

一、从昔日社区治理的"重灾区"到闻名遐迩的平安社区的嬗变

今日的湖州市南太湖新区龙溪街道罗师庄已焕然一新,成为人们安居乐业的新天地,然而在马长林担任罗师庄社区民警前,这里却是一个以治安混乱出名,盗窃、打架、纠纷等事故频发的"热闹地方"。

地处城乡接合部的罗师庄社区位于湖州市南太湖新区龙溪街道,在这片仅占地 1 平方千米多的土地上居住着近 2 万人,其中大部分是外来务工人员,本地人口仅占总人口的十分之一。在马长林就任前,罗师庄存在许多安全隐患,虽然罗师庄仅属于杨家埠派出所管理辖区的极小一部分,但案件数高达总数的 25%,报警数更是达到总数的 30% 以上。而治安问题突出的罗师庄仅有 2 个属于辖区内的正式社会组织,面对城市化进程中出现的诸多新挑战、新问题,这两个组织疲于应付;罗师庄社区基础设施建设严重缺失,道路脏乱差问题严重。每天晚饭后,罗师庄居民一般都在附近街道散步,罗师庄几条主要街道人如潮涌,由于居民密集、活动时间集中且人口素质参差不齐,一旦发生小摩擦极易出现口角、打架等情况,繁华热闹背后隐藏着许多隐患。

初来任职的马长林面临的主要问题是社区治理缺乏、环境脏乱无序、居民意见大、治安隐患多。由于严重缺乏管治,罗师庄的可持续发展举步维艰。为从根本上扭转罗师庄紧张态势,马长林艰辛探索,在实践中逐步总结出一套行之有效的"马长林群众工作法"。

二、"马长林群众工作法"与"马长林现象"

我们在与马长林的面对面接触中,在与马长林同事、被服务对象的座谈交流互动过程中,深深地感觉到透过"马长林群众工作法"所体现出的一种难能可贵的崇高精神,这就是本师生团队负责人詹真荣在 4 年前提出的"马长林现象",二者相得益彰,"马长林现象"通过"马长林群众工作法"内化于心,外见于行。

(一)马长林群众工作法

所谓"马长林群众工作法",是指马长林在罗师庄 10 余年警务工作实践中,

坚持群众路线,逐步形成的以与群众保持密切联系为核心的工作方法。主要体现在以下几个方面。

1.把群众当主人。

马长林初到罗师庄社区时,面对当地居民不配合和不理解,马长林并没有气馁,而是主动与居民熟悉起来,他始终从当地居民的需要和问题出发,作为人民公仆用一颗服务群众的心来尽心为居民着想。他将罗师庄以几条主要街道为界分为六大网格进行网格化管理,并且由当地居民担任网格长、副网格长和网格员,充分调动了当地群众的主人翁意识,将罗师庄的社区工作落实到基层、落实到个人,营造出了一个良好社区环境。

2.把群众当亲人。

罗师庄里的事虽然大多是些"芝麻绿豆""鸡毛蒜皮"的琐事,但一旦出现差错,可能会酿成大祸,为家庭、邻里关系带来难题。马长林把当地居民当作亲人对待,亲力亲为进行调解,用真情打动群众,被当地居民称为"家门口的警察"。针对父母周末外出打工的留守儿童,马长林组织建立了"阳光假日小屋",来自本地高校的大学生志愿者进行课外辅导志愿活动,为周末留守在家的孩子提供了极好的学习锻炼机会。为解决罗师庄外来务工人员技术缺失问题,马长林积极联系各个企业组织技能培训,10多年来,罗师庄警务站组织开展技能培训60余次。马长林把群众当亲人的同时也被群众称为"社区的守望者,百姓的贴心人"。

3.把群众当老师。

马长林深知做好社区基层工作光靠一己之力是不够的,问题从群众中来,解决的方法也一定能够从群众身上找到。要懂得拜群众为师,为了充分集民意、聚民智,马长林突发奇想,把办公场所从警务室搬到公园、路边空地这些群众聚集之处,与当地居民开展面对面交流互动。对于群众一般信息的收集工作,马长林坚持从群众中来,到群众中去。如今,在罗师庄对于群众的查询、求租等诉求已经实现了一键式处理;注重民意监督渠道的多样化,平常在罗师庄社区可以直接通过马长林本人及警务站工作人员进行反馈,还可以通过"老马平安家园""马长林平安志愿者团队""新居民党支部群""马家军"等微信平台,实时反映和倾听群众呼声。

4.把群众当靠山。

马长林坚持发动和依靠群众,以群众力量解决社区治理问题,群众的力量是伟大的,充分调动群众、挖掘群众智慧,可以有针对性地解决基层社区治理中遇到的不同问题,能作为先进经验为解决其他社区治理问题提供参考。马长林不忘初心,他于2010年8月在社区建立了新居民党支部并担任支部书记,使32

名新居民党员重回组织怀抱,打造了坚强的基层工作堡垒。在党支部的引领下,马长林充分发挥罗师庄新居民中的退伍军人、企业家、高校毕业生等党员群体"领头羊"的作用,通过党员骨干力量带动更多群众参与到社区治理中来,真正做到"一呼百应"。

(二)马长林现象

所谓"马长林现象",是对马长林在罗师庄10余年警务工作实践的理论升华,是对马长林在罗师庄社区治理工作的精神概括,既反映了马长林对"枫桥经验"在新时代的传承,也在倡导社会各界关注社区治理,集聚群众智慧;"马长林现象"充分体现了"枫桥经验"的时代内涵。我们调研发现,"马长林现象"与"马长林群众工作法"有高度契合性,"马长林群众工作法"是马长林在实践摸索中形成的、有规律可循的社区治理方法,"马长林现象"是马长林在社区治理实践的精神映射,主要体现在以下几个方面。

1.真情实意关爱群众。

2008年8月初到罗师庄,马长林深感当务之急是摸清居民"家底",特别是占人口绝大多数的新居民情况。为此马长林自制表格,打印数百本手册对罗师庄居民租住情况进行统计,与辖区村干部商量如何实施,见村干部为难,他决定以身作则,与协警一同挨家挨户登门拜访,结果又遭拒绝,现实迫使马长林另求他法。后来,罗师庄居民发现马长林背了一身特别的行头,那是用一台录音机和一只大喇叭组合在一起的"宣传神器",从此以后,马长林穿行于罗师庄各处房屋,在向居民普及安全常识的同时主动报警号介绍自己,就这样坚持了6个月,马长林对罗师庄基本情况有了比较深入的了解。在日常警务活动中,马长林抓住一切机会与群众进行互动,与群众保持高频率的联系,从马长林背起行头开始,罗师庄见警率提高,治安形势开始有所好转,他诚恳务实的工作态度感动了群众,群众开始接受这位看起来普通却善于主动与群众打交道的社区警察。

2.实际行动感染群众。

在警务工作中,马长林很快发现,仅靠民警登门宣传还远远不够,更需要的是警民互动,若居民不理解、不配合,开展工作也就很困难。他注意到罗师庄居民中有30%的收入源于出租房屋,其中最大一家达到80名租客的规模。当马长林提出要登记时,居民因担心被征税而抵触。在协调中,马长林找到了让居民放下戒备的好办法,那就是在向居民宣传普及租房相关规定以外,推出两种免费中介服务,一种是劳动用工,一种是房屋出租。这些想法顺应了居民需求,众多新居民通过这一途径在罗师庄安下了家,本地的房主和企业也通过这一方式解决了房屋出租和员工招聘问题,居民们开始主动支持马长林工作。迄今为止,经马长林介绍就业的居民多达近万人,与马长林协调租房信息的房主达到半数以上。

3. 为民精神带动群众。

罗师庄居民来自全国各地,由于地域差异需求各有不同,如何解决居民需求是罗师庄发展的一大难题,需求从居民中来,解决需求的根源也是能在居民中发现。罗师庄社区内的司法机关工作人员和律师事务所律师组成"法律咨询服务队",让权利受到侵害的居民有了便利通道;医院医护人员到社区开展爱心义诊活动,使居民身体健康得到保障;警务室内为父母因工作而无暇顾及孩子的家庭办起阳光假日小屋,让孩子们在周末有了学习与玩耍的地方;不仅本地居民,来自其他各地的群众都慢慢参与到罗师庄的平安社区建设工作中。

综上,"马长林群众工作法"可以这样归纳:政府提供基础保障,实践先锋积极主动创新治理方法,社会自发汇聚各方群众力量。"平民警官"马长林始终把群众当主人、把群众当亲人、把群众当老师、把群众当靠山,坚持开展警民共同体建设,积极进行警民互动,既给罗师庄居民树立了模范,也为社会各界提供了实践参考。

(三)马长林群众工作法在罗师庄的实践成效

在罗师庄社区治理警民共同体内,马长林既是社区治安管理的引领人,也是牵头人,在这一共同体中以党员为骨干代表,人民群众自觉自愿参与维护治安,其中包含了平安志愿队、义务巡逻队、义务调解员、信息员和观察哨,以及主动参与到基层社会治理的全体新老居民。面对罗师庄这个包容式社区,马长林深知,只有每位新老居民齐心协力,罗师庄社区治安才会从根本上扭转。经过深入细致的工作,马长林将自称"罗师庄庄主"的四川籍青年小黑从带头引起矛盾的"问题人"变成了劝解居民的"和事佬",感化河南籍青年小张主动当起治安志愿者,使以前不愿配合租房登记的吴安保担任"夕阳红宣传队"组织者;还构筑起网格化管理,今天的罗师庄已经成为"无贼社区"。如今,马长林的"马家军"(志愿者团队)骨干成员有 20 余名,重点依靠成员有百余名,基层群众成员有千余名。

在马长林来到罗师庄后的几年内,罗师庄社区治理逐渐进入了平稳发展期。这期间,马长林针对性地做了几件事情。一是马长林在来自不同省市的居民中开始组建"老乡帮帮团",凝聚居民的同乡同心,以新居民中的党员以及来自不同职业领域的居民为带头人,开展普法教育、居民矛盾疏通、弱势群众帮扶等活动,尊重基层力量、重视基层智慧,推动由基层自身处理基层群众的各类问题,从实际出发,以法律为准绳,将大部分矛盾化解在社区、解决在基层。二是针对罗师庄社区频频出现的居民间斗殴打架问题,马长林又组建了"街面劝架团"，主动联系罗师庄居民、网格管理员等，由基层自身进行组织和管理；此外马长林还组建起了街面巡逻志愿队，在遇见突发情况时及时报警、及时开展救援和提供有效信息，遇见居民之间出现纠纷先主动进行问题疏通，实现警民同心建设平安社区。自此，新居民都能在罗师庄社区和谐共处。

为给社会各界人士提供一处具有组织性的志愿场所，"马长林学雷锋志愿服务基地"于 2012 年正式落户于罗师庄警务站，基地定期向各界发布志愿活动人员招募公告，并与湖州当地总工会、高校等 30 余家单位共同合作，在社区居民和社会各界广泛参与下，志愿者队伍日趋庞大。马长林借鉴了公益孵化器这一方式，多方面考量志愿者的个人意向与特长，通过团队进行基层治理来处理群众问题。目前，社区内志愿者已达到 12 支团队的规模，分别对应 12 个群众集中反映问题的方向，基本实现了对罗师庄基层社区治理、居民反映问题的多方面对应。马长林还十分重视警企校合作型警务共同体建设，与浙江工商大学、香飘飘有限公司、思念食品有限公司展开密切合作，与湖州中心医院、湖州血站、湖州疾控中心、湖州五洲医院、解放军九八医院等构建联系平台。

三、"马长林现象"是新时代"枫桥经验"的继承发展

"马长林现象"与新时代"枫桥经验"有着密切联系，"马长林现象"顺应了时代发展要求，为新时代"枫桥经验"增添了新内容，是"枫桥经验"在新时代传承的体现。其实，"枫桥经验"诞生之初的立足点就是发动群众、依靠群众，让群众就地解决矛盾。在毛泽东看来，"枫桥经验"回答了两个问题：第一个是让群众明白这样做的原因；第二个是要想把事情办好就要重视群众力量。这两个问题的回答说明，只有坚持以群众为出发点，依靠群众、密切联系群众、激发群众的力量，才能够解决群众中出现的问题，实现更好的发展。马长林从到罗师庄就任开始，就一直坚持群众路线，依靠群众力量，他以"枫桥经验"和市公安局"防为主，防为上"的治安防控方针为指导，结合罗师庄实际情况，深入社区，与群众保持密切联系，满足居民需要，解决居民难题，发动群众，开展志愿者活动，受到了大家的欢迎和拥护。今天罗师庄社区治理焕然一新，正是马长林传承与发扬"枫桥经验"的成功范式。

习近平同志也提出，要把"枫桥经验"与群众路线紧密结合。在纪念毛泽东批示"枫桥经验"50 周年大会的讲话中，他明确提出党员及政府机关人员要对"枫桥经验"进行全面的了解与学习，在处理实际问题中充分发挥主观能动性，紧跟时代步伐，创新群众工作法，同时要学习从法治思维出发，运用法治方式解决好群众现实问题，从群众出发，实现"枫桥经验"在新时代的传承与发展，充分坚持与贯彻党的群众路线。

习近平同志的群众路线思想集中体现在发挥人民的主体作用,使人民的力量得以最大程度地发挥上。这正对应了基层社区治理中的问题,基层社区要巩固好在基层治理中的主导地位,大力发展社会组织,提高社会组织的参与积极性,凸显社会组织、基层自治组织和人民群众在社区治理中的主体地位,形成党委、政府与社会各界力量良好互动的基层社会治理格局。回首"枫桥经验"57年来的发展历程,尽管在不同时期有不同的特点,但其核心从未改变,那就是坚持群众路线,坚持从群众中来、到群众中去的工作方法,力求把矛盾解决于群众自身、把问题化解于当地、把隐患抹杀于萌芽,实现社会的和谐发展。"马长林现象"鼓舞了民众参与社区治理的积极性和创造性,从马长林躬身主动与居民联系,到居民为马长林的不舍精神与设身处地为群众考虑的一片热心所感动,然后到居民亲切称呼他"老马",党员积极带头,再到当地居民乃至来自社会各个层次的群众纷纷主动加入志愿者队伍,致力于做好社区治理工作,这一系列转变都体现出在马长林实践新时代"枫桥精神"的同时,在社区治理中人民的主体作用与地位得到了突显,"枫桥经验"在"马长林现象"的实践中得以一脉相承。

四、问题与建议

基层社会治理的重点在基层群众,而"枫桥经验"的精髓就在于基层群众治理,无论是最初的"发动和依靠群众,就地化解矛盾,实现捕人少、治安好"的"枫桥经验",还是习近平同志提出的"抓基层、打基础、建机制、架网络、明责任、强保障","最大限度地把问题解决在基层,努力做到小事不出村,大事不出镇,矛盾不上交"的"枫桥经验",都以基层性、群众性为根本,并作为巩固基层社会稳定、推动社会和谐的社会治理的重要方式。马长林在实践中摸索出来的"马长林群众工作法",探索出了一条新时代复杂条件下社区治理的新路子,增强了原本混乱松散社区的凝聚力,使党群之间、居民之间形成密切联系,形成了罗师庄特有的社区文化、治理模式。"马长林现象"是新时代坚持群众路线、传承"枫桥经验"的新篇章,"马长林现象"突出了人文关怀,来之于民、服务于民,在今后的社区治理中还将熠熠生辉。

"马长林现象"正在影响着越来越多的人参与到社区治理中来,事物的发展是曲折前进的,"马长林群众工作法"也是如此,在实践中遇到了一些问题。第一,因为罗师庄社区新老居民来自五湖四海,人口素质不一,居民的道德素质提升成为难题,马长林意识到若居民素质得到提升,矛盾和问题将自然而然地减少。第二,对于志愿者的组织工作还未完全到位,一些志愿者为不能尽其所能,在自己专业领域中贡献最大一份力量而惋惜,罗师庄居民年龄层分布广泛,反映了各种需求,若能将每一位志愿者的长处都发挥出来,则能达到事半功倍的效果。第三,对充实"马长林群众工作法"的建议吸收采纳还不够,"马长林群众工作法"的重点是把群众当主人,集思广益地想办法解决各种矛盾和纠纷,无论任何矛盾总有办法去解决,但这种办法不是公安民警所能完全考虑到的,让人民群众提供意见建议,实现群策群力才是根本之道。第四,在当下实践"马长林群众工作法"过程中,存在部分工作人员工作态度敷衍和表面化问题,有的工作人员在工作中不够投入,没有完全深入群众、服务群众,在群众工作方面缺少经验,在服务群众方面缺少方法。

为进一步充实完善"马长林群众工作法",我们提出以下几点建议。首先,针对罗师庄成年居民开展思想道德素质提升活动。随着我国发展日新月异,人民群众的思想道德水平也到达了新高度,由于罗师庄居民教育水平普遍不高,再加上不少居民都有孩子,家长的思想道德素质对孩子教育影响较大,因此思想道德素质的提升颇为急切,向罗师庄成年居民普及社会主义核心价值观、"五爱"道德规范要求等,强化当地居民的道德认同,提升罗师庄社区居民整体思想道德素质水平,更有利于罗师庄社区的可持续发展。其次,细化志愿者队伍专业领域。虽然在马长林引领下,志愿者队伍已日趋壮大,并且已分为法律咨询、医疗保健、课外补习等 12 个领域,但据我们观察,其专业化水平还有待提高。提升志愿者队伍专业化水平、细致专业领域,不仅能为罗师庄居民提供更高效的帮助,也能促进每位志愿者充分发挥自身才智,提高志愿者服务获得感。再次,要充分吸收社会各界对"马长林群众工作法""马长林现象"的反馈。"马长林群众工作法""马长林现象"不仅是对马长林 10 余年群众工作的总结,而且是对"枫桥经验"的时代传承,在新时代背景下为解决社区治理问题提供了丰富的经验,不仅要吸收当地居民的建议,也要充分倾听志愿者乃至社会各界的声音,利用线上线下多个耳朵,有利于进一步挖掘"马长林群众工作法"的内涵。最后,在加强对工作人员的专业技能培训的同时也要落实"马长林群众工作法"在实际工作中的应用,不说空话,不做表面文章,领会发动群众的重要性和必要性,将"马长林群众工作法"的精神内核贯彻于心、落实于行。

代结束语 国家一流课程
"思政课实践教学"活动情况调查

——以电子 1901、1902 班，环境类 1905 班和
物联网 1902 班教学班为例

郑泽钰 詹真荣

摘 要：浙江工商大学"思政课实践教学"课程是首批认定的国家一流课程，经过十多年的探索实践，该课程特色明显、教学体系渐趋完善。为了进一步推动课程建设，提升我校思政课实践教学实效性，提高思政课教师指导学生调查研究能力，增强学生的思政课实践教学获得感，最大程度上实现"人人参与，人人受益，服务社会"的教学目标，2020—2021 学年第二学期，作者选取詹真荣教授的四个本科行政班作为研究对象，全程跟踪调查分析师生在教学实践活动过程中取得的成绩和出现的问题，旨在总结本课程建设经验教训。

关键词：思政课 实践教学 问题分析

习近平总书记在中央党校中青班开班式上指出，干部特别是年轻干部要提高政治能力、调查研究能力、科学决策能力、改革攻坚能力、应急处突能力、群众工作能力和抓落实能力。其中最重要的能力之一就是调查研究能力。年轻干部要具备调查研究能力，新时代的大学生也要努力在实践学习调查研究方法，锻炼调查研究能力，成为合格的新时代中国特色社会主义建设者。"思政课实践教学"课程是高校思政课教学课程体系一部分，开设该课程的主要目的之一就是培养大学生基本的社会调查能力，实施思政课实践教学无疑要以学生为主体，提升学生获得感为目的。本学期选取詹真荣老师授课的电子 1901、1902，环境类 1905 和物联网 1902 四个组合班为调查对象，旨在跟踪观察社会实践实施情况，为思政课实践教学建设提供可资借鉴的实践教学案例。

一、实践教学动员与实施过程简要回顾

任课教师詹真荣接受"思政课实践教学"任务后，就根据本课程教学要求，

先着手向全体同学进行动员。在助教郑泽钰的协助下,在课堂上一共召开了两次动员会,每次动员会各约 100 分钟。在动员发动的基础上,同学们在助教的指导下和学委的协助下分小组、定选题,然后进行社会实践策划,旨在让学生更好了解课程内容和任务,以便更有效开展教学。

(一)动员学生进行"寒假返乡调查"

2020—2021 学年第一学期期末(第 18 周),詹老师通过线上云课堂方式对将要开课的"思政课实践教学"活动做了第一次动员。在动员大会上,詹老师介绍了本课程的由来和十多年来的实施情况,告诫同学们,通过亲身实践感受实地调研的魅力,从而增强适应社会的能力。他用自己过去指导学生实践案例,鼓励学生做"返乡调查",告诉同学们,返乡调查不仅可以加深对家乡经济社会发展的认识,而且可以充分利用自己家乡天时、地利、人和的优势。一句话,做寒假"返乡调查",既能完成社会实践任务,还能过一个充实有意义的寒假。本次动员大会后,有 29 名同学选择了寒假返乡调查,有的同学将本课程社会实践活动与团委主持的寒假希望杯调研活动结合起来,詹老师利用网络与利用寒假社会实践的同学保持联系,予以指导。

(二)动员学生前往示范实践基地开展实地调研

2020—2021 学年第二学期伊始,詹老师邀请浙江工商大学思政课示范实践基地实务精英导师、乔司街道朝阳村党委副书记俞国祥等同志进课堂为全体学生授课。俞老师以"全面打造城乡结合部村庄治理新范式"为题,从朝阳村基本情况、历年重点工作、各项分管工作以及村民生活水平提升等四个方面做了介绍。既讲成就,也不回避问题。在师生交流互动环节,学生围绕选题就自己关心的问题与实务精英导师们进行了深入交流互动,为调研策划、实地调研做了铺垫。

朝阳村实践基地负责人、实务精英导师周晨亮同志在与思政课实践教学指导教师詹老师交流互动过程中,共为本学期实践教学拟定 17 个选题,除去寒假返乡调查的学生,根据学生意愿自主组成小组,共分成 25 个小组。小组选定选题时可选定两到三个选题以方便老师和助教进行调剂。根据教学计划要求,为了使调研顺利进行,每个选题选择的小组数量不得超过两个,确定好选题后,每个小组成员要明确各自的任务,做到既分工又协作,以确保社会实践顺利进行。

社会实践教学活动启动后,小组成员要在组长带领下完成策划书的撰写,策划书是调研的开始,也可以称为"总开关"。我们要求,一周之内,各小组要将策划书填写完毕,并且交给詹老师审阅。詹老师审阅完毕后,在策划书结尾处提出修改意见,主要问题是访谈提纲和问卷设计不合理,没有紧扣选题,在助教引导下各小组对策划书进行修改。

(三)约100名学生分3批前往实践基地朝阳村调研

本学期詹老师教学班共有25个小组同学约100人分3批赴朝阳村开展实地调研。

1. 从实际出发,组织3批次同学实地调研

由于赴朝阳村实地调研同学较多,且调研课题不同,考虑朝阳村实务精英导师指导工作压力与周末安排等困难,分3批次组织同学们赴朝阳基地调研。

2021年4月10日,在助教郑泽钰的协助下,詹老师带领第一批同学乘大巴赴浙江工商大学朝阳村大学生思政课示范实践基地实地调查,参与调查的实践小组11个,共44名同学。本次调研同学们围绕"关于'数字朝阳'建设情况""农村基层党组织建设状况""农村社会组织体系建设问题"等七个选题,与受访者(朝阳村实务精英导师和村代表)分别开了5个座谈会,每个座谈会持续90—100分钟。座谈会后,同学们在网格员的引导下,深入村民中,为收集更多的信息,同学们一边向受访者发放问卷,一边与受访者访谈,共同分析问题,寻求对策。

2021年4月17日,第二批共11个实践小组42名同学在詹老师和郑泽钰的陪同下,再次赴我校大学生思政课示范实践基地朝阳村进行调研。本次调研同学们围绕"朝阳村变迁史调查""关于美丽朝阳村建设问题调查""关于朝阳村就业用工现状调查"等7个选题与朝阳村受访者(实务精英导师、网格员等)座谈,反复交流,反复讨论,以期获得解决问题答案。随后,各小组在网格员带领下深入居民社区和工厂,向受访者(村民和新朝阳人)发放问卷,回收问卷;詹老师发现个别小组实地调查积极性不高,在现场手把手指导同学们向受访者发放问卷,从而确保现场调查任务(发放回收问卷)按时完成

2021年5月15日,在前期策划的基础上,受詹老师委托,助教郑泽钰带领第三批实践小组共11名同学前往朝阳村实地观摩主题党日活动。同学们参加朝阳村主题党日党课讲座,并分小组参加各支部活动,与村组织委员进行座谈,同时向受访者(党员同志)发放问卷,了解基层党组织建设状况。本次活动让同学们在党史教育活动中加深对中国共产党的认识,并进一步明确自己身上的责任,坚定理想信念。

2. 依托实践基地,在实务精英导师的指导下,有序开展实地调研活动

学生到达朝阳村文化礼堂后,詹老师做现场部署动员,要求学生在开展座谈会的过程中,围绕自己的选题勇于发言,积极交流,发放问卷过程中要敢问,不要畏头畏脑,在调研过程中寻找有价值东西,真正锻炼自己的眼力、脑力、笔力和脚力,通过朝阳村这个窗口,认真思考习近平新时代中国特色社会主义思想在余杭区和杭州的实践。实务精英导师周老师就调研相关工作展开了周

密部署,确保调研取得圆满成功。

本学期调研中,增加了一项有特色的活动——朝阳村主题党日。根据"三会一课"制度要求,定期召开支部党员大会、支委会、党小组会;按时上好党课。朝阳村根据余杭区委区政府安排,在每个月15日举行主题党日活动。本次主题党日活动安排:第一,朝阳村邀请驻村律师给全体党员做了"防电信诈骗"为主题的报告,大大提高了党员反诈骗的意识,同时也增强了学生的防诈骗意识。第二,各党支部召开会议传达相关会议精神和党员联户的工作安排,并按照相关制度进行发展党员。学生以小组为单位参加了支部会议。第三,召开座谈会,学生就农村基层党建等相关问题与受访者(村组织委员)进行交流,使同学们意识到基层工作的辛苦,增强同学们扎根基层、服务基层的意识。现场观摩朝阳村主题党日活动,加深了同学们对中国共产党的认识,增强了同学们积极向党组织靠拢的意识。

二、思政课实践教学任务顺利完成,提升了学生的思政课获得感

本学期在师生共同努力下,詹老师指导的实践教学班顺利完成授课提纲规定的社会实践教学任务,调查研究取得丰硕成果,"思政课实践教学"实效性大为提高。

(一)打破传统授课方式,优化教学模式

实践教学课程一改传统课程的课堂教学模式,不再是老师单纯讲课,学生一味听课的方式。把思政课堂搬到实践基地,搬到有烟火味的村庄,对学生来说是一种新的体验,对教师也是一次全新的挑战。学生在任课教师和实务精英导师的指导下,通过选定研究课题,对社会热点问题、农村经济社会发展前沿问题进行调查研究,并结合自己所学的思想政治理论和所了解的专业知识对有关问题进行分析,提出解决之策。这种教学方式比较适合当下大学生特点;教师在教学指导过程中,也能够教学相长,改善自己的教学方式,提炼新的实践教学案例,丰富浙江工商大学思政课实践教学案例库。

(二)促进学生融入社会,锻炼社会实践能力

本学期四个班的学生在实地调研过程中,围绕自己选题与实务精英导师展开座谈,基本上每个小组成员都会踊跃发言,无形之中就锻炼了学生的沟通能力。在访谈交流过程中,同学们要根据了解的情况,不断进行补充或者提出新的问题,实际上学生的理解能力也在提高。比如,翟耀杰小组调研朝阳村工业园区企业家经营能力,小组成员在组长带领下要和企业家进行直接沟通对话。对于学生来说,无论在上学还是求职过程中,社交和沟通能力都是必要的。调研结束后,他们表示,通过走访调研多家企业,对企业家经营策略和正确判断能

力有深刻了解,同时也提升了他们与人沟通的能力。

(三)增强了学生社会责任感、使命感

浙江工商大学思政课示范实践教学基地——乔司街道朝阳村是一个名副其实的城中村,但在村党委班子带领下,朝阳村成功地抓住了承接产业转移机会,发展成为集服装产业、花卉产业、蔬菜产业和工业园区为一体的现代化农村。村民们的幸福感、安全感、获得感不断提高,基本达到共同富裕,在这样的环境下实地调研,可以让学生感受到"幸福都是奋斗出来的",并提高学生服务基层,为乡村振兴贡献自己力量的自觉性,增强学生社会责任感和使命感。

(四)增强了学生团队意识,提高了学生思政课获得感

调查准备阶段,将学生按照选题分成若干小组,小组内部有明确分工,这样做有利于学生团队合作,提高调研效率。环境班赵珍珠小组表示,调研过程中拍照、记录、访谈等分工明晰,不至于在过程中乱成一团,每个同学都获益匪浅。调研靠一个人的努力是完不成的,只有小组内每个成员都重视调研过程,齐心协力,整理调研材料,分析调研数据,共同撰写调研报告,最后取得成功。正是有了正确的分工,小组合作水平才会有更大程度的提升。

三、社会实践教学问题不少,"思政课实践教学"课程建设依然在路上

(一)部分学生积极性、主动性不高

第一次动员大会上,詹老师要求学生利用寒假时间进行返乡调研,但总体来说效果并不理想。四个行政班有学生126人,完成返乡调研的人数只有29人,足以说明学生缺乏学习主动性,不肯花费时间和精力去完成一次有意义的调研活动。本学期调研活动开始以来,大部分调研小组选题选择、小组分工、策划书撰写等主要任务基本都是在助教的催促下勉强完成。比如策划书的完成,有的小组总体而言完成较好,有的小组敷衍了事,说明一些学生并没有把这门课程当作自己应该积极主动学习的课程。

根据助教观察,本学期4个班级基本是工科类学生,对纯文科性质的思政课以及实践教学本身兴趣感不高,不会像对待专业课一样用心。根据大学生心理活动判断,他们在选择课程的时候一定是选择和所学专业相关的、能够提升专业素养的课程。反之,则会出现"专业课都学不完,为什么还要学习与专业无关的课程"此种类似的声音。相当一部分学生认为思政课实践教学课程是用来"划水"的,只要期末考试追求"60分万岁",拿了学分就够了,而不会真正领会开设"思政课实践教学"课程的目的、内涵和意义。因此,该现象反映出学生本身

兴趣感不高,没有体会到实地调研的奥妙所在,不会主动完成各项任务。

(二)部分调查报告质量不高,实践材料不完整

参加本学期实践调研的学生开始之前要完成策划书的撰写,但从调查报告完成情况来看,效果差强人意。单就参加返乡调研的同学撰写调研报告等一系列材料看,有的学生花费了时间思考和写作,但多数同学完成质量较差,材料不完整,没有真正达到调研目的。参加朝阳村实地调研的同学,策划书完成质量不高,问卷设计和访谈提纲没有紧扣调研选题要求,有的更是网上抄袭等。

(三)实地调研过程中存在"打酱油""搭便车"现象

在朝阳村实践基地调研过程中,各小组在组长带领下根据各自分工做好自己手头的工作,总体来说效果较好,但也存在部分学生"打酱油"的现象。一是座谈时,有个别小组的同学只有组长或者其中一个组员发言,其他同学事实上没有积极参与互动交流,一个座谈会仅凭一两个人的力量难以将问题了解清楚或分析透彻。二是在发放问卷或访谈过程中,部分小组没有深入了解,其中个别小组组长也没有发挥好带头作用,蹲在一边或者只等待组员发放问卷,以这种形式取得的调研成果肯定有限。三是大部分同学是为了调研而调研,为了访谈而访谈,并没有充分利用好手中的手机、相机等工具拍摄、抓取有用的信息,说明同学们缺乏随机应变、获取现场信息的能力。

(四)调研报告不规范严重影响报告质量

调研报告不规范主要表现为:一是调研报告格式不规范。多数小组报告包括返校调研的同学都有此共性问题,没有严格按照报告格式进行调整和修改。二是多数调研报告没有采用数据分析,没有做饼状图或柱状图来分析问卷,只是采用一贯的文字叙述,不能给读者直观感受。三是调研报告记录"流水账"较多,缺乏分析,不能深入问题本身探索问题,更不能提出解决问题的方案。四是多数小组报告专有名词不规范,没有认真查证就信手拈来,导致报告错误百出,个别报告存在严重的抄袭现象。

四、思政课实践教学优化路径

(一)要不断总结教学实践经验、摸索思政课实践教学规律

任何一门学科都是有规律可循的,经过十多年的实践,"思政课实践教学"体系已经渐趋完善,现在摆在思政课教师面前最重要的任务就是总结经验、探索规律。思政课实践教讲授不同于在课堂中上思政课,对于为什么要进行社会实践教学,这样做的好处表现在什么地方,有必要再进行论证,并强调其背景、原因和结果。要充分发挥思政课教师主观能动性,认真分析每一学期学生存在

的问题,比如学生为什么兴趣不高,怎么样提高学生参加思政课实践教学积极性、主动性等;根据新时代大学生特点,制定符合实际的实施方案,形成有自己特色的社会实践教学方案。

(二)教师要努力成为社会调查行家里手,要下大力气培养学生的"四力"

为培养新时代大学生调查研究能力,思政课实践教学一定要走出校门,走向社会,走向基层,走向群众,开展走读调查,否则无益于青年学生的成长成才。为此,思政课教师要首先锻炼自己,让自己成为社会调查的行家里手,如此,才能更有效地指导学生进行实地调研。调研过程中应注意引导学生独立思考的能力,干事情有思路;提醒学生动手记录,及时记录调研感受,提高写作能力;注意锻炼学生眼观六路、耳听八方的能力,增强其对信息的敏锐性;注意引导学生加强锻炼,体力跟得上,脚上就有劲,调查才能更丰富。由此看来,要提高青年学生的调查研究能力,思政课教师必须在实地调研中千方百计地提高学生的"脑力""笔力""眼力""脚力"等四种能力,将师生的科研论文写在祖国的大地上。